U0857273

好工作是设计出来的

成长分子◎著

CNS PUBLISHING & MEDIA 中南出版传媒
湖南文艺出版社 HUNAN LITERATURE AND ART PUBLISHING HOUSE
博集天卷 CS-BOOKY

图书在版编目（CIP）数据

好工作是设计出来的 / 成长分子著 . —— 长沙 : 湖南文艺出版社，2012.8
ISBN 978-7-5404-5730-3

Ⅰ . ①好…　Ⅱ . ①成…　Ⅲ . ①职业选择—研究—中国
Ⅳ . ① D669.2

中国版本图书馆 CIP 数据核字（2012）第 188470 号

© 中南博集天卷文化传媒有限公司。本书版权受法律保护。未经权利人许可，任何人不得以任何方式使用本书包括正文、插图、封面、版式等任何部分内容，违者将受到法律制裁。

上架建议：职场 / 励志

好工作是设计出来的

作　　者： 成长分子
出 版 人： 刘清华
责任编辑： 丁丽丹　刘诗哲
监　　制： 伍　志
特约编辑： 于向勇　郭　群
营销编辑： 刘菲菲
封面设计： 元明设计工作室
版式设计： 门乃婷工作室
出版发行： 湖南文艺出版社
（长沙市雨花区东二环一段 508 号　邮编：410014）
网　　址： www.hnwy.net
印　　刷： 北京嘉业印刷厂
经　　销： 新华书店
开　　本： 720mm × 1040mm　1/16
字　　数： 345 千字
印　　张： 21
版　　次： 2012 年 8 月第 1 版
印　　次： 2012 年 8 月第 1 次印刷
书　　号： ISBN 978-7-5404-5730-3
定　　价： 34.80 元
（若有质量问题，请致电质量监督电话：010-84409925）

问在前面

问：你是怎么想到要写（出版）这样一本书的？

作者：写这本书源于针对年轻人的迷茫，在天涯上发了一个职业成长训练方法的帖子，获得了很高的点击量，网友反响很强烈。为了帮助更多的网友，让大家获得更为全面系统的学习，我将这套方法作了一个总结。在写作过程中，我逐步由方法反推深入，发现了职业成长的本质是“基于专业的基本功训练 + 基于行业的思维模式训练”，于是有了这本书。

编辑：我个人走过很多弯路，等我明白的时候已经二十八九岁，失去了五六年的好时光。我想告诉年轻的朋友、同事、下属我感悟到的道理。但我的想法不系统，不具备普遍性。我需要一个好的文本呈现这一目标。

问：写（编辑）这本书的时候，你都想到了哪些人？

作者：写作的过程中，我认真地回忆了我学习和工作的几个重大转折点、发生的原因、变化的结果。当然，会将自己与身边比我成长得更好的同龄人作一个对比，从而找出问题所在。至于人嘛，没想什么其他人，只是写不下去时，想着这可能是我人生的使命，必须坚持。

编辑：我想到了我的妹妹（今年 22 岁，即将大学毕业）。她在我的推荐和鼓励下读完了这本书，目前正在按照书中的一些具体方法进行总结尝试，感觉很不错。除此之外，这本书还让我想到了自己有闲的硕士三年，以及曾荒废掉的大把学生时代的光阴。很遗憾没能早些看到书里的东西。那会儿，有的就是时间，干吗总睡觉、吃饭、上网呢？现在想来非常惭愧和心痛。那会儿要是把时间用来做书中讲的这些事情，哪怕只做了三分之一，我都不是今天的这般。所以，说不后悔是假的，但是，我活该！

问：这本书里都写了什么？

作者：其实，这本书是一个男人15年职场生涯的血泪辛酸史。我用了三年时间写这本书，不鸡血、不励志、不讲道理，只讲职场工作的方法和步骤。这本书不是潜规则，而是明规则；不是经验，而是教训。

编辑：核心两点：一是要苦练基本功，这个基本功包括今后工作中会用到的办公软件、各类小软件，以及公文商务写作等等；二是要对你所向往或者正身处其中的行业进行资料搜集、整理、分析。两点结合，才能对自己进行职业定位和规划。

还有一个需要单独说的问题，就是对资源的理解和运用。有选择时选好，没选择时做好。可以选择的时候，我们一定要慎重，平台很重要，可以决定你的资源，资源到最后决定你的能力。没选择时，我们就只能先做好本分，伺机而动，等待选择的机会了。

问：假如你今年22岁，即将大学毕业。读了这本书，你觉得五年后你能做到什么高度？

作者：排除家庭背景，单以我的资源，也就是中等偏上的天分说，如果我是内向型性格，22岁时读懂了，27岁可以做到大型广告公司策划总监的位置。年薪加提成，至少应该可以拿到相当于现在40万元以上的水平。如果我是外向型性格，应该会在项目经营上发展，年薪会比内向型的高。

编辑：如果我在22岁可以读到这本书中的内容，也许三年前我就超过了现在的自己，现在已超过了五年后的自己。

问：一个30岁的企业主管还适合看这本书吗？你会给他什么建议？

作者：非常适合。首先，他要带团队、带新人，书中总结的这些方法对于他的工作具有一定启发和指导意义，可以帮助他的下属更好更快地成长起来；其次，30岁正处于职业转型阶段，书中的外职业规划这一章正是他要面对的问题，这一部分非常系统、具体、明确地给他们指出发展的阶段路标、方式。

编辑：适合的。一方面，30岁的主管面临人生重大转折，需要总结过去，思考未来。这本书提供了很好的交流和切磋。另一方面，书中的很多经验和建议有助于年轻主管提高对下属的职业发展规划能力。

问：如果我没有时间读这本书，请你告诉我几句对我有帮助的话。

作者：

- 先认识世界，再认识自己。
- 一定要拜师。
- 一定要学好信息分析和中文写作。
- 一定要从行业的角度来看职业选择。

编辑：

- 在具体的工作中比的是耐力，你的工作内容范围可能非常广，但是70%以上的都只是重复的日常工作，而对我们的要求也正是把这些工作高效重复完成，比的就是简单、正确、高效的重复能力。
- 在职业选择上，你不要太关注你不喜欢的地方，而要关注你喜欢的地方。任何工作都会有让人讨厌的地方，关键是看这些地方是不是这份工作的主要内容。只要主要内容是你喜欢的，那就已经很不错了。大部分工作刚开始都只是简单重复且无聊，此时选择的关键就是看它们未来发展的高端职业哪一个是你喜欢的。
- 我们只想得到什么，却从没想过放弃什么，其实如果你想得到的越多，那就越身不由己。决定我们未来的是：第一，你想要什么；第二，你有什么；第三，你能舍弃什么。其实，最后是你能舍弃什么才决定了你是否能得到你想要的东西，而你所不能舍弃的才是你真正想要的东西。

目录

目录

好 工 作

是设计出来的

让过去的你，遇见未来的你

你只有一次生命，没有经验，也无法重来

这本书写的是年轻的你现在还未曾意识到，却是将来希望早一点就看到的关于未来的东西。

你现在觉得未来遥遥无期，但当你30多岁时，你会发现人生其实很短，当你发现无法作出改变的时候，剩下的就只是余生了。谁都不想委屈自己，谁都不想白活了这一世，但那个时候我们会发现人生中很多很美好的东西都错过了，后面最多也就这样了；甚至随着日渐衰老，还不如现在，一想到自己还没绽放就要枯萎了，心里是什么感觉，你懂的……

我们有且只有这一世人生，有时我也会想，为什么是那些人站在台上，而我们站在台下，他们也并不全是“二代”呀？等我35岁时，认真回顾自己和身边人的过去，看清这个过程，我知道这是有原因的，也有规律可循，但这些你们现在还不懂，而有可能因为不懂错过自己的青春……

如果给我再来一次的机会，我会怎样？谁都想回到过去，其实未来的我们也在想，如果能回到现在，我该去做什么？因此，谈到职业规划就会让我想到能不能改变“未来”。我们常说要根据未来规划现在，但现实中未来往往是由现在决定。导演郭在容在《我的野蛮女友》中想说的是“现在的自己想遇到未来的人”；但后来他拍了《我的机器人女友》，这是因为原来人们真正想的是“过去的自己遇到未来的人”——只有在过去才能改变现在，否则现在遇见未来的人也无法把握。

人生的竞争从昨天就已经开始了，如果你属于家里没什么钱也没什么关系，只能靠自己争气的大多数人，那找到理想工作的关键就是尽早作准备——比你认为的还要早。你们即将经历的，正是我曾经错过的。让过去的你，遇见未来的你，一切都还来得及改变……你们真幸运。

如果给我再来一次的机会……

1995年大学毕业时，有人跟我说，就业就是人的第二次投胎。当时我觉得不至于吧，

我还有的是时间。17 年一转眼过去了，回想过去，如果这样或者那样，我现在又会是怎样？想想 17 年来，有多少机会从自己身边溜走，有多少原本不如自己的人比自己成功，有多少曾经少年得志的人现在碌碌无为……

刚毕业的那几年，每年我总有一段时间睡不着觉。豪宅？名车？美女？曾经我像大多数年轻人一样被这些问题困扰。别人问我一年想挣多少钱？我的回答是，当然越多越好了。那你以后想做什么呢？我不知道……我看到了别人现在的成功，但是我根本没想清楚自己的未来到底是什么样，也没去想过怎么获得这些自己想得到的……只有结果，没有过程的梦想只是幻想。在现实中我往往想的也只是眼前的这份工作，我甚至没有想过这份工作之后，我再做什么工作……结果每次失业都狼狈不堪，有时甚至在压力下沦为“为找工作而找工作”……

我们从来没有怀疑自己能不能找到一份工作，直到毕业时才发现找份还过得去的工作是那么的难。好不容易找到一份工作安定下来，直到有一天我们发现仅仅一份工作是不够的，我们还想找一份有发展的工作。再后来，又发现老板每天不用打卡，迟到早退甚至不来，他拿的钱还最多，这是为什么？

人从根本上要面对两个问题：一是混口饭吃；二是实现理想。

混口饭吃不是现在有活干有饭吃，这只是工作；我们要的是到老了还有活干有饭吃，这就是职业。对于大多数人而言，只有当你能给别人饭吃的时候，你才有资格谈论人生的价值和梦想，那才是事业。

年轻人往往只有工作概念，却没有职业概念，甚至被忽悠了创业概念，结果都以为自己会有美好的未来，但未来具体是什么样却没有想过。刚毕业时，年轻力壮总能找到一份暂时满足温饱的工作，而且没有太大的生活压力；工作本身的新鲜感也能给你一些乐趣，那时因为没有经验你会更看重学习的机会，此时你对未来充满希望，所以能接受低的工资，能接受加班加点的工作时间。但扪心自问：这是你想要的吗？这能吃一辈子吗？躺在床上，你是否也会因想到未来而辗转反侧，无法入眠？

对于未来，最大的问题不是无法预言，而是毫无意识和故意逃避

常常有网友跟我说要是早点看到我的帖子就好了。有一次，我问一个网友，几年前你关心这些事吗？他很诚实地说，完全不，对即将到来的暴风雨没有一点危机意识。时间过得不知不觉，而我们都是后知后觉、盲目乐观。我们也会为自己的未来而迷茫困惑，但我们都习惯于将希望寄托于未来，很少人会认真地去思考如何解决这些问题，或者在总也想不清的时候，就回避去想这些问题。

未来必定要发生的事，在我们还没经历的时候谁都不会把它太当回事，以为青春还长，以为该来的总会来。所以不去想、不想那么多、等到时候再想，结果就像温水煮青蛙，青春在简单重复的工作中渐渐消磨麻痹，当发现走投无路时已经不可自拔，最后连从这种状态下挣脱出来的愿望也放弃了。

20 岁的迷茫将导致 30 岁的恐慌，而接下来面对的就是 40 岁的无奈。年轻人确实还有机会去选择未来，但是大多数人此时对现实既缺乏正确的认识，又缺乏选择正确方向的经验和能力，而往往积累这些经验和能力却要耗费掉有限的青春；结果我们没经历时无从选择，而经历过后却又无法选择，直到有一天别无选择，看着现实在眼前一步步展开，自己却无力又无奈，最后不得不相信宿命。

我们正是这样，对未来一直充满幻想，对职业却又缺乏意识。最开始的时候，大多数人都是懵懵懂懂地就奔向一个未知的方向，然后就是惯性地延续。即使遇到危机，但仍只是在找不到工作时迷茫困惑，而当将就着找到工作后又重新安于现状，在幻想不劳而获的同时得过且过，继而在低层次的工作中降低标准，就这样随波逐流，一次又一次被命运之手推来推去……

我们只有一次人生，只不过年轻时我们对时间没有感受、对衰老没有体验。

2010 年有两首歌唱得让人飙泪，筷子兄弟的《老男孩》唱的是对青春逝去和梦想破灭的欷歔；而旭日阳刚的《春天里》唱的是老无所依的未来。时间很仓促，而我们的反应很迟钝，总要等到过去了才知道是失去了。

年轻真好，这说的不是年轻人还有资本去享受，而是年轻人还有时间去准备、有机会去改变。你现在可能还在憧憬未来，但很快你会想回到过去。我们在年轻时根本不知道什么是青春，你现在以为自己有的是时间，那你去看看你父母年轻时的相片，他们也曾经像你现在一样年轻，而你也很快就会像他们现在一样老去……

你现在对童年还有印象吧？你现在想起初中的事就好像是在昨天，可你再也回不去了！青春就像童年一样，很快就会过去，而且比你想象的要快得多。和小时候盼着长大不同，30 岁以前，你的身体一天天成熟；但是当你 30 岁以后，你发现身体开始出现衰老的迹象时，你就会非常清醒地认识到以前对未来充满希望，以为未来有无限可能，觉得自己有机会去创造、去改变；而事实上自己真的有且只有这一世人生，已经过去了人生中最美好的一半，自己再也不可能年轻了，很多事再也不可能去做了，而以后差不多也就这样了，将就地生活，平庸地度日……

年轻时，我们对未来都想得很好，但是你看看身边大多数 30 多岁的人，人到中年万事休。如果一个人不能在 40 岁之前获得成就，以后基本也没什么机会了，你愿意这就是自己的一生吗？年纪越大，梦想越小，这是因为你的时间越来越少，所以可选择的东西也越来越少。人生很残酷，很多事不经历你不会明白，可是当你明白的时候，往往却发现本来是有机会的，可现在再也没有了，甚至曾经可以得到的东西也失去了，无法改变，无可挽回。你不愿意面对自己的平庸，但现在还能怎样？还想怎样？自己也觉得这样的人生很失败，不甘心就这样白活一场，可若是像下棋一样推倒重来又真的不可能，甚至随着日渐衰老，还可能越来越差，甚至老无所依……对现实不可逆转的无力感变成对未来的恐惧感，可此时却已经不得不硬着头皮走下去，想到要挨完剩下的这半生，生不甘心死不休，何去何从，感觉到无可奈何，却又无能为力……

职业规划到底有用，还是没用？

说实话，职业规划对年轻人真的有用，而到了三四十岁用处就很有限了。

职业到底能不能规划？未来无法预计，但人各有天赋、人生有阶段、职业有标准，那就有规律可循，所以职业可以规划。规划就是选择，但这个可以选择的时间很短，如果你在职业生涯刚开始的时候不主动去为自己定位，到 30 岁差不多就被眼前的工作所定型了，此时再改变就需要更大的努力，还并不一定有效。人生的每一个阶段，我们对它的要求都不同，而它对我们的要求也都不一样。

很多人以为作了职业规划就能立即解决眼前的问题，但职业规划不是算命，不是伟哥，不可能一粒见效，立竿见影。职业规划只是通过规划未来从而把握好现在，未来能不能实现，这最终在于你的行动；也就是说，职业规划只能影响你的未来，而不能解决你眼前的问题。很多问题积累到一定的时候，就无法挽回，只能妥协了，那时你也许会很痛苦地发现，这一辈子难道就只能这样了吗！

人生分为可设计和不可设计的两部分，你的出身是不可设计的，但是你人生的阶段和节奏是可以预计的，职业的方向和目标是可以设计的，职业的规律是可以提前认识的，所以你必须有意识地去主动选择未来。人生很短，最关键的只是几步，走对了就走对了，走错了，对于大多数人来说就真错了，真正能东山再起的那就是传奇人物了。如果你自己不规划，最后就由不得被别人规划，让你来做他不想做的事，而此时你别无选择，不得不做。

一辈子很长，但是青春很短，20~30 岁是我们一生中最好的 10 年，这 10 年差不多就定型了你这一生的样子。到了那个时候，不是你想做什么，而是你还能做什么呢？如果职业失败了，那你会感觉人生最可怕的不是死亡，而是无路可走。

你现在不为未来作选择，未来别人就会替你作选择，而你别无选择

我们常说“计划没有变化快”，所以你更要有计划，否则你就会不断地被外在的变化所改变，而这个“变化”就是外部对你的选择。你的专业往往是父母帮你选的，你的工作其实是老板帮你选的。他们不会管你想要什么，他们选的都是他们想要的，他们要你来帮他们实现梦想，并以此来规划你的现在，而你未来想要什么、你喜不喜欢，他们不在意。

年轻时，我们往往对选择有一种误解，以为未来会有很多选择机会，而选择就是等那一天的到来，然后再作出选择。其实当你毕业时，现实给你的选择机会非常少，生存不会给你任何喘息的机会，甚至面对毕业即失业的现状，不得不先就业再择业。人生其实很灰色，现在永远比未来好，而且就像做单选题，往往当你选择一样东西的时候，基本上也就意味着你舍弃了其他的东西，你选择了文科，那你就很难去从事理科的工作；你选择了这个专业，你就舍弃了其他专业性很强的职业；再等你在某个行业工作几年以后，你就很难再被其他行业所接纳；如果你读的是二三流大学，你甚至就会被大企业所拒绝……

到了一定年纪，我们常常会感觉到被人生的宿命所控制，这是因为机会需要资源和能力去交换。很多对我们一生很重要的选择，往往在我们还没作好准备的时候就突然出现在面前，而一旦不得不选择后，之后的人生往往就很难改变了。当那一天来临的时候，其实你只是等待被选择了，因此只有当你还没有开始选的时候，你才有机会准备，从而作出选择或者拒绝。

你的未来其实掌握在别人手中，其实不是你选未来，而是未来选你，只有你作好准备，才有可能被机会所选中，成为命运的宠儿。如果只是浑浑噩噩混大学、懵懵懂懂闯社会，那么到时候你会发现不是你看不到好的机会，不是你不想选，而是你没的选、选不了，甚至无法拒绝别人对你的选择。

这个世界往往是大多数没有目标的人在帮助少数有目标的人来实现目标，只有很早就去明确自己想要的东西，制订好大概的框架，并为之准备，你才可能有足够的能力去选择，以及拒绝。那么别人就只能在你的规划内帮你完成计划，而不能替你作选择，这才是你自己的人生，而不只是别人人生中的一部分。

对于职业规划，最大的问题不是不去规划，而是无法执行

我们真的没想过未来吗？回忆我毕业后的那几年，不管是工作顺利时，还是失业迷茫时，我都常常坐在街边看着人来人往，想我下一步做什么，但我总也想不清。我们对未来并不是没想过，事实是我们不知道怎么去思考，当想到怎样一步一步具体去实现时，越想越觉得累，思考不出一个头绪，就放弃思考；隔段时间又会再思考，然后陷入一个恶性循环，在多次的失败之后，我们甚至逃避去想……

媒体上都在说职业规划的重要性，但却没有人说为什么我们作不了职业规划。年轻人的职业迷茫与困惑，问题不是意识不到问题，而是意识到问题存在，却找不到解决问题的办法。他们不知道如何去思考未来，既不知道方向在哪里，也不知道怎样去寻找方向。

我们常常看到一些所谓的成功人士的故事，结果看的时候很激动，看完之后很麻木……谁不知道要努力、要坚持？可是怎么努力、坚持什么呢？大道理其实都是些正确的废话……年轻人看名人传记，可以受到激励，但却无法模仿。年轻人真正需要的不是精神上的激励，否则打鸡血有用，那还要机枪做什么？

我们最初需要的也不是道理，而是方法，甚至方法都没用，需要的是可模仿的步骤，可应用的技能……

选择比努力更重要，但人生是不断地选择。

问题不是选择什么，而是如何选择，以及如何才能选择。

常常有人跟我们说，要有一个目标，但当我们真正开始认真思考自己未来的时候，我们往往却发现不知道怎么去思考，甚至最开始的时候我们要的不是目标，就像我们从小到大审美观都在不断变化，人生的不同阶段目标也会发生变化。决定人生的并不一定就只是起点，还有转折点。如果你不去预先了解和准备，那么事到临头可能就来不及了，而经历过后却再也没机会了。

职业规划就是我们选择未来和实现梦想的方法。面对未来的不确定性，每个人都要

掌握职业规划的方法和技能，认清职业发展的规律，从他人已经经历过的人生中去找借鉴、找路标，从而才能对我们的人生提前作出分析与准备。人生很漫长，但最关键的却只有几步，只要我们掌握了方法，并积极去行动，我们会发现人生大抵如此：70% 是可预料的，而 30% 是给你惊喜的。

好 工 作
是设计出来的

职业迷茫与困惑

一个人一生扮演的最大角色就是职业角色。我们的生存、发展、满足都离不开工作，工作并不仅仅关系到你的生计，而且关系到你的尊严，最终它将决定你的生活方式，形成你的生活圈子，成就你的社会阶层，而这最终决定了我们的人生。

随着就业竞争的加剧，求职技巧被越来越多的人看重。但对于职业而言，怎么找工作并不重要，真正需要解决的问题是如何看清方向和趋势，并为之作出准备，从而知道在没有机会时如何去发现机会，在面对很多机会时如何去作出选择，这些才决定了你能找到什么工作，才能解决你长远的职业发展问题。

第一章 现实很残酷，你将来想做什么？

第1节 第一份工作，你做了什么？

成长分子：最近怎样？

网友：我已决定认真学习了，最近毕业的学长学姐给我启发很大，我要赶紧具备一些能面对社会的能力，毕业之前早早离校……

成长分子：什么样的启发？我想听听。

网友：关于毕业后的尴尬和落魄。

成长分子：哦……他们现在一个月多少钱？

网友：没说，大家都很回避这个问题，我没问，也没人跟我说……

成长分子：那你感觉他们有多尴尬和落魄？

网友：完全没有目标方向以及斗志！

完全没有目标方向以及斗志，很可怕的一句话，但这是很多人的真实写照。

第一份工作是你职业人生的起点，在很大程度上决定了未来的发展空间。

我们对于第一份工作充满新奇感，却往往没意识到这是人生中第一个重要的转折点，只想钱多、好玩、不无聊，然后才会想到有发展。但人与人的差距不完全在于上学时的专业和成绩，而在于就业时的方向与平台，只要经过几年，原本在学校里差距不大的一群人，就会显现出明显的差距。

投胎是门技术活，而就业对大多数人来说真的就是人的第二次投胎。第一份工作带给你的可能是未来十年职业目标的定位和起点，“先就业再择业”是对年轻人最严重的误导，个人的力量太渺小了，越远的未来需要越高的起步平台，很多时候起点从一开始就预示了终点。

第一份工作是你的职业切入点，是你由知识向技能转化、由专业向行业转化的关键阶段，此时你要找的不是工作，也不是事业，而是职业，这就是你要找的好工作。就业时企业会看你专业对不对口，有没有经验，而当你工作以后再想跳槽时，企业往往看的不再是你学的是什么专业，而是看你在上一家做的是什么工作、行业是不是对口了。如果你想先就业后择业，其实到时候就没的选择了，一年后你甚至会发现自己连应届毕业生都比不上。

现实中转换一份职业是很难的，往往你一进去，就会不由自主地被拖了下去，而一旦习惯了某种工作状态和职业环境，就会对其产生路径依赖。你察觉不到微小变化的积累，骑驴找马最后往往变成骑虎难下，想离开却又没有办法，甚至就连当初的勇气都没有了……

工作以后就是真正隔行如隔山了，如果要你重新作出选择，可能会丧失已有的工作经验、资源、地位等既得利益。对这种改变，你既缺乏自信，也缺乏能力，最终连从这种生活方式中逃脱出来的愿望都丧失了。

求职路上的坎坷远远超过求学期间的艰辛，对于大多数人来说，往往会为了生存而遗忘曾经的理想。如果你准备不够充分，当你真正找工作时，你会发现生活的残酷压力使你无法分心去关注生存以外的太多东西。在一次次打击之后，梦想与现实的距离会让很多人从充满激情慢慢地到完全绝望。就像在逃命，因为有人追，你就跑；结果慌不择路、饥不择食，最后将就着找到一份暂时解决温饱的工作，然后一有机会就盲目地频繁跳槽。但真正的问题并没解决，结果陷于一个不停找工作的状态中，而此时错误地选择职业甚至会失去专业，完全凭青春找一份谁都可以干的工作，等青春已逝，你将毫无竞争力，这个时候你才真正明白现实的残酷，人生背后的妥协与无奈。

很多年轻人觉得现在找工作都要有经验，以为工作两年就有经验了，所以先找个地方混两年再说。但是他们不知道，环境不一定能成就一个人，但是肯定可以毁掉一个人。

职业都需要从基层做起，但工作和平台真的有高低之分，从底层做起，一步一步前进，看起来很务实，但是往往在一个较低层次的环境下待久了，个人的眼界、经验和能力都会被局限在一个较低的层面，这里积累的工作经验往往只能在较低层次的公司之间进行转换，而大公司更宁愿招收优秀的毕业生从头培养。

就像“早晨设计”的创始人魏来说过：“设计的起点即是终点，没有一个伟大的设计师诞生在街边的打印店，他们出自名门，哪怕一开始在名门下面做最卑微的工作。皮尔·卡丹第一份工作在 DIOR（迪奥，法国著名时尚消费品牌）做学徒，菲利·普斯塔克第一份工作在皮尔卡丹做设计助理，香港设计师协会主席韩秉华第一份工作是香港设计之父石汉瑞的送稿员，并且在那里工作了 17 年……这是为什么呢？因为只有在那样的公司才能接触到好客户，换句话说，那样的公司有资格挑选客户。”

第2节　35 岁以后，你还能做什么？

未来真的更美好吗？

年轻人现在看到的是“毕业即失业”，而我看到的是“老无所依”。30 岁之前，我们想着如何发财；而 30 岁以后，我们却会发现如果是打工，好像没有任何一种职业能让我们安安全全活到老。在我 30 岁时，我跟手下设计师聊职业，我问他：“你看写字楼里那些 30 多岁的人都哪儿去了？”

10 年前很多和我一起工作的同龄人一部分成为了老板、成了总监，但是还有一部分人到哪里去了呢？ 35 岁是大多数企业招聘的年龄底限，你现在可能还幻想着精英人士所说的 35 岁退休，却没想过自己 35 岁以后还能不能找到工作。曾经有一名 40 多岁的人来我这里应聘文案，先不说他的能力如何，即使他的职业心态再好，我都不会录用他，因为工作中总有些打杂的事，我不好意思安排他去做，他不在意，我在意。

看到电视上的精英，你的眼睛闪闪发光，以为他们的今天就是自己的明天，但是当你参加工作后，会发现自己只是从事着最基层的执行工作，你会看到身边有不少三四十岁的老同事也在做这样的工作，你的心里会冰凉冰凉的……他们的今天会是我的明天吗？

我们在年轻时都不会担心自己的医疗养老，但当你发觉身体开始有衰老的迹象时，你对未来的看法就会发生变化。在你刚毕业时可能会感觉未来一片光明，但当你 30 多岁时，你也许会发现自己没有未来了！

中国现在已经解决不了就业和住房，但是很快我们还会看到医疗和养老也是问题。其实，年轻时的失业并不可怕，真正可怕的是四五十岁人员的失业。面对即将到来的老龄化社会，退休年龄肯定会被提高，领取退休金的年龄也会被推后，作为普通人要活下去就只能不停地干活，干活不是问题，问题是没有适合自己的活干了！

我们过去十几年的经济增长是经济政治变革与人口红利历史性结合在一起的结果，但目前国际经济的变化以及人口红利近乎竭尽，转折点也许不久就会发生。对于我们这一代人，很多人都会面临以前两千万下岗工人的经历，但他们当时面对的是一个上升的市场，而我们可能面对的是全球经济的衰退……

如果有一天，我老无所依，请把我留在，在那时光里。

未来十年将是白领下岗的高峰期！不是每一个人都有机会去当老板，也不是每一个人都有能力当老板。你很迷茫将来怎样，而你的老板也很困惑，到你不能做的时候，他还需要养你多久？

企业招聘员工其实只是针对现有岗位、现有业务的需要，只是你现有的青春期内的合同期。即使你想忠诚于企业，跟企业一起成长，然后在这里待一辈子，但是你不知道 90% 的中小企业的寿命不超过十年！很多所谓的白领被淘汰之后，还能做什么呢？职业刚开始时，我们都是想人生如何活得更精彩，可大多数人到了 40 多岁时可以想的只是未来怎么有尊严地活下去，让自己死得好看一点……

未来不会像我们20多岁时想的那样越来越好，如果不作好规划，未来真的很可怕。梦里不知身是客，很多人对自己未来的命运浑然不知，很多时候凭借机遇、青春资源，以及一些暂时的、区域性的行业小环境还能找到一些相对还好的初级岗位，但是等到了30岁以后就很危险了。

不要说文员、空姐之类的工作是青春饭，其实很多看起来不错的技术岗位也是青春饭。比如，公司不会要一个35岁以上的设计师，到30岁如果不能混个总监，职业生命就等于终结了；还比如，软件开发做到30岁还到不了管理，或者技术很牛，接下来的职业生涯也就很渺茫了。到那时不是你不想改行，而是你会发现，除了这个，你还能做什么呢？甚至到了年龄连这个也不让你做了，那还有什么可做呢？

这个时候就只剩下经验与资源的差异了，但坦白说，职业上不成功的人，经验并没多大价值，也很难有什么资源。

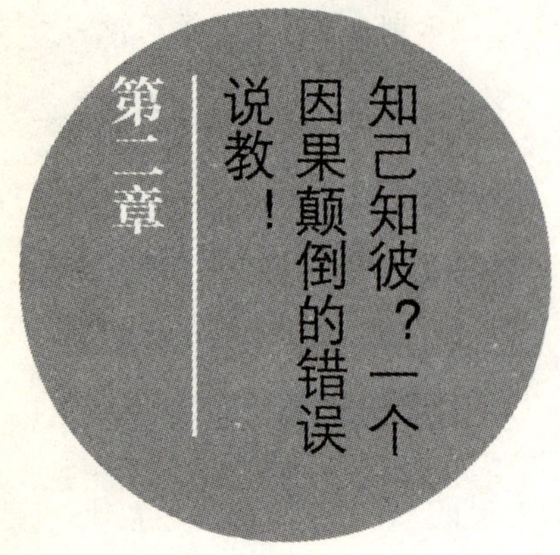

第1节　我往哪里去？

工作两年之后，我如今在重新择业时，突然发现自己不知道该选择怎样的行业、怎样的工作了，当然，我希望薪资能高一些，但是除了薪水之外，还有更重要的考虑因素。我知道自己并不喜欢这类工作，希望能找到一份更加适合自己，或者说可以发掘自己潜力的工作，但是我压根不知道该向哪个方向努力，我很茫然，比刚毕业时更加的茫然……

工作三年以后，我才发现这份职业在专业上很难有所突破，公司不大，工作越做越杂，我是可以由现在的公司进入甲方，但在那个方向上又能走多远呢？等35岁以后，我又能做什么呢？

我工作三年的时候也迷茫，后来工作一忙就忘了，不知不觉现在五年了，最近又开始迷茫了，觉得能力范围越做越窄，工作内容简单重复，除了上班就是加班，了无生趣，没钱，没成就感，没上升空间，感觉自己就像温水中煮着的青蛙……

我的迷茫就是为什么世上那么多人可以成功，而我和老公只能一辈子打工？而且随着岁月流逝，连工都越来越难打？爸妈辛苦一辈子供出我们，爸妈一辈子是节约的，为什么到了我这辈子我还是节约的，那么是不是我的儿子也是这样的？为什么我们就不能掌握自己的命运！

我是2009年毕业的，一年多的时间里换了三份工作，现在慢慢稳定下来了，每月拿着不算多的工资，又再次陷入了迷茫……我知道现在这份工作没有未来，甚至干不了多久，但是不干这个又能干什么呢？

毕业了，我不想从事自己所学的专业，而且这个专业的工作也不适合女孩子，但又不知道该从事什么专业的工作……

我发现自己不喜欢现在的工作，但是也不知道自己喜欢什么，甚至因为对工作已经失去新鲜感，所以清楚自己做别的工作也不会喜欢……

…………

我们都先是被安排，然后是被就业。小学时我们还会有各种各样的梦想，但到中学时往往没有梦想了，就只知道要考好大学，什么事都等考了大学再说。大家都在往前跑，自己也就跟着往前跑，进了大学后，没人安排了，我们才发现不知道自己做这些事最终是为了什么，不知道自己真正想要什么，没有了方向，也没有了动力，开始迷茫。

大学时对未来的设想更多是源于媒体的炒作和凭空想象，往往只是"天真的梦想"，充满了童话般的故事与梦幻般的解释，却不知道自己现在封闭的专业与未来开放的职业是两种完全不同的评价标准，不知道真实的职业和媒体上所炒作的其实并不一样。初生牛犊不怕虎，最开始的时候因为局限于眼前的世界，并高估自己的青春，有些年轻人往往还会盲目地自我感觉良好，并不会感觉到迷茫，同时还会把未来想得太简单、太理想化，甚至心态上太急功近利，直到真正面对现实时，很多人才发现"不知道自己过去做过什么、不知道现在能做什么、不知道将来要干什么"。此时，迷茫导致恐慌和盲目，然后开始跟风，看到有人考研就都去考研，看到有人考公务员就都去考公务员，看到有人考证就都去考证……等到毕业时只能听天由命，最后在先就业后择业的指导下开始频繁跳槽，甚至在遭受挫折后开始逃避……

迷茫是找不到方向，困惑是看不清目标

一个刚参加工作不久的设计师跟我说了她遇到的职业问题：

自己的想法和想做的事总是很多，自己希望一切准备好后再开始，所以很难迈出第

一步；自己的兴趣爱好很广，却无法钻研下去，不能坚持、专心地做一件事情……

毕业时，家里帮我拿到了大型国企的正式员工合同，我都没签；我不想做现在就能知道退休都做什么的工作，而且很不自由，每天两点一线，打卡上下班；再一点，我不是学机械的，如果我进厂，那么我只能从最基层的工人开始学，那完全是我没有接触过的专业。我爸妈支持我，可我爸妈身边的人却不懂，他们说我是个党员，家里也有一定的关系，在国企里肯定晋升得快，可我就是不想，不想不自由……

想要赚钱开店，想要专心做事，却常常不知道怎么干。想开店，不知道自己要卖什么，现在的我资金明显不足，除非先开网店，再开实体店，但网店需要 2 ~ 3 年的时间打基础，在这打基础的 2 ~ 3 年时间里，我靠什么养活自己？

目前是在学习、积累、充实自己的阶段，但我对自己现在的职业是有疑问的，无论是从体力上还是脑力上，已经感觉自己有些力不从心了，现在的我不像刚开始作设计的时候那么活跃，感觉被什么蒙住，自己不知道该怎么想。如果像主管说的那样思考，感觉自己的思想被束缚；但如果不按照主管说的那么去想，自己想出来的设计却又不实用，无法与企业相关联……所以考虑是否要转行，却不知道自己要做什么，适合做什么……

我在想，如果不做设计工作，那么该做什么，有没有其他适合自己的……我喜欢那些出色的策划案，但同时也在想，我怎么知道我适不适合做一名策划呢？如果开始从事策划工作，要从哪方面入手？会不会也像我现在这样遇到瓶颈？

这正反映了年轻人在职业选择中面临的几种问题：

- 面对纷繁复杂的职业，不知道应该选择什么。
- 感觉有自己喜欢的东西，但是现在却没有能力选。
- 对职业没有了解，所以即使面前有几种选择，但不知道如何作出取舍。

人生的路上，最大的两个困难，一是歧途，二是穷途。

当我们不知道选择哪条路时会感觉迷茫，当感觉无路可走就会感觉困惑。很多人并不是现在找不到工作，只是想到未来没有希望，像个无头的苍蝇找不到出路、在迷茫中挣扎……但这是我们真正的迷茫吗？常常我们在迷茫时会去看那些成功人士的自传，看的时候热血沸腾，感觉人生找到了方向，结果第二天爬起来，依然两眼迷茫。

为什么会这样？这是因为很多人并没有意识到职业规划，而只是被眼前的就业问题所烦恼。但是为什么会出现这些问题呢？这才是我们要解决的问题！我们首先要解决的不是迷茫困惑，而是为什么迷茫困惑！否则你都没搞清你的问题在哪里，即使能解决眼前的就业问题，但长远的职业发展问题却越积越大，直到终有一天，积重难返。

迷茫，就是不知道自己该选择什么。

这是因为我们一是对自己不了解，二是对要选择的东西也不了解。

很多人谈起职业规划就说“首先你要有个目标，然后你要怎么实现它”，但问题是大多数人其实并不知道自己想要什么，只知道自己不想要手上这个，而还能做别的什么并不知道，突然感觉前面一片漆黑。年轻人甚至不知道如何去解决这个问题，结果当面临职业选择时，才发现自己能做的不愿意做，想做的又做不来，喜欢做的却没机会做；甚至因为缺乏对职业生涯的正确认识，即使有选择机会，却无从取舍，是去做自己所喜欢的工作，还是做自己能做的工作？或做职业声望高、收入高，但自己却并不开心的工作？

迷茫是想努力都不知道如何努力，或有选择却不知道如何选择。

困惑是努力了却没有效果，或得到了却发现原来这不是自己真正想要的。

困惑并不是没有方向和目标，而是对于未来想得不具体，过程想得太简单，是谁都会有的自以为是、年少轻狂的梦想；但是越深入地了解，越会发现这没有想象中的那么简单，当真正面对时，才发现原来目标不是自己所想象的那样，当为之倾尽全力却难以实现时，突然就不知道该往哪个方向去努力了，这个时候感觉前途渺茫、穷途末路。

对目标的清醒认识非常重要，即使你现在对未来有方向和目标，但那是不是真的适合你或是你真的能否实现还不一定，怎么实现这个目标呢？你也并不真正清楚。选择职业就像最初选专业一样，很多人进去以后才会发现和原来所想的并不一致，还有很多人等到大四实习后才发现这个工作自己原来不喜欢做或者没机会做，可那时想改已经来不及了。

导致迷茫困惑的真正原因是缺乏正确的规划方法！

毛主席在1912年以后，经历过一两个月到处考学校的阶段，到处填志愿：商务学校，想报名学做生意；警察学校，想报名学当警察；肥皂学校，想报名学做肥皂；法政学校，想报名学法律，当法官……他在19岁的时候也不知道自己的未来是什么……

所以说，年轻人对未来感觉迷茫是正常的。制定职业规划要建立在知己知彼的基础上，而对于年轻人来说，由于缺乏工作经验和社会阅历，他们对自身的个性、特质、能力、专长缺乏清晰的了解，所以难以确定职业方向；对人生阶段和职业环境认识不足，所以难以取舍职业目标。

对于未来，其实我们并不缺方向，也不缺目标，我们缺的是探索职业方向的合理方法、改变的勇气和努力的信念，而第二点通常是建立在第一点之上。这些导致我们不知道如何思考未来，如何选择；不知道下一步该如何行动，甚至不敢去行动。

因为对社会缺乏了解，年轻人往往只是根据学业标准或媒体炒作来设立目标，结果有的人把别人的天赋当成自己的梦想，有的人把写诗的热情当成写诗的才华，有的人把拿奖学金、过四六级、考研、出国这些手段当成目标，其他还有很多人在遭遇挫折后甚至开始逃避现实……

其实，我们现在能想清楚的东西，当时并没有这个能力和眼界来想清楚，迷茫困惑正是因为我们总是用现有的能力和有限的信息去面对未知的未来，这才是我们迷茫困惑的真正原因！

现行职业规划模式的实施困局

人生确实可以规划，因为人生有阶段性，而职业本身也有其标准，那就有规律可循。但问题是如果可以规划，那为什么大多数人按照现行的职业规划模式却无法执行，或者做完职业测评之后仍得不出一个明确的结果，甚至在作完规划暂时地解决了头脑中的迷茫，一段时间之后又重新陷入迷茫呢？

专家对职业生涯规划的定义多种多样，其核心内容却是相同的：

- 第一步：知己——性格、兴趣、能力、价值观、个体资源
- 第二步：知彼——职业特点、外部环境、机会及发展前途
- 第三步：抉择——路线抉择、目标抉择、行动措施

由此，现行职业规划大多是采用近似以下五个问题的规划模式：

- 我是谁？
- 我想干什么？
- 我能干什么？
- 环境支持或允许我干什么？
- 我最终的职业目标是什么？

现行职业规划理论和操作的第一步都是“知己”，对自己的价值观、性格、兴趣、能力作出正确的分析，然后再“知彼”，评估内外环境的优势与限制，从而确立方向和目标。

先知己，再知彼，听上去很合理，如果你连自己都不了解，那你如何作出选择？我们想不到的是，正是这种模式导致了我们人生中第一次真正开始思考自己未来时的迷茫与无助！不是我们不想作职业规划，而是按这种模式作不了、作不到！

“认识自己”是人一生最大的命题，但是现行职业规划理论却要你在人生最开始的时候通过思考和测试作出分析，甚至作出回答，并以此成为切实可行的人生方案，这有可能吗？

按照这种方法，大多数规划者要么无从下手，要么从心情澎湃开始，却发现无法执行，最终不了了之。最后经过多次不成功的思考之后，我们甚至会放弃，进而拒绝思考未来，最后选择逃避或是随波逐流。

探索未知世界之前，却要求先拿出地图，这是很荒唐的。你没经历过的东西，你怎么去规划？

现行的职业规划理论和操作方法源于发达国家，是基于发达国家的教育模式和社会

价值标准，以及完善的社会保障制度。他们从青少年时期就开始进行职业规划导入，在教育中尊重孩子的自我意识和好奇心，在中学阶段有多达几十门的选修课，帮助孩子根据兴趣发现自己的天赋，并且尊重不同工作的平等价值，鼓励孩子按照自己的意愿去选择专业与职业。

学校从小学就开设各种职业体验课，请家长到班上给小孩子讲自己是做什么工作、怎么做的。中小学生通过职业模拟、实际操作等方式，从小就对自己希望从事的职业有了一定的了解。大学研究性的学习方式与灵活的学分制度使得学生在学习阶段就开始职业实践，大体上能了解自己擅长和喜欢的职业，再根据职业要求进行下一步学习。当他们真正开始进入职业角色时，他们更多的是考虑职业目标的实现方式，而不是职业方向的选择。

由此可以看到，职业规划首先在于对外部世界的探索与发现，然后才是个人自身的测试与抉择。

在国外，职业规划的实际操作中也不是以“个人的自我认知”作为规划的前提，而是以“对职业的探索”作为前提；也就是说，职业规划不是“先知己再知彼”，而是“先知彼再知己”！但是这套理论拿到中国来以后，在目前中国的国情和教育体制下，根本没有探索与发现的阶段，就直接用来测试与抉择。

中国的国情是一种标准化考试的淘汰教育，孩子的兴趣受到父母的左右，天赋被教育所压抑，工作的价值被社会导向所蒙蔽。上学唯一的目标就是考大学，而大学是在大四才开始实习，结果在选专业时孩子无法将兴趣与专业对接，而就业时又无法将专业与职业对接。直到大学毕业时，年轻人才开始真正面临职业方向的选择，此时谈职业目标自然无所适从。

第2节　职业方向迷茫

职业方向探索是职业规划的前提

我们从小就被教育要有远大的理想，很多励志书籍都谈到了确定目标是如何之重要，如何确立自己的目标，以终为始定出一个人生路线图，然后一步步地去实现它。这些书以成功人士为例，年轻人看得热血沸腾，但是当真正试着去执行时却会发现，对未来还是一片茫然、无从下手……

这是为什么？这是因为职业规划首先应该是找到正确的职业方向，做什么都需要坚持，但只有方向正确时坚持才是美德，如果方向错了，执著就变成了愚蠢。

对于未来，关键的路往往只有几步，错过机会绝对不仅仅是浪费时间这么简单，下一次选择都是建立在过去选择的基础之上，机会在每一次选择后都在减少，而且选择错了失去的不仅仅是机会，还有信心和热情。

职业分工越来越细，在人生最初的职业选择阶段，我们的能力能从事很多种不同专业、不同行业的职业。但是在后来的职业选择和职业发展过程中，我们不断强化了某方面的职业能力，弱化了其他的能力；积累了某方面的资源，舍弃了其他的资源；再后来就是惯性地延续，以致转向的成本越来越高，最终锁定了我们的职业方向。所以，如果职业规划方法不正确，如果你行动不主动，那你的人生确实不是你选择未来，而是未来选择你或拒绝你，最后不得不相信宿命。

在职业发展中，我们都会因为一些眼前的资源而遇到一些偶然的机会，但这是不是你未来的需要呢？职业规划是人生的战略规划，而战术上的胜利取代不了战略上的失败，职业发展在于其连续性所产生的积累，职业目标基本上都是在上一个职业目标基础上作出的。如果职业方向不明确，那你的职业目标将一直处在不稳定的状态下而无法积累，无法由量变形成职业目标发展所需要的质变，最终只能在低层次的工作中徘徊。

对于成年人，能力已经难以提升，资源也无法重新积累，在职业上已经无法回头；而且在家庭负担的压力下，也使得他们面对机会不敢贸然尝试；同时对自己和环境也有了较为清楚的了解，最终妥协到一个具体的目标。而对于年轻人来说，职业生涯刚开始，职业规划基本上等同于职业探索，重点不是确定职业目标，而应是主动地去进行尝试与体验，先是获得探索的能力，然后才是寻找未来的方向。

很多年轻人作职业规划往往只是通过对自己过去的反思，甚至在缺乏专业人士分析解释的情况下，通过作几个职业测评分析自己的性格、价值观、兴趣，根据自己对社会对职业有限的理解来确定未来要达到的目标，然后倒推出 50 岁、40 岁、30 岁、20 岁要干什么，其实这只是想当然的职业目标规划，而不是职业方向探索。

职业方向选择是起点的选择，年轻人往往只是看到别人成功的目标，却看不清自己现实的起点。相对于目标，起点更为现实，你所看到的目标还不一定适合你；而起点则是跟你自身的天赋和资源有关，如果不根据自己的起点来选择目标，那你就有可能错误地把别人的天赋当成自己的梦想，然而你再怎么努力也实现不了，反而浪费了自己宝贵的青春。

有效的职业生涯规划必须建立在掌握一定的分析方法、具备一定的分析能力，及进行充分的职业信息搜集分析与职业实践探索的基础上。职业规划只能在你的能力范围内，控制你已知的东西，那也就是说你难以控制自己能力之外、以及自己所不知道的东西。正如问你将来最喜欢吃什么水果，而你现在只吃过香蕉和苹果，那你怎么选择呢？

现在的我们只是坐井观天，如果你不知道外面的世界有多大，你又怎么知道未来你会喜欢什么呢？社会的发展创造了更多的行业与岗位，热门的专业和行业不断地发生变化，从过去十年来发生的巨大变化来看，很多五年之后的热门职业现在也许还没有出现，而现在大家都看到的热门反而有可能竞争激烈，这些都给了个人更大的选择范围和选择的不确定性。对于年轻人这个缺乏分析能力和职业常识的群体来说，对社会的了解和体验有限，因此很难作出正确的职业目标规划。

我们现在所接触到的职业规划大多是外职业规划，讲究的是“以终为始”，其实这只是目标确立以后的具体执行方式，而不是内职业规划的职业方向探索方式。

结果，现行职业规划模式将“以终为始”变成了“倒果为因”的错误方法，最终导致了职业规划操作上缘木求鱼的徒劳无功。大多数人正是在这种“从自我分析出发、一步到位树立远大目标”的职业规划方式的指导下去规划、实施，结果必然无从下手、遭遇困难，然后放弃、一无所获，最后怀疑自己，甚至逃避现实，再也不去思考自己的未来。

现行职业规划模式探索职业方向的误区

正确的自我评价是职业规划最基础的环节，这一环节出现偏差就会导致职业规划出现问题。现行职业规划的第一步是“了解你自己”，很多书中提出了“了解自己”的方法，主要分为“自我反思”和“职业测评”。那么这两种方法能帮你找到职业方向吗？

自我反思能帮你了解真实的自己吗？

很多职业规划的书上所说的自我反思的方式是，找个安静的地方，把自己想要的东西列出来，一条一条分析，找到自己未来的目标。以下是我从网上找到的一个比较详细的自我反思方式：

沉静下来，认真回顾自己过去的生活、学习经历，了解和分析自己的个性、兴趣和能力，然后思考一下自己的未来，聆听自己的心声，发现自己内在的需求。这样的沉思可以通过向自己提一些问题：

- 我学习了什么？
- 我曾经做过最成功的事情是什么？
- 我的梦想是什么？
- 我对什么感兴趣？
- 我做人和做事的价值观是什么？
- 我具有什么样的天赋？

回忆那些对你人生有重要影响的关键事件，进行反思与分析，比如高考的成与败、专业与学校的选择等等，将这些你生活工作中实际已经发生过的关键事件一一抽取出来进行分析，分析成是为什么、败是为什么，这将有助于你进行自我了解。

认真地深刻地思考以下问题，想清楚，想透彻，每个回答都需要列出三项具体的经历成就作为验证。

1. 我究竟有什么才干和天赋？什么东西我能做得最出色？与我所认识的人相比，我的长处、高人一筹的是什么？

2. 我的激情在哪一方面？有什么东西特别使我内心激动向往，使我分外有冲劲去完成，而且干起来不仅不觉得累，反而感到其乐无穷？

3. 我的经历有什么与众不同之处？能给我什么特别的洞察力、经验和能力？运用它我能做出什么与众不同的事？

4. 我最明显的缺陷和劣势是什么？

5. 时间和环境有什么特别之处（地理、政治气候、历史经济、文化背景等因素）？这其中有什么东西能对我的机遇产生影响？

6. 我与什么杰出人物有往来？他们有哪些杰出的才干、天赋与激情？与之合作（或跟随他们）能找到什么样的机遇？

7. 我期望能取得哪些成就？完成什么事？你想得到什么特定的东西？

8. 我真正需要的是什么？做什么我会感到快乐？下一步朝哪个职位（或工作）发展为好？请具体描述下一步最希望从事的工作，如何去实现这个目标？

这些问题提得都很好，但这些问题我们往往都回答不了！

这个方式强调的是通过对自己以往经历的反思与分析，找出自己的特长与兴趣。但当实际去操作时会发现以上问题大多数人根本无法通过反思的方式找到答案，因为他的过去都是父母为他制定的，他很少自主地选择过，而这些选择也受到媒体的影响甚至是误导；而且职业是另一种标准，他没有经历过的东西，他怎么选择？

正是这个建立在自我反思基础上的职业规划操作方式导致了年轻人面对职业规划的迷茫与困惑！“寄希望于通过反思自己过去来找到未来”本身就是一个错误！“思考未来”是一件很困难的事情，而认真思考更是一件非常非常痛苦的事情，甚至每次一想到某个地方就会陷入一个死角。年轻人缺乏对未来的思考，但并不是不去思考，只是因为缺乏足够的能力和经历，难以清晰地认识自身和环境，根本无法通过思考和测试来寻找自己的未来。

在同质化教育模式下长大的年轻人，从小到大唯一的目标就是考大学，很多人都会感觉自己过去没有什么成就、没有什么特别之处，甚至很多人找不到自己的兴趣，更不知道自己有何特长！而价值观的排序，没有亲身经历过就很难排序，而且这次是这样，下次排可能又变了！

通过自我分析来探索未来的职业方向，只是基于现有的知识面、能力、眼界、生活圈，这就像是刻舟求剑，你现在反思过去做过的最成功的事，几年后你甚至会发现自己归纳错了原因。更何况如果没有对外部职业社会的了解与尝试，你所看到的自我还只是你生活中的自我，以及你想象中的自我，你无法真正明确自己的价值观，也无法将潜在的兴趣与职业对应起来，而且你现在看到的兴趣、性格、价值观其实与职业兴趣、职业性格、职业价值观是不同的。

年轻人不了解职场，不知道社会需要什么，他所喜欢的甚至不是媒体所炒作的职业，而是职业所带来的光鲜与高薪。很多人考大学时都不能把兴趣和专业对接起来，那就业时又怎能把专业和职业对接起来呢？更何况学校开设的专业和现实社会中的职业完全对口的又有多少呢！那“你过去做过什么”和“你未来将做什么”又有什么必然的联系吗？甚至于我们常常把自己被动学会的技能当成自己的天赋，反而误导或限制了未来的职业选择！

职业测评能帮你进行职业探索吗？

越来越多的职业测评被引入现行的职业规划指导中，很多人也希望在专家的帮助下，通过一系列的性格、兴趣、价值观测试来明确自己的职业方向和职业定位。在现实的职业规划咨询中，很多规划师也会给你提供测评软件，告诉你通过测试能分析出真实的你，并以之找出你未来发展的目标……

你当是电脑算命呀！

我问过高校作职业规划的老师，问过大企业的HR（人力资源）经理，职业测评软件有没有用？结果，他们都觉得这些并不适用于年轻人的职业方向探索。我甚至和职业测评软件公司的专业人士沟通过，他告诉我实情是，职业测评软件目前真正有效的只是用在岗位招聘上，而不是用在职业规划上！

测评结果不可靠

个人的价值观、性格、兴趣需要精心设计的职业测试量表，而职业测试量表只是一种工具，重点在于被测试本人，一个完全没有经验的被测者更有可能对答案进行错误解释。人格测试要达到准确的程度，不能单纯由被测者对测试题作答就能得到，还需要依靠专业的咨询师凭借他丰富的经验与被测者进行沟通与交流，甚至是具备相关行业从业经验的专业人士对你作分析和解释，这些对于企业招聘不难做到，但对于个人的职业规划而言，很难达到这个条件。

在现实的职业测评中，面对测试问题或者职业探索游戏，存在被测者对概念的理解、对自我的认知、对选择的取舍、受社会影响所形成的心理暗示这四方面的问题，都很容易产生偏差。由于年轻人对职业缺乏了解，对问卷所提问题的概念缺乏理解，对答案选项的倾向程度缺乏体验，甚至都无法对测试题进行理解与作答。很多时候其实并不是我们刻意隐瞒，人不知自丑，马不知脸长，每个人都是主观地来看待自己，并为自己自圆其说，自己往往会回避自己的一些缺陷，测试时我们以为自己会这样反应，而在现实当中其实会是另外一种反应。

尽管很多测评声称可以规避人为作假，但是事实是职业测评不是测谎仪，不是有了现成答案之后再招供，既然测评的答案是虚的，那么回答就有可能只是想象的你，而不是真实的你。个人的真实需要也会被社会意识所蒙蔽，也会迎合社会赞许的方向，而不是根据自己的实际情况作出选择。我们所列的优点和缺点在别人眼中并不一定是这样，胆小的人会自以为谨慎，吝啬的人也会自以为节俭……性格、兴趣、价值观这些在作测试或者游戏时，被测者所作出的选择不需要付出成本。只有当你要真正付钱时，你才知道什么是你想买的，什么是你能买的，正如世界上最有效的消费者消费习惯调查依然是去社区翻查垃圾桶，而不是让消费者填写问卷。

职业测试难以测定具体的职业方向

当个人在具体的工作选择上面临取舍时，性格、价值观能帮你分析这份职业适不适合你，比如说选择一份稳定的工作，或者选择一份有挑战性的工作。但是年轻人目前最迷茫与困惑的地方是面对众多的招聘广告，究竟应该“选择什么职业、从事什么工作”，而职业方向选择必然要涉及“由专业方向到行业方向”的选择，这是一个更复杂的多选题。

有人给我看他的测评分析结果

性格：双重性格（或者是多重性格），比较情绪化，属于感性绝对多于理性的人，以自我为中心。

优点：沟通能力还可以，对人比较真诚随和，不计较得失，对感兴趣的事物会比较善于学习。

缺点：比较浮躁，没有耐心，做事比较大大咧咧，比较固执任性，坚持自认为对的东西，情绪化，有时候太自以为是，有时候又缺乏自信，很自卑。很多方面自认为是一个矛盾的结合体。

…………

看完以后，我问他，这是你吗？他说刚做时感觉是，现在感觉不全是。

我问，这对你具体选择什么职业有用吗？他说没用，测评结果一口气列举了28种他最适合的职业，结果他还是不知道应该选什么工作，太多的选择等于没有选择。

现在的职业测评报告有点像每周星座运程，根据被测者主观的选择，程序自动生成的测评结果都是某一类性格所具备的“共性”，只是给出了一些标准化的分类，并没有结合职场实际情况对被测者的“个性”进行有针对性分析。测评报告中千人一面的语句、开放性的回答，很难给被测试者以明确的目标导向，当你真正面对具体的职业选择时，你仍无从下手。

职业规划是探索，职业测评是筛选。

通过过去来评估现在很容易，通过现在预测未来很难。职业测评只能测评现在的个人内在倾向，而不能预测未来外部的发展变化。在实际应用中，它更多的是用在招聘选才上，从一个特定的岗位角度出发，在能力已经达到要求的前提下，静态地测试应聘者是否适合这个岗位。

这种测评是面对足够的筛选对象，岗位有具体而明确的指标，通过被测者的过去来对应岗位的各项指标，最终众里挑一，是一种漏斗型的筛选；而职业探索是发散型的，是动态地从个人角度和社会现实出发，针对不同职业的众里剩一的淘汰。

职业测评搞反了因果，测评是找原因，规划是找答案，为答案找原因和根据原因找答案是两回事。你想做什么有什么用？你能做什么才是关键！

我们只不过是在自己能做的工作中选择我们想做的工作罢了，测评只能通过能力、性格、价值观这些个人因素帮你在已有选项中进行排除，而不能帮你找到职业。选择什么专业是看你的天赋，而你应该选择什么职业这是看你家庭和环境所能给你的资源，这些都不是职业测评所能简单测评的。

学业和职业是两个完全不同的阶段，我们无法用学业阶段所接触的世界来分析职业阶段将面临的未来。现实情况也是大多数毕业生对未来感觉是一片空白，不了解社会需要什么、自己能做什么，也不知自己真正想做什么，所以无从下手。

所以，你只有先要知道有哪些职业能让你做，然后才有机会让你去通过性格与价值观判断你适合做什么。如果你对职业缺乏了解，那么测试的就只是你对职业的想象，而真实的职业往往并不如你所想象，也就是说，只有在你对职业有一定认识之后，你才能将自己的性格、价值观这些因素与之一一对应，从而通过职业测评进一步明确。

如何找到方向

按照现行的职业生涯规划的步骤，先认识自己，再探索职业，再作出职业定位，我们反而会更加迷茫，而止步不前。这是因为年轻人的问题根本是接触社会太少，对外面的真实世界一无所知，同时又缺乏分析能力，结果微观看自己看不清、宏观看社会看不懂。

有人说认识自己先要界定自我，有人说要倾听自己内心的声音，这对于年轻人来说很不实际。现在的年轻人已经很自我了，充满了不切实际的想法。你想要什么？你真正想要什么？他们想的只是别人能得到，我为什么不能？这说得好叫做有志气，说得不好叫做看不清现实。有网友跟我说：“如果完全听从内心的召唤，我就根本不做什么职业规划了，我内心最喜欢做的是，一个城市一个城市走下去，打打工，写写东西，拍点片子……”多不靠谱啊。

对于年轻人而言，你的天赋与你所学专业并不一定吻合，你的职业兴趣与职业价值观也还未形成，你将面对的外部环境也在不断在变化，所以在你刚工作时，你的过去只能判断你的现在，而并不一定能推导你的未来。

职业规划中我们遇到的大多是未知的环境和未知的条件，而反思过去只是基于你现有的能力、知识结构、眼界、生活圈，但年轻人对外部社会了解太少，而未来又不断变化。因此，对于未来的职业，我们已经无法根据有限的经验和信息去作出判断。

分析过去和找到未来并没有必然的联系

《穿普拉达的女王》中米兰达对安迪说：“比如你挑了那件蓝色的条纹毛衣，你以为你自己是按你的意思认真地选出这件衣服。但是，首先你不明白那件衣服不是蓝色的，也不是青绿色或琉璃色的，实际上它是天蓝色的，你从没搞清这个事实；而实际上你也不知道，从 2002 年 Oscar de la rent（美国时装品牌）的发布会第一次出现了天蓝色礼服，然后我记得，伊夫·圣·洛朗也随之展示了天蓝色的军服系列，很快地，天蓝色就出现在随后的八个设计师的发布会里；然后，它就风行于全世界各大高级卖场，最后大面积地流行到街头，甚至在那些肮脏的拾荒者的身上也可以看到。事实上，这种天蓝色，产生了上百万美元的利润和数不尽的工作机会，还有为之付出的难以计算的心血……你觉得你穿的这件衣服是你自己选择的，以为你的选择是在时尚产业之外，但实际上不是这样的，你穿的衣服实际上就是这间屋子里的人替你选的，就是从这一堆玩意儿里选出的。”

看完这些，你会发现原来事情并不是你自己想的那个样子，你想要的未来其实并不是你自己想到的，而是环境所赋予你的，甚至你的兴趣都是受环境的影响，比如说孩子“抓周”，其实看的是出生后这一年长辈在生活中给孩子的影响。

这个世界不会是你想要什么就有什么，而是环境能给你什么，你才能从中选择你要什么。人生不是一个反省的过程，而是一个创造的过程，世界这么大，你和这个世界一起在变化，你怎能用过去来分析未来呢？你对自己狠一点，这个世界就变了。

通过参照物来认识自己

年轻人常常会觉得别人不懂自己，但是你就真的懂你自己吗？往往你自己都不知道自己真正想要的是什么、能要什么。只有当你不断尝试融入陌生的世界，将你与整个世界进行对接，你才能更加认清你自己，而这个认识世界的过程其实就是认识自己的过程。

你无法喜欢上你不知道的东西，如果你想得到一些从没得到过的东西，那么你就得去做一些从没做过的事。未来的参照物不会是过去，而只能是你未来想进入的世界，这就是职业。光凭想象，只是从自己已有的眼界里所看到的表象去选择，你只有通过职业探索与实践获得参照物，从而从外部获得启发；而且刚开始时每个人的自我感觉都相当良好，只有通过比较才能认清自己的位置，在这个过程中经历取舍，最后找到自己的未来。

未来，重要的不是你从哪里来，而是你往哪里去。你过去做过什么并不重要，重要的是未来能让你做什么，要根据未来规划现在，而不要根据现在规划未来。现在的想法只是局限于过去的环境中，你无法从有限的过去找到无限的未来，如果不结合对全新事物的尝试，你甚至无法分辨出你面向未来的兴趣与天赋。

因此，对于年轻人来说，先是做，然后才是想，你需要做到的是在尽量少的时间里做尽量多的尝试，并且在尝试可能性的过程中获得可行性的能力，以及发现新的机会。未来不是想出来的，你能做什么，不能做什么，喜欢什么，不喜欢什么，只有做了才知道，你只能在做的过程中去选择。

第3节　职业目标困惑

职业目标的确立需要看清事实真相

职业规划是以结果为导向，如果光有方向而没有目标，那你的规划也落不到实处。对于个体来说，成功与失败不过是所设定目标的实现与否。但是，我们所看到的目标往往只是别人的结果，甚至只是少数精英人士的成果，而这个成果因为过度地包装炒作，往往水分很多。

这个世界有太多障眼法，你看到的未必是真的，真的未必那么幸运让你看到！哪有那么多香车美女……就好像电视上播出一些高难动作时会打出“非专业人士切勿模仿，否则后果自负”的字幕一样，这就是真相！其实这个世界也很公平，有多诱惑，就会有多残酷！很多你现在羡慕的人，如果你知道他的过程，你往往就不会羡慕了，因为那是他拿命换来的，他所付出的东西，你做不到，也不愿意做到。

大众传播要的是噱头，媒体出于媒体效应，常常娱乐化地给年轻人指出了一个很大的蛋糕，但是他就是不告诉你那个蛋糕要付多少钱、要怎样才能走到那个蛋糕面前，以及怎样才能吃到那个蛋糕，甚至还会有商业的欺骗，把一个很少人才能实现的东西吹得近在眼前，结果看多了创业和励志，反而造成年轻人的眼高手低，脑子里装的都是些不切实际、好高骛远的想法……

我们在没有亲身经历过之前，往往并不了解职业真实的工作状态，以及获得就业机会的渠道。总有很多新职业的炒作，比如“对外汉语教师”，2010 年全国高校对外汉语专业建设研讨会的数据显示，目前能直接从事对外汉语教学工作的本科毕业生仅有 10%，对外汉语本科生就业基本不对口。

结果背后的过程才是职业真正所要规划的目标

年轻人对未来会有很多设想，但是如果没有对这个目标的清晰认识以及合理地实现目标的过程，这个目标的可行性就是问题。此时头脑中往往还只有工作概念，没有职业概念，结果往往是“远大目标”一步到位，而对眼前现实工作的想法却很模糊，并不知道自己的想法真实对应的是什么岗位，也就无法将自己所学的知识转化为岗位所需要的能力。

对于职业，你要知道的不只是“要做什么”，而是“该怎么做”。你要有一个具体的过程，不是他得到了什么，而是他怎么做到这一步的。如果你想成为企业家，那你要知道你想成为什么样的企业家？你要进入什么行业，以及成为企业家之前你要做哪些专业工作？

职业生涯的七个概念

■ 岗位——指个人在某一具体工作机构被分配的一系列具体任务。根据任务等级的不同，会划分为不同职务。

■ 工作——指由一系列相似的岗位所组成的一个特定的专业领域，是个人具体在某一领域某机构所从事的活动，它只是职业生涯中的一个片段。

■ 专业——你在学习生涯或职业生涯中积累的知识结构与思维方式。

■ 行业——指从事国民经济中同性质的生产或服务，是具体的业务范围，而不是指具体的某一个职位，如快速消费品行业、机械制造行业、房地产行业、管理咨询行业、金融业、医药行业……

- ■ 职业——在不同的行业领域中一系列工作内容相似的专业服务，例如市场、销售、技术、行政、管理、后勤等等，是个人参与社会分工，利用专门的知识和技能，为社会创造物质财富和精神财富，获取合理报酬作为物质生活来源，并满足精神需求的工作。它需要工作者长期甚至是整个职业生涯都深入某个特定的专业和行业领域。
- ■ 事业——你一生为之奋斗，能够带来成就感、幸福感，具有一定目标、规模和系统，对社会发展有影响的长期活动。通过它，你能获得财务自由，你不用再为钱而工作，还能获得足够多的钱，并且这个过程你都是自由地选择自己的工作方式、自己决定工作的进度。
- ■ 志业——你想为别人、为整个社会做的事，这不但可能会影响你挣钱，甚至还要贴钱进去，而你还心甘情愿去做的事。比如说编程序是比尔·盖茨的职业，微软是他的事业，基金会是他的志业。

举个例子：小张在某俱乐部足球队踢前锋

- ■ 岗位——足球队前锋。
- ■ 工作——某俱乐部的足球队前锋。
- ■ 专业——足球。
- ■ 行业——足球运动。
- ■ 职业——足球运动员。
- ■ 事业——足球产业。
- ■ 志业——改革中国足球体制。

就小张的职业生涯而言，如果他一直在这个行业里，随着小张年龄的增长，他可能会由“足球运动员”转为“足球教练”，再下一步，他也可能进入足球俱乐部做个管理人员，甚至进入足协成为一名官员，如果他有足够的资源与能力了，他也许会想着怎么改革中国足球体制……

在这些概念之中，“岗位和工作”与现在的生活有关，较多涉及目前的经济收入、开心与否、离家的远近、工作量的大小，考虑的是完成现有的任务和生活的需要。而“职业”与未来的生活有关，看重的是自己的性格、兴趣、价值观、能力的需求，考虑的是长期的发展。也许目前工作条件不好、收入不高、工作繁重，但是能获得长远的回报，这是一个由专业向行业转化的过程。而“事业和志业”看重的是自己价值观的需求，是获得社会的承认和实现自己的个人梦想，这不仅是你的工作过程，同时也是你的人生奋斗过程。你不会在意路途的遥远、工作量的大小、回报的多少，而会不惜付出一切个人资源和努力为之奋斗。

从对工作的选择上来讲，我们不断地追求理想的工作，在工作中不断地提高工作满意度，但它不仅仅是指提高工资福利待遇，而更重要的是指这个工作能带给我们内心的满足，能有不断成长和发展的机会，希望在工作中有独立性和自我决策性，能更多地参与公司的规划与管理，同时工作能兼顾家庭、生活的平衡。我们对工作选择的最终目标是通过它寻找到那种在自己看来最富有意义的生活方式，使它成为我们一生的职业、一生的事业。

如何认清目标

“以终为始”是实现职业目标的方式，但这并不是确立职业方向的方法。

现行的职业规划往往追求“一步到位”，首先确立我们远大的目标，然后将这个目标划分为阶段性的小目标，制订一个计划，然后在执行阶段实时修正，以为按部就班就可以实现我们的远大目标。但是往往当你真正想“一步到位”这样去做的时候，你却会茫然无措，因为我们竟然不知道目标在哪里！

这也正是现行职业规划理论无力的原因所在——一步到位的职业规划是外职业生涯的目标规划，而不是循序渐进的内职业生涯的方向探索。

职业目标无法完全分解与倒推。

我们都看到过这样一些成功者的故事，他会说小时候看到过某人、某事，从而给自己定下了一个目标，最终经过不懈的努力，他终于成了这样的人。

事实上被同一个人、同一件事鼓励而最终有所成就的人也不止他一个。但更多的事实是：看到过某人、某事的人不止他们这几个，更多的人也看了，甚至也被激励过，但最终还是沉默的大多数。

“以终为始”强调的是目标的重要性，但是对于人生而言，两点之间最近的距离并不一定就是直线。传统的职业规划方法是把个人的职业发展当成了一个线性的过程，比如说学士、硕士、博士、壮士、烈士、圣斗士……可是当你们真正按着这样去规划和执行的时候，你会发现未来根本就不是这样可以预计的。比如说从事“销售”可以按“业务员—销售主管—销售经理—营销总监”顺序制定职业规划，但这只是职务的晋升路径。你要分清职业的晋升路径与你人生的发展过程之间的区别，人生比戏剧更富有戏剧性，你猜得到开头，却猜不到结局，现实中我们常常看到做技术的想转做销售，做销售的想转做技术……

现行的职业生涯规划理论与实际操作存在问题，它是一个倒推的过程，倒推只是得出完成结果的关键的、必要的、正确的步骤，他排除了这个过程中所有未知的机遇、阻碍、当事人的资源背景、个人能力，以及个人能力在坚持过程中的量变到质变……

当我们反过头来看自己走过的路时，大都会发现你的过程不是现在这个结果的分解，而是过去目标的组合。长期目标不存在分解，只存在组合，人生没有果因，只有因果。看看那些成功人士，我们会发现他们的人生无一例外地经历了太多的失败和机遇的转折，他们也曾经为前途而辗转反侧、夜不能寐，他们得到的更多的是错误和胜利组合而成的结果，而不是原定的由胜利走向胜利的目标。

“我是谁，我从哪里来，我到哪里去？”是每个人穷尽一生寻求的答案。人在年轻时往往很容易把一个看到的成功人士、一个理想化的职业发展路径当做未来的目标，但是一个人的想法只是一个特定历史环境的产物，随着时间的推移，知识面、眼界、金钱、地位、品位、境界的变化，每个人在不同阶段的兴趣和目标并不完全一致，有时甚至完全对立，这才是正常的！

人生的发展往往是一个由量变到质变再到量变的过程，以你现在的能力和眼界，你往往看不到最后的变化。你拼了命，在你的精力和时间之内，你最多多挣几个馒头，而挣蛋糕是在改变就业平台和工作方法之后由质变引起的量变。目标越远大，对资源和能力提升的要求越大。在实际的职业历程中，人们的每一次经历、每一次职业体验，以及人生阶段的变化都会引发对自我的重新认识和规划，从而会修正自己的职业目标，一种可能是目标更远大，另一种可能是清楚地认识自己，选择另一个更适合的目标。

目标引导过程，过程最终重新定义结果。

在不同阶段，我们会有不同的需求，所以决定我们最初选择的重点往往不是未来选择的重点。其实，越老越吃香的职业在我们年轻时往往并不喜欢，因为这需要你耐得住寂寞，付出足够的努力与积累，就像做医生、做律师，刚开始几年收入很低，工作量也很大。而这个职业你能不能越老越吃香就看你是不是真有这份职业所需要的足够的天赋，甚至是你有没有外部的关系，否则你做一辈子也许只是一个小职员罢了。

我们在职业起步的时候都很傻很天真，既受到很多限制，也遇到很多诱惑。年轻时，很多时候我们进入某个行业的起因其实很好笑，比如说这个行业帅哥美女多、这个工作很好玩、这份工作对于女孩子不累等等。如果你没有规划，那么一个人、一句话、一个偶然，都有可能把你引到一个方向，改变了你的一生。职业发展的现实情况往往是你刚开始最想做的是A，结果却做成了B，做着做着又变成了C，如果你坚持和努力，C能让你挣到钱，最后你又用C挣到的钱做了你现在最喜欢做的D，而且这个D和原来的A还不一样。

因此，我们要分清目标与结果。有句俗话，“有心栽花花不开，无心插柳柳成荫”。它并不只是说碰巧，更多的时候，我们的未来是由行动过程所产生的结果，而不是我们最初所看到的目标。你将现在看到的目标进行过程分解，你会得到很多影响因素，而每个人控制因素的资源和能力都是不同的，所以即使你照着这个过程去做，最终也会导向不同的结果。

对于职业而言，远大的永远只是方向，目标都只能是现实而具体的，看重的是可执行的过程。职业规划真正难的不是树立目标，而是执行过程。过程不可行，目标则不可能。年轻人在最开始作职业规划时，往往难以认识到执行的难度，把过程想得过于简单和理想化。但是当真正去做时，才会发现未来不是吃馒头，一口一口就可以吃完，而是行百里者半于九十，最后的十里才是最困难的。

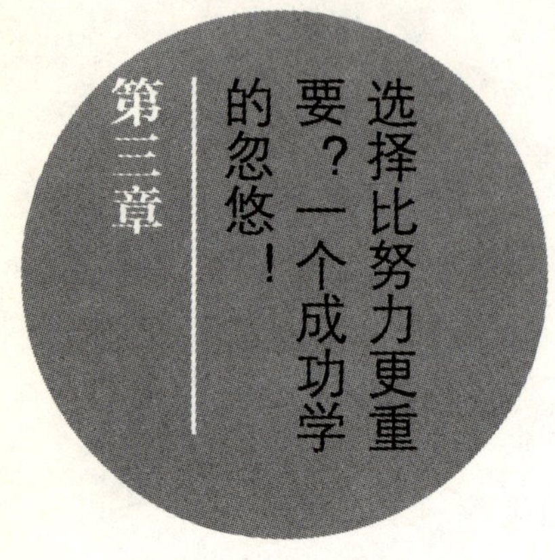

第1节 未来是一个过程，而不只是一个结果

年轻人对未来充满迷茫与困惑，希望得到过来人的指点。但很多人既没有认真地去了解自己，也没有深入地去了解职业，只寄希望于某人：“你帮我分析一下，我的专业是某某，但是我不想从事本专业，你觉得哪个职业好、我该选择哪条路……”

很多迷茫的人寄希望于别人能帮自己找出方向，其实如果你都不了解自己，别人又怎么会了解你？如果你自己不去亲身实践，你怎么知道你向别人描述的是真实的你，还是想象的你？

你对自己成长经历中的事件和所看到的别人的成功还难以从职业的层面作出准确的分析，这需要过来人帮你分析，并且将它与未来进行对接。但是在这之前，你必须自己进行职业探索，否则他也无从下手，无法针对你的具体问题进行分析。而且，任何人的指导都是基于自身的角度与能力，在你没有自主选择能力和分析能力时，别人的指导就是引导，而凡是引导，都有可能误导。

有人问我现在做什么生意最赚钱？我说国有垄断企业。他说那他没这本事，其他还有吗？我说谁都说自己的生意不赚钱，但是都有人在做，那证明肯定有利润存在。但是同一个生意有的人能赚钱，有的人还要亏钱，这是为什么呢？这是因为他们各自所拥有的资源和能力不同。

小马过河，水的深浅只有自己走了才知道。职业规划是一个分析职业、分析自己的复杂过程，绝不是那些所谓专家描绘一下未来蓝图动动嘴皮子那么简单，从来没有一个人的经历可以复制到另外一个人身上。甲之蜜糖乙之砒霜，职业规划并不是根据现有的热门职业作一个反向的计划，每个人的经历、能力、性格、兴趣、资源都不同，各种职业的优点和缺点也因人而异。

有效的职业规划更看重对特定行业的了解，如果你能找到行业内的前辈，他才有可能帮助你看清真相、理清思路，在你已有的选项或现有的基础上对方向、目标提供一些建议，提供一些你眼界和知识结构之外的选项，但他不能让你无中生有。他只是在和你分享他的知识与经验，基于行业发展提出的可能性，帮你看清职业机会，看到某个职业目标。但他并不一定了解你，而你也无法分享他们的能力和资源，能不能做到还是要看你自己的可行性。他能给你的更多的只能是方法，在这个领域内有什么要求、怎么做更好……但愿意不愿意去做、能不能做到、有没有资源，这最终还是你自己的事。

这个世界有无数的正确答案，这不是问题，问题是哪个才是你的答案。

你的未来是由你的天赋、你能整合的外部资源决定的，在哪里呢？要你自己找。过程是对结果的证明，别人直接给你的结果对你没多大用处。比如一些 IT 培训、动漫培训，这些新技术、新职业对于一部分人就业是确实可行的，但并不是人人都适合。如果你自己不作分析，光是听他们所描绘的职业前景，像打了鸡血一样去做了，那也有可能很快就做不下去，或者进入了这个行业，但几年后就遇到无法逾越的瓶颈。

命运的安排是如果你想获得更大的未来，那你必须经历足够的磨炼与积淀，在这个过程中你得到的并不只有最后正确的结果，还包括过程中犯错误的教训，这些一起形成你掌控未来的能力。就好像我们常常会困惑，到底是知易行难，还是知难行易呢？其实一件事，你知道得越容易，做起来就越难；而你知道得越难，做起来也就越容易。如果没有自己的努力，即使别人给你指一条路，只怕你不想走，也走不通。甚至是，如果不是经过你努力而获得的东西，你也守不住，就像是停减肥药后的迅速反弹一样。

职业方向的探索需要相当长的时间去筛选和排除，印证自己的天赋方向，并根据环境提供的职业要求进行专业知识学习和能力训练；而职业目标的确定更需要对自己外部资源进行发掘和整合，以及接受自己的现实。因此，对于职业规划，首先要有一个正确的态度，不要急于求成，不要想着自己探索一下子或者听听别人的指点就能解决，否则你很快又会陷入迷茫与困惑之中。

总而言之，职业规划只是方法，不是解药。人生的阶段性决定了职业迷茫是每个人都要面对的问题，但这些问题只有自己才能解决。如果总寄希望于从他人身上得到直接的答案，而不愿自己去想、去试，那么你以后还是要面对这些问题。从根本上来说，人一生中遇到的不是目标的问题，而是方向的问题。迷茫和困惑是人生每个阶段、每个层次都会遇到的事。不管你是哪个行业，不管你是什么起点，不管你选择哪条路，走得再好，到了一定阶段，你都会看不清前面的路。这个路口之后是下一个路口，你总要面临选择，不可能每次都有人来为你指明方向。

世界上没有救世主，你想直接要结果，那么你要么有东西交换，要么就有可能会遇到骗子；而且如果你依赖别人，那你就必然受到别人经验的局限甚至误导。倘若你现在放弃了自主选择的过程，也就放弃了将来自由选择的能力。

第2节　通过行动进行职业探索

很多人觉得至少先要有一个较为清晰的目标才知道力气该往哪儿使，没找到之前，感觉自己做什么都是无用功，就像是在拿着石头打天……《凤凰劫》里有句台词："我认为人一生中重要的是要有爱，如果你不能给他这个，就给他希望，如果连希望也不能给他，就给他点事做。"职业同样如此，人一生最重要的是要有目标，确定目标之前要先找准方向，如果你也找不到方向，那就先找点事做。

每个人都想找到出路，而想得越多，越会感觉无路可走，越不敢行动，这其实是你想得太多了，做得太少了。大多数人对职业都是迷茫归迷茫，不行动还是不行动，甚至觉得自己还有时间，于是在幻想等待中错过青春，直到最后被选择、被拒绝，感觉到宿命。因此，面对迷茫，我们要解决的不是"能与不能"的问题，而是"为与不为、敢与不敢"的问题。

梦想的背后是行动

年轻人常说，不要嘲笑我的梦想，但往往被嘲笑的并不是你的梦想，而是你的行动。你只是在想，但你竭尽全力做了吗？风险越大，回报越高，有价值的选择其实都是需要赌的，但这需要本钱，需要勇气。你要用行动向别人证明，否则别人为什么要给你机会？甚至你也要向自己证明，否则你就是看见机会，你也不敢赌！有的人在行动中梦想越来越大，而有的人在等待中梦想越来越小。

努力不一定成功，但不努力一定不成功。这里强调的是行动，而不是目标。

乱中取，险中求。市场是千变万化的，各种不确定因素比比皆是。很多项目管理、项目投资过程中的决策，往往是在决策条件不成熟、决策因素不确定的情形下作出的。冯仑在《野蛮生长》一书中分析中国民企发展的内在本质就是一条由无序向有序的历程，在企业的初期，靠的不是目标，而是行动。

行动对于目标的价值更多是“意料之外、情理之中”的偶然性之外的必然性。未来有太多的不确定性，人生最开始时是一个试错的阶段，通过行动进行选择至关重要，此时方向并不重要，重要的是方法与行动。计划没有变化快，现实中对于职业的选择，想做、能做、适合做、有机会做完全不是一回事，大部分人的职业选择都不是精心规划设计出来的，而是在行动过程中形成并最终清晰、折中和确认。

我们希望别人能给自己指出正确的方向，这确实可以帮你少走弯路，但是这个找方向的过程对你更重要。人生是一个在寻找中创造的过程，找方向的过程其实就是通过行动帮你获得实现目标的能力的过程。

对于未来，别光想，光想的话，很多东西都行不通，只会越想越迷茫。人生总是不断地面临选择，从来就没有一个唯一正确的目标，而只能在尝试可能性的过程中获得可行性的能力，条件的不足也可以在过程中找到资源来解决。在行动的过程中，你会提升能力，扩大眼界，逐步认识自身和环境，最终随着能力的提升，你会遇到、会分辨、会发掘出新的机会，这才是你真正的未来。

第3节　作出自己的主动选择

命运无非也就是那几次关键选择，但是如何选择、如何才能选择呢？

常有人说“选择比努力更重要”，但选择并不是碰运气，选好比做好更复杂。我们现在往往觉得某个行业很好，那为什么当初没选择它呢？为什么现在又选择不了它了呢？其实，我们真正选择的，不是结果，而是过程。选择取决于你之前积累的知识结构、经验阅历、思维方式所形成的判断能力，以及你现有的资源与执行能力，这些都是你过去努力的结果。如果你之前没有努力，你凭什么来选？

如果你一定要说选择比努力更重要，还不如说你想吃现成的好了。机会都需要能力和资源去交换，否则机会来了，你也只能是看看。就像很多人创业都需要先亏几年等市场成熟，否则真等市场成熟了，你就没机会进入了。很多现在我们所看到的成功，在当时看来只不过是一个创意罢了。没有坚持，没有能力，你做不到，那种先驱成先烈的故事太多了。甚至很多人的成功在最初并不被人看好，而是一步一步摸索出来的，就像被人以中了大彩票来形容的腾讯，创业初期，团队中也有人因为坚持不下去而退股，你能说命运没给过他们机会吗？

选择更多的时候不在于可供选择的机会，而在于你是否有选择的能力。

我们总觉得自己缺少的就是机会，但是机会只是留给准备好的人。其实我们每天都面临选择，大多数时间我们都只是在过重复的平淡的生活，你今天可以选择去玩，也可以选择去学习；你可以选择做得更好一点，也可以选择应付交差；你可以选择在家里看无聊的长电视剧，也可以选择出去跑一小时步让自己身材更好……

什么时候你都在选择，你都可以选择是主动一点，还是被动一点。冰冻三尺非一日之寒，正是这些日常的坚持与努力，潜移默化地决定了你把握机会的能力和别人给你机会的可能，最终决定了你的未来。如果你不把这些当做一种选择，那甚至你连被选择的机会也可能没有，就像你大学毕业时的就业机会是看你过去的努力，以及你父母过去的努力，答案其实从很早以前就已经开始了。

我们常说“机遇”，其实机遇更多的只是“意料之外，情理之中”偶然中的必然罢了。人生刚开始的时候大都没有多少选择机会，比如你的出身，而在你努力之后才有了一些选择。很多的机会只有在你努力之后才能发现、把握，在表现积极、作出成绩之后才逐渐被委以重任，而同时你才有了面对机会作出明智选择的能力以及坚持下来的勇气。富贵险中求，其实很多关键的选择是需要赌的，但是努力不需要赌，选错了方向，只要努力，还有可能调整；而不努力，选对了方向，也没戏。

人生的迷茫与困惑往往并不是因为你无法选择，而是你根本没去选择。如果一个人始终都把希望寄托在别人身上，那么他不是迷茫，而是懒。这样他即使被告知去做什么，他也不会去做，因为这不是能力问题，而是态度问题。（我们都不想走弯路，但是“不想走弯路”和“不想走路”是两回事，没有教训，哪来的经验！只要你去走，那你所经过的路都是必经之路，这就是成长的代价。只要你尽力了，无论是正确还是错误，都有其价值。这正是一个由被动向主动、由量变到质变的过程。一个从失败中获得经验，从无用功中发现新机会的过程，就是成长的过程。）

第4节　积累形成优势，坚持才能胜利

我一直在想那些没读书的人是怎么发财的？不要说能力，不要说机遇，我没感觉我身边很多老板有什么太大的能力，而他们所遇到的机遇，他们同时代的人也都遇到了，为什么最后他们成为了老板，而更多聪明人或者和他们一样的普通人没有成为老板呢？

他们并没有过人的天赋与学识，也没有显赫的出身，那是什么让他们做成了别人没做成的事？归结其原因，是资源逐步积累产生的质变，是在平凡中作出不平凡的成绩。

有个词叫“富贵逼人”，这其实说的就是很多人的成功其实是没有选择的，为了生存只能继续走下去，在艰苦的地方熬过去，最终苦尽甘来。他们用自己最普通的能力去坚持做了当时别人不想做、不愿做、觉得不值得做的事，在过程中获得了更高的能力，然后去做了别人不敢做的事。最后他一点点地积累了资源，然后凭借资源与时间形成门槛，最后做了别人不能做的事。就好像正常情况下许三多只能去养猪，但是如果他坚持下去，

慢慢看清行外人看不清的行业发展趋势，然后开发猪饲料、利用独特的资源养野猪，采用更好的方式加工野猪肉，从低做起，做很多别人不愿意做的事，坚持下来，慢慢地积累资源，他同样能成功。

一次，我和一个客户的员工聊起他的老板是怎么发家的。他说老板在长沙开店开不下去了，就换到小县城里，结果一不小心就做大了。其实他不是不小心，而是非常用心。任何时候，机缘巧合，每一个机会都会出现在同时代的很多人面前，而真正的机会都需要赌，但是并不是每一个人都敢赌，即使敢赌，最后做成功的也只是少数人。正是这少数人，通过他们的努力，他们的用心，他们的坚持，最后获得成功。

机会对于成功非常重要，但到最后你会发现，你是在和与你拥有同样资源的人竞争，比的并不是最初的选择，而是过程中的坚持、调整、努力。这个世界也有公平的地方，那就是运气的背后往往都是努力，只是你看不到。我们常说要巧干加苦干，但其实最后苦干才是决定因素，好东西是聪明人下笨功夫做出来的，大多数时候我们都只是在做一些普通的事，这时蠢办法往往更有效。只是大多数人以为可以投机取巧，轻视扎扎实实地积累，结果聪明反被聪明误……仅凭机会得到的东西会随机会的失去而失去，就像股市一样，大多数人在这个牛市挣到的钱会在下一个熊市又赔进去。

人生大方向上比的是耐力，而不是智力。很多时候，选择太多是件坏事，没有退路反而成就一生。方向只是成功的助力，而坚持和努力才是成功的基础，通过外部资源的积累，超越内部个人的天赋，这是最容易也是最难的手段。而很有意思的是我们在职场上看到真正走错路的人不是天资愚钝的人，反而是那些聪明人更容易犯错，因为他能有很多选择，结果遇到困难时，他会缺少坚持，最后败在了青春已逝上面。

在具体的工作中比的也是耐力，你的工作内容范围可能非常广，但是 70% 以上的都只是重复的日常工作，而我们的能力也正是能把这些工作高效重复完成，比的就是简单、正确、高效的重复能力。很多年轻人向往媒体宣传中那种充满挑战和创新的工作，但这种创造性的工作本身并不像大家想象的那样，好像是灵机一动就做出来了，而是一个循序渐进、反复修改的过程，更多的是困顿不堪之后的顿悟！此时，确保目标完成就只有保证所需要的工时，最终比的还是你的坚持、再坚持，咬牙熬下来，挺过去。

2011 年 2 月 6 日，我和几个大学同学聚会，聊起我们毕业后这 15 年来错过的和把握的机会。有人问我，如果你现在给十年前的你发条短信，你会发什么？我想了半分钟，然后说：“工作上多坚持并且早点结婚。”结果，大家都不约而同选的是这个答案。

选择的对错只取决于结果，而大部分选择都是有利有弊的，所以好的结果更在于是否能坚持做好，而不在于最开始的时候是不是选对了。成功真的跟方向关系很大吗？有的人给人的感觉是他做什么都能成功，相反在任何一个方向都有失败者。未来其实不在于你是怎么选的，而在于你是怎么做的，最重要的事情不是如何选择，而是如何坚持。什么机会更好，这不重要，职业发展需要敬业与专业，而这都在于坚持，只要坚持，守它十年，用心一步一步做好做大，或者在这个基础上再转型，都比跳来跳去要好。

好工作

是设计出来的

如何进行职业规划

谈到未来，常常有人跟我们说到“梦想”这个词，其实梦想和职业不完全是一回事。人生中很多你觉得对你意义重大的事其实是消费性的，也是阶段性的；而职业是看重创造性的，更要求有一个连续的积累过程。

梦想很感性，而职业却非常理性，谁都想不走寻常路，但职业规律不可违背。职业规划并不是帮你找捷径，人生的捷径就是不走弯路或者少走弯路，而冷静地思考自己的起点和目标，进而合理选择道路，这就是人生的捷径。总而言之，职业规划就是先行动再定向，先规划再发展。最终，我们的人生就是在能选的时候选好，在不能选的时候做好。

职业生涯与职业规划

职业生涯分为内职业生涯与外职业生涯

- 内职业生涯是指在职业生涯中，通过不断地学习与工作实践，我们的专业知识、职业技能，经验、能力、眼界格局、心态、动机、心理素质等因素的组合及其变化过程，最终形成内在个人综合素质的过程。
- 外职业生涯是指在职业生涯中，我们从外部环境获得的毕业学校、学历、专业头衔、职称、师承关系、工作单位、职位、工作内容、职业经历、收入等因素的组合及其变化过程，最终形成外在社会角色的过程。

内职业规划——职业方向探索，以及职业能力的提升

- 内职业规划是如何选择，是个人的能力提升与方向探索，是让你有“被利用的价值”，讲的是“选择的方法”。它通过对职业环境的探索对照，逐步明确自己的天赋、能力、职业兴趣，找到专业方向，并锁定行业方向，最终决定你的人生方向。

外职业规划——职业目标取舍，以及实现目标的路径

- 外职业规划是如何发展，是根据人生的阶段划分，整合外部资源，寻找和实现职业目标的手段和路径，是你“如何利用资源的方法”，讲的是“行动的方法”。它在对职业环境的探索中，逐步明确自己的天赋、性格、价值观之后，由最初的专业定位到最后的职业定位，并制订相应的职业发展计划。

成长分子职业规划模式

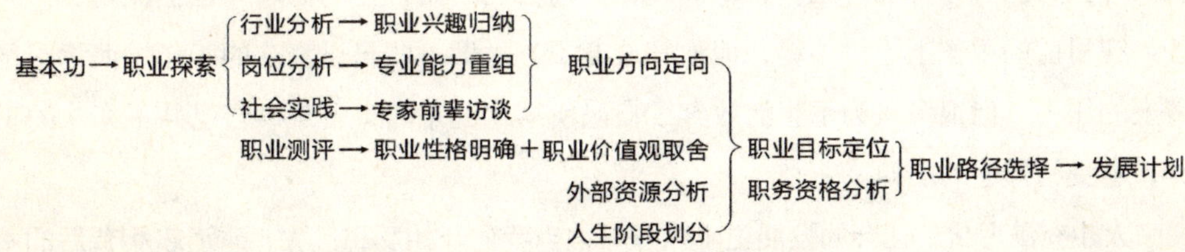

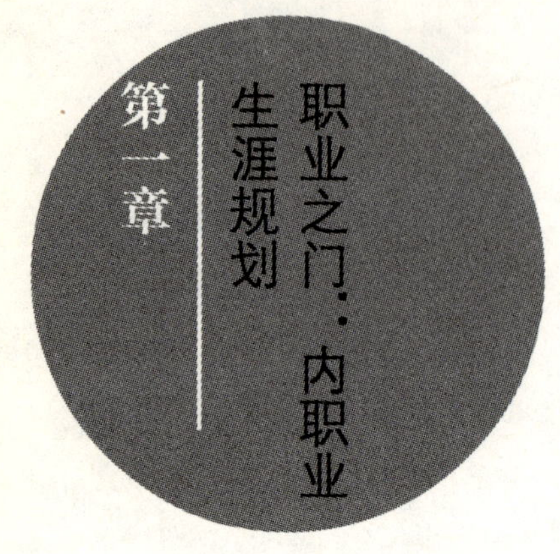

第1节 内职业规划是选择职业方向

女怕嫁错郎，男怕入错行。内职业规划是职业规划的第一步，人生中最初阶段的几步会决定大多数人的一生。但我们在职业刚开始往往对自己和职业缺乏一个清晰和全局的认识，因此容易作出错误的选择。

有的人认为，选择最热门的专业就意味着最有前途，结果没看清自己拥有什么天赋和外部资源，拼尽全力却发现自己能学的却不喜欢做、能做的却没机会做……有的人把兴趣爱好当做才能，把别人的天赋当做自己的梦想，结果几年后才发现所从事的工作自己无法发展，但是却已经无法回头……有的人把工作当成娱乐，或是只看重工作的体面和轻松，结果等青春已逝后才发现原来出来混都是要还的……有的人把金钱当做目标，结果即使取得了一些成绩，却感觉不到快乐，找不到自我的价值，内心充满矛盾与挣扎……有的人没有认真地考虑过自己人生的方向，甚至希望通过跳槽的方式去寻找自己心目中的好工作，却始终在不同公司不同行业的低层岗位上流动……有些人在目前的工作上干得不错，但他却放弃了，去做一些自己喜欢的工作，而承受经济上的压力；但很多人为了生活放弃了自己所喜欢的东西，去从事自己并不喜欢的工作，承受精神上的压抑……

人生充满变化，社会的发展更难以预料，当我们开始反思过去，看清表相背后的本质后，我们往往会发现自己命运的变化只是“意料之外，情理之中”。那么到底，是什么在冥冥之中影响或决定着我们的命运呢？其实，影响职业选择的因素很多，当你不了解时，你只会凭借你知道的某一部分外部因素或者自己某方面的特点作决定，这样片面的角度就很难保证作出正确的选择。

什么是好工作？

首先，它要能符合个人兴趣；其次，能有相对的工作自主，能满足内在的精神需要，并且能保持工作与生活的平衡。这些都与兴趣、性格、价值观、能力有关，但是当你想用它们来进行职业方向定位时却发现无从下手，这是因为我们在日常生活与职业中对这些概念的定义是不同的标准，这也导致在择业中存在以下四个误区：

- 将兴趣当成天赋。
- 将性格当成职业性格。
- 将价值观当成职业价值观。
- 将能力当成资源。

第2节　兴趣与天赋

业余爱好是索取，职业兴趣是付出

很多人认为兴趣是选择职业的首要问题，只有做自己喜欢的工作才能最大限度地发展自己，但是什么才是自己真正喜欢的呢？这才是问题，事实上很多年轻人并不知道自己喜欢什么，或者自己清楚所谓喜欢也是暂时的。

年轻人往往分不清“业余爱好”与“职业兴趣”之间的差异，常常将业余爱好当成可以作为职业的兴趣，错把创作的冲动当成创作的才华。当被问到能不能吃苦时，谁都说如果是自己喜欢的就一定能吃苦，但真正做起来，多数人喜欢的都只是结果，而不是过程，因为过程是要吃苦的！

有人问，什么是职业兴趣？什么是业余爱好？

我问他，“爱”是什么？

他说爱是深深的喜欢，喜欢是淡淡的爱。

我说，爱是付出，喜欢是索取。

业余爱好是凭感觉，职业兴趣是凭理性。业余爱好只是你花钱取乐的方式，而职业兴趣是你能花心血挣钱的本事。就像你不会因为喜欢漂亮衣服就去做裁缝，因为喜欢美食就去做厨师，业余爱好和职业兴趣在能力定位上既有方向的不同，也有层次的不同。

业余爱好只是“喜欢”，是你想从中索取，是对结果感兴趣，是消费性的；而职业兴趣是“爱”，是对过程感兴趣，是你愿意为之付出，是创造性的。如果一件事情，别人觉得很枯燥，你却觉得很有趣，你愿意去做重复的工作让它更完美，享受工作过程本身带来的乐趣，并接受过程带来的痛苦，这才是职业兴趣。

职业兴趣是你想要在这个领域内成为主导者，从中获得成就感。你必须有足够的天赋，并愿意付出足够的努力进行深入研究、使自己精通，使之成为你的专业强项，最终有所创造。比如说，台湾云门舞团招舞蹈演员的标准是“他必须让我觉得，他非跳舞不可，而不是他喜欢跳舞”。

业余爱好是你在这一方面的参与只是偏重休闲娱乐，从消费中索取快乐。因为你的天赋和付出不够，你达不到职业化的专业标准。就像年轻人有太多的兴趣，比如说游戏、动漫、影视、体育，但是很多只不过是一个玩家、读者、观众和球迷水平，却没有找到一个能让自己当主角的专长。

让你的梦想照进现实

生活中我们看到的往往只是冰山一角，往往你所感兴趣的职业只是你的想象，真实的工作远远不像电视中所看到的那样光鲜与刺激，不是坐在高档写字楼里，穿着西装打着领带，签着成百上千万的合同才叫工作。

人因梦想而伟大，但这是从已经功成名就的人反推回来的。工作是过程，但我们看到的往往只是结果，而过程本身是非常辛苦的，没有责任心、耐心和毅力是无法坚持下去的，如同喜欢看美剧和愿意做字幕是两回事，抱有猎奇心态的人往往只能作为消费者，而不是生产者。

年轻人对于职业的很多认知是片面的，甚至错误的，只看到其光鲜的一面，而对其背后所需付出的代价不甚了解，导致日后的失落并重新陷入迷茫。俗话说“干一行怨一行”，有的人想找份安稳的工作，可真正工作以后又不能忍受每天工作的重复与呆板无趣；有的人想找份有挑战的工作，可又怕会压力太大。我们常常在工作中会发现自己不喜欢现在的工作，但当你想转向你想从事的工作时，上网一搜，你又会发现很多正在做这一行的人也想转行。很多人正是因为太了解这个行业而不愿从事自己的行业，却以为另一个自己不了解的行业容易挣钱而糊里糊涂地扎了进去，然后又是痛苦地转行。

条条大路通罗马，但是条条路上蛇咬人。你喜欢的东西是由你内在的天赋、性格、价值观决定的，而你不喜欢的东西是外界环境所附带的，是你为了得到你喜欢的部分所付出的代价，正如玛丽莲·梦露说过，“我自私，没有耐心，缺乏安全感，我还会常常做错事，经常失控，但如果你不能应付我最差的一面，你也不值得得到我最好的一面”。

因此，在职业选择上，你不要太关注你不喜欢的地方，而要关注你喜欢的地方。任何工作都会有让人讨厌的地方，关键是看这些地方是不是这份工作的主要内容，只要主要内容是你喜欢的，那就已经很不错了。大部分工作刚开始都只是简单重复且无聊的，此时选择的关键就是看它们未来发展的高端职业中是不是有你喜欢的。

工作的过程是重复

与我们日常生活息息相关的，不是职业，而是工作。职业的本质是分工，而工作的过程就是重复。能力强的人就会选择他最擅长的工作，而能力差的人就会被培养成一个对某个环节最熟练的人。我们对工作开始都会有新奇感，心里充满了抱负，但对于大多数工作而言，你只是流程中的一环而已，真正接触之后才会发现每天都做着同样的事情，琐碎而混乱，并且不自由，很快感到没有新鲜感，继而开始感到厌烦。

我们有时看到某个工作，觉得那才是理想的工作，其实这只是因为你对它不了解，只看到外在的表象，而当你真去做的时候，会发现跟以前的工作没多大区别，甚至会发现原来它还有特别不能接受的一面。有人坐办公室，他感觉天天都是这样重复，很羡慕别人做导游天天玩。其实他不知道导游每天都是带不同的人去同样的地方说同样的话，而且不是玩，而是伺候别人玩，很多时候导游变成导购，也要昧着良心骗客人购物，否则他挣不到钱，甚至还要亏钱。很多年轻人也觉得做广告人很好，非常刺激，每天都能迸发出无数的灵感，但当你置身其中也许就不会这么想了，就会面对巨大的压力以及像其他工作一样的重复、熬夜加班，就像围城一样，外面的人想进来，里面的人想出去。

兴趣不能当饭吃，对于大多数普通人而言，最终你做的只是一份工作，你不可能只做喜欢的那一部分，而把你不喜欢的都分配给别人做。那些年轻有为的案例是少之又少的，除非你的先天条件非常出色，或者后天的机会非常好，否则大多数工作的绝大部分都是重复和枯燥的内容，而大多数人是要默默无闻地干一辈子的，大部分人的职业之路都是沿着一条很平凡、普通，甚至有点窝囊的轨迹前进。

所以，工作对于我们来说真的只是一个具体的、重复的、能接受的、喜忧参半的饭碗而已，如果它还能给我们一定的体面就很不错了。就像我们看到各种回忆录里的热血豪情，在当时大多数亲历者眼中其实也只是为了讨一碗饭吃，哪有那么多理想，他们身处历史之中，被洪流所裹挟，谁又看得到结局……

职业的本质是分工

什么是成功?

国际通行的成功定义是“完成你自己认为有意义的既定目标”；在《明朝那些事儿》的结尾有句话“成功只有一个——按照自己的方式，去度过人生”；而我对成功也有个定义“能做自己喜欢做的事，能只做自己喜欢做的事”。

做自己喜欢做的事不难，但能只做自己喜欢做的事就很难。社会的本质是交换，而职业的本质就是分工。为了保证质量和提高效率，每个人做的都是一小部分重复的工作。社会分工让我们用最强的能力做重复的工作，以此产生更高的回报，去与别人交换我们感兴趣的而不是很擅长的东西。

任何工作都不是十全十美的，真正理想的工作都是自己创造的。在工作中，比你强的人为了让自己的工作更有兴趣，自然会把不感兴趣的、重复单调的工作给你们去做。你只有找到自己的天赋所在，做专做精，做得比别人好，这样才有可能做到由被别人分工到给别人分工，或者自己安排自己的工作，这包括能够自由选择工作的项目，自主决定完成工作的方式，以及自己安排达到目标的时间。

当我们开始第一份工作时，大多数人都会觉得这份工作不像自己所想象的，甚至会觉得自己不适合。其实，单纯从工作的角度来看，世界上没有任何又轻松又挣钱又有前途的入门工作。

哪怕是梦想中的工作、哪怕是技术活，最初也只会是一些机械重复的事情，做一段时间都会没兴趣，感觉看不到发展。兴趣最终来自于工作的回报与成就感，任何工作如果不能做上去都会失去兴趣，而任何成就都是在平凡、重复的工作中产生的，因此你要尽量少用“有趣、好玩”之类的词语来描述自己想做的工作，而要用“充实、有发展、有成就感”。

所以说，“只有做自己喜欢的工作才能最大限度地发展自己”，还不如说“只有最大限度地发展自己才能做自己喜欢的工作”。而且，职业越往后走越看重外部的资源，因此你必须将天赋与外部的资源进行交集，找到有更大回报的行业，从而高效、轻松地完成工作，挣到足够的钱，进而能让自己在工作之外的生活更加丰富多彩，以抵消工作的无趣和压力。

职业兴趣

常有人说，兴趣是最好的老师，觉得有兴趣才有工作的乐趣和激情，结果我们想象工作也像学习一样能寓教于乐。可工作后，我们才发现兴趣往往只是一种新奇感，使我们有想要了解的热情和冲动，一旦兴趣变成了工作，兴趣往往就会随重复感的加深、新奇感的减退而消逝，随着压力的增加，甚至产生职业倦怠。

如果你完全由着自己的兴趣去找工作，那反而有可能在兴趣中迷失自己。事实上，一个人在年轻的时候很难真正地了解自己，人在最初的时候所形成的兴趣是不稳定的，我们并不清楚自己真正的兴趣是什么，或者由于接触范围有限，对许多事情还难以发现是否有兴趣，而有的东西从表层看有兴趣，真正深入下去未必能维持初期的热情。我们往往只有到了一定年龄阶段，有了一定经历之后，对自己和环境有了足够的认识，才能形成具体的、现实的、稳定的职业兴趣。

很多时候我们无法从兴趣直接找到职业，因为所看到的兴趣往往都是与生活直接相关的，比如说“衣食住行”，但是还有很多与生活没有直接关系，比如说“如何提供这些衣食住行”。我们对什么感兴趣，其实只是对结果感兴趣，但这个结果其实是由多个职业、多个行业进行合作的产物，而我们的工作只是这个合作过程中一个环节的一个分工。

职业是分工，工作是重复，我们只能从事某一项重复的工作，以获得最大的回报。所以，我们不能站在消费者的角度看工作，而必须站在生产者的角度看职业。那么，你对什么感兴趣并不重要，重要的是你为什么对这个感兴趣。从小到大，我们的兴趣发生了太多的变化，这个变化背后所不变的是什么呢？是天赋。兴趣只是天赋的表象，是环境的镜像，是天赋在成长过程中与外界环境互动所引导形成的心理倾向。同时，你能对什么感兴趣也受到外界资源的影响，你不会对你不知道的东西感兴趣，所以兴趣最终受限于你的天赋与眼界。

我们有时会感觉自己对某样东西没兴趣没爱好，这是什么原因？

说简单点，没兴趣就是因为没有天赋，没爱好只是因为你没有钱去消费！

兴趣不是因，而是果。我们对某个工作没兴趣只有三点原因：一是没天赋做不了，二是没钱去做，三是做了没钱。所以，真正决定你职业选择的不是兴趣，而是你的资源。一是内在的个人天赋，二是外在的环境资源。我们常常会有一些自己的小爱好，在这方面也有一些小灵感，有时也会想是不是把它发展成自己的职业。但这还不够，职业兴趣必须是自身天赋之外还有足够的外部资源支撑，这才可以获得长远的回报。

评估职业兴趣一定要考虑你所处的职业阶段。

很多人在想改行时就去做个职业能力测试，但这种测试往往针对的是天分，但到了一定阶段，即使有天分你可能也很难从事这份职业了。兴趣必须基于能力才能成为职业，而能力需要长期学习所积累的专业知识结构以及努力训练所转化的职业技能。那你要问问自己，还补得回来吗？比如你不喜欢现有的工作，可就算你放弃现有工作重新考个文凭或资格，你能和那些 20 岁出头的人在一个起跑线上竞争吗？在你职业初期阶段，即使你专业不对口，你通过努力还是可以根据你的天赋进行重新选择，而到了一定的阶段后，你更多的就只能看外部环境能给你提供什么资源了。

《入殓师》中的男主角因为乐团的解散不得不放弃了大提琴手的职业，返回故乡。面对家庭的责任，在无从选择以及高薪的吸引下做了入殓师。他由最开始对这份工作的无奈，渐渐地在工作的过程中发现了工作的意义与价值，最终从心里接受了这份职业。很多时候，我们确实别无选择，只能够勇敢地承担，因此对于工作，我们更重要的是如何培养出兴趣，不是“爱一行干一行”，而是“干一行爱一行”。

天赋与天分

兴趣不代表能力，量力而行是我们应遵循的原则，否则超出能力的欲望就是灾难。工作的乐趣来自于别人对你的工作成绩的认可和回报，只有在你擅长的工作上，你才能取得成绩。对于工作，其实没有喜欢和不喜欢之分，只有擅长与不擅长之分。你只有找到长处，才能高效、轻松地完成，挣到足够的钱，用钱去满足兴趣，否则即使你再有兴趣，最后你也不得不放弃，或者被别人放弃。

能力是一个人完成任务的前提条件，它分为一般能力和特殊能力。一般能力是通常所说的智力，是人们顺利完成各项任务都必须具备的一些基本能力，包括注意力、观察力、记忆力、思维能力、想象力、应变能力。越复杂的工作需要越高的智商，但要顺利地完成某项工作，除去智力外，还要具有该项工作所要求的特殊能力。特殊能力就是天赋，是指从事某项专业活动的能力，如计算能力、音乐能力、动作协调能力、语言表达能力、事务能力、空间判断能力、形态知觉能力、手指灵活度与灵巧度等。

我们听过爱迪生的一句名言“天才就是1%的灵感加上99%的汗水”，只不过很少有人听得到后半句“但那1%的灵感是最重要的，甚至比那99%的汗水都要重要”。你是不是那块料？只要功夫深，铁杵磨成针，但木棒只能磨成牙签。职业对天赋有要求，就像运动员首先是选材，其次才是科学训练方法与自身努力，要想成为高手，就只能在自己的天赋基础上进行训练。要想成为顶尖的人物，有天赋不一定能成，但是没天赋，你再努力也没用！天赋是你能做这一行的原因，在有些情况下甚至会成为决定性的因素。

天分是智力在某一方面的倾向，代表你某一方面知识和技能的学习能力和敏感度都会高于其他方面，也就是常说的悟性。如果你有天分，那么相应的领域你就比别人强，学得快，也做得好，不易出错，能举一反三，甚至是无师自通，而且这个做的过程能使你产生很大的满足感与成就感、充实感。如果你在某一方面没有天分，即使你再羡慕别人，但你确实做不了，甚至学不会。比如有些人语文很好，而数学总不行，有些人则相反；有些人动作技能很棒，几乎是天生的，而有些人怎么调教他做动作他都难以协调。

天赋是生来就具备的能力，既包括了天分的内在智力倾向，还包括了实现这种智力倾向的外在生理机能，这两者组合才能形成具体的职业能力。比如说你在音乐上有天分，你嗓子好才可以做歌手，而手指灵活才可以做乐手，如果嗓子不好，手指也有残缺，那你就只能作曲。但我们也常常被外在的天赋所欺骗，以为自己具备相应的内在天分，比如说你声音不错，但是你缺乏节奏感，那你也当不了歌手。

天赋的分类

大多数人的智商都在 90 ~ 110 之间，研究发现，智商最有用的是在考试，因为考试是限时进行的，对短时间记忆、处理复杂信息的能力要求比较高。而在实际的社会生活中，高智商的用途非常有限，只有棋类运动这些极少数领域需要高智商。其他领域，哪怕是科学研究，看重的也是毅力和钻劲，只需要中等的智商就可以了。

在我们的生活和工作中，和别人比智商是一件很没智商的事情。那为什么很多成绩差的孩子工作后比原来成绩好的孩子更出色？这是因为，职业发展是看天赋、看外部资源，而教育主要只是看语言智力与数理逻辑智力。

大多数人智商差别并不大，很聪明和很笨的人都不多，大部分人都是资质平庸的，但每个人的天赋都不同，都有他擅长的部分。就像小孩子有的贪玩，有的爱打架，有的爱吹牛，有的爱漂亮，其实这都是他们适应社会的方式。贪玩的孩子表达能力强，爱打架的孩子体育好，爱吹牛的孩子有号召力，爱打扮的孩子有亲和力……

成功的关键是发挥优势，天赋决定你可能获得优秀和卓越的领域，努力可以做得“很好”，但如果不是自己的天赋所在，不可能做到“卓越”。很多时候，我们会说要去弥补自己的缺陷，但弥补缺陷最多只能让你成为一个正常人，而不是一个成功者。一个正常

人和一个成功者，这完全是两码事，与其花很多精力去把弱项改造成强项，不如把这些精力放在发挥强项上，反而会有更高的投入产出。

按照天赋作用的方式与对象，天赋可以分为以下三大类：

- 与人打交道的天赋。
- 与物打交道的天赋。
- 与数据 / 信息打交道的天赋。

美国哈佛大学发展心理学家霍华德·加德纳（Howard Gardner）教授针对天赋提出多元智能理论：

- 语言 / 言语智力：用文字思考，用语言表达及欣赏语言深层内涵的能力。
- 数理 / 逻辑智力：能够进行复杂计算，辨认和处理抽象的概念和关系，进行演绎和归纳推理的能力。
- 视觉 / 空间智力：在大脑中形成一个外部空间世界的模式并能够运用和操作这些模式的能力。
- 音乐 / 节奏智力：区分、记忆和感受音调、旋律和节奏的能力。
- 身体 / 运动智力：能够巧妙地操纵物体、制造产品和协调身体运动的能力。
- 自我反省智力：善于制订计划，达成目标，建构正确的自我知觉，理解自己的情感、目的和愿望的能力。
- 人际交往智力：理解他人的动机和行为，发现其他个体间的差异，与他人和睦相处及有效地与他人共事的能力。
- 自然观察智力：对自然界的各种物体加以区分，识别动物和植物的能力，并且能在诸如打猎、农耕、航海等活动中有效地运用这种能力。

根据多元智能理论，我们对天赋有了更细致的认识：

每个人都同时拥有这八种智力，只是这八种智力在每个人身上以不同的方式、不同的程度组合存在，使得每个人的智力都各具特色。因此，世界上并不存在谁聪明谁不聪明的问题，而是存在在哪一方面聪明以及怎样聪明的问题，多数人都只能在一两种智力上有出色的表现。

每一项智力都有各种表现形式。例如，如果你具有语言/言语智力，你可能是个杰出的演说家，但写作能力一般。就写作而言，你也许喜欢写小说，不喜欢写议论文。如果你具有身体/运动智力，你可能是个游泳高手，却不擅长踢足球。

天赋的等级：学习能力—模仿能力—创造能力

天赋并不能在工作中直接应用，只有通过后天的技能训练与长时间相应知识结构的积累，才能成为职业所需要的能力。一种天赋可以发展出不同的技能，从而适用多种不同职业。假如你有很强的空间图形判断力，既可以表明你有成为一名画家的潜力，也可以表明你有成为一名雕刻家、建筑设计师的潜力。

一个人的兴趣爱好往往蕴藏着自己的天赋，但兴趣也会受到外界的影响，我们不能把兴趣爱好当做自己的天赋，而要从自己众多的兴趣爱好中寻找自己最重要的天赋。我们在选择职业时往往会觉得自己对很多东西都感兴趣，这是因为我们并不缺乏天赋，只不过很多方面的天赋只够你学习，而不够你工作；只够你娱乐，而不够你创造。很多时候我们不能创造美，并不代表我们不能审美，但是审美和创造美所需要的能力是不同的，结果有的人把审美的天赋当做创造美的能力，把别人的天赋当成自己的梦想。

天赋是分等级的，《入殓师》中的男主角失去乐团工作，并知道自己再也找不到同样的工作后感慨地说："如果早点发现我才能的极限就好了。"现实中绝大部分职业最初进入的门槛并不高，甚至很多基层工作经过几个月的熟悉谁都能做。但任何职业做到一定程度之后要继续提升都需要天赋，最终天赋的等级和外部环境的资源决定了你在这个方向上能走多远。

天赋最开始表现为学习能力，是对知识的掌握；其次是模仿能力，是对技能的转化；最终表现为创造能力，这是想象力。就像《功夫熊猫》比的不是技术，而是创意。做得出只是模仿能力，想得到才是创造能力，技术只是实现艺术的手段，而艺术源于想象力。我们要对天赋有客观的认识，每个人都有相应的天赋，但是你自己最突出的天赋并不代表你就能超越别人，哪有那么多天赋，创造力在哪里都是稀缺资源！更何况天赋转化为职业能力和职业资源更需要一个长期的过程！

很多技术工作入门并不难，因为这只需要学习模仿的天赋，若想在职业上有长远发展则需要创造力天赋。在工作中我见过很多来应聘的设计师，是毕业于设计专业，能熟练地运用设计软件，但是看过他们的作品，发现他们真的没有设计的天赋，根本找不到感觉，那就只能做初级的工作，然后年龄大了就做不下去了。我也见过一个学计算机专业的男生，尽管没有受过专业的美术教育，没有手绘的基本功训练，但是他有很强的设计天赋，然后很快地熟悉软件，找到感觉，在工作中研究积累，几年后成了一名不错的设计师。

只有很少的人能凭一种天赋就把职业搞定，职业是多专业的综合，其实也就是多种天赋的综合。每个人都同时具备不同的天赋，也许都不是很出众，但通过对这几种不同天赋的组合也能让你找到更适合的工作。比如说，你舞蹈的天赋不够，经过刻苦学习和训练，你仍不能成为一名舞蹈家，但如果你善于总结与沟通，有足够的耐心与责任心，你也许能成为一名很棒的舞蹈教师，而这个天赋组合的过程决定了你到底能做什么职业。

发掘你的天赋

天赋需要通过一定的能力才可以表现出来，但我们常常将现有的能力误认为是天赋，其实这只是过去的经历提供了一些有限的机会，让我们被动地学习了一定的知识和掌握了某种技能，接触了相应的活动，从而具备了某些能力，或者在特定的小范围中具备某种相对优势，比如很多孩子被家长逼着去学一些才艺，通过一定强度的学习，相对于没学的孩子掌握了一定的技能。但这些无法让我们发现其自身其他的天赋，以及评估其是否足以在其他工作中表现出色。而这种学习阶段的能力甚至不能算是职业能力，比如说，很多人学设计专业是因为高考文化课分低，甚至有的是因为高中老师介绍学生去上美术辅导班会有一个人几百块钱的提成，甚至现代工具的发展使我们普通的天分也能有一定的发挥空间，这些反而蒙蔽了我们对自己真正天分的发掘。

职业选择受限于天赋，但很少人的天赋能明显到让自己有明确的方向，这需要我们后天去发掘与强化。由于现在同质化的教育模式，太多人被剥夺了自由成长和主动选择的机会，结果天赋被蒙蔽了，甚至因为错过了最关键的成长期而不得不放弃，都以为知识能改变命运，结果没想到命运最后被教育所改变。**所以，寻找天赋不要仅以自己过去的表现为基础，不要被过去的经验所限制，而对天赋的重新认识甚至要打破你现有的知识结构，这更需要大量的尝试，通过对外部环境的亲身体验，从不同的角度和深度了解真正的自己，否则你就不会知道你有什么样的天赋。**

天赋可以通过测试来寻找，但每个人的天赋类型和天赋等级都不同，这些光靠做选择题是不够的。我们的天赋是源于自我的觉醒，每个人都是一个独立的个体，每个人所拥有和所擅长的都不同，这些东西别人是不了解的，只有自己去挖掘。同样的天赋可以产生不同的兴趣，对很多东西不感兴趣是因为你没去经历，所以无法把潜在的天赋与职业对应起来。

你不能等有兴趣了才去做，否则你可能永远找不到感兴趣的东西。寻找兴趣的第一步是投入进去，只要你对它感兴趣，你就先去做、去尝试，由新奇感到有意识地深入分析总结，找到兴趣背后的天赋，以及所需要的资源。给自己一段时间去探索，在这个探索的过程中，对应兴趣，反思自己过去做过的最成功的事情，对这些事情进行记录整理、总结分析，找到前辈帮你对这些信息进行分解与分析，才能明确你所拥有的各种能力，然后分析自己是怎么获得这些能力的，找到它们的共同之处，这就是你的天赋所在。

最初的职业探索所发掘的兴趣并不一定就能形成你未来的职业方向，但正是在职业实践的过程中，各种天赋得以筛选，进而重新组合优化，由模糊的爱好发掘出你的职业兴趣，最终为你导向了真正的未来。很多东西，我们都会感兴趣，但不是长处，那就只是业余爱好；既感兴趣，也是长处，那才是职业兴趣。进而，根据自己的价值观和社会的需求，从中找到能给我们最大回报和满足感的职业领域，从而最终确定职业方向。

第3节　性格与职业性格

性格与职业齐步走

如果说天赋是人的特长，那么性格就是人的特点。人与人的差异直观地表现在性格上，或热情外向，或羞怯内向，或沉着冷静，或火暴急躁。

性格是个人在过去的成长环境中形成的、对现实的稳定态度和与之相适应的、行为习惯方式中表现出来的个性心理特征，这使得他在工作中会努力去寻找自己已经适应的职业环境。性格与工作环境之间的匹配是职业满意度、职业稳定性与职业成就的基础，一个人在与其性格类型相一致的环境中工作，才容易得到乐趣和满足，才能更好地发挥自己的才能。

性格也可以算是天分的一部分，它是由神经系统的活动特点所决定，而神经系统的基本定型是由遗传和三岁之前的环境影响所塑造，这决定了性格在我们的一生中比较稳定，往往只有受了强烈刺激以后，才可能有所变化。个人的潜能能够暂时地被开发，被一些特殊的因素所激励而完成与自己个性完全不同的工作，但那不是长久之计，在条件适当时，还会恢复原样。江山易改禀性难移，很多时候我们也知道改变某些性格自己会更好些，但问题是有些东西你改不了，比如说性格内向的人就很难做到八面玲珑。

性格不存在绝对的优劣之分，每一类性格都有与之相适应的工作范围，关键看与岗位的匹配度。如果那个岗位要求有耐心、安静、谨慎、细致、不须与人过多交往，那么性格内向的人就更加适合一些，如研究人员、医生、编辑、会计、程序设计员等。而如果职位要求喜欢交际、善于活跃气氛、善于与人打交道、具有领导能力、需要与外界广泛接触，那么相对而言，外向型的人则有优势，如管理人员、律师、销售、记者。

在刚开始工作时，你要尽量寻找与你性格一致的岗位，能力不足可通过学习提高，但性格与岗位不吻合，你就很难由此起步。如果你的性格是外向的，你就应该去找面对人的岗位。如果你的性格是内向的，你就应该去找面对物或者数据资料的岗位。

职业兴趣理论

在职业规划中有很多测试方法，比如美国著名的职业指导专家约翰·霍兰德于 1959 年提出的具有广泛社会影响的职业兴趣理论，这个理论还有个名称——职业性向理论。职业性向是指一个人所具有的有利于其在某一职业方面成功的素质的总和，它是与职业方向相对应的个性特征，也指由个性决定的职业选择偏好。

一般人刚接触职业兴趣理论时常常搞错概念，以为通过霍兰德测试可以测试自己适合从事什么职业，其实霍兰德测的是抽象的性格，而不是具体的兴趣。性格决定你的工作方式，与岗位有关，比如说与人、与物、与数据打交道；而兴趣决定你的工作内容，是指具体的通过什么专业与什么事物打交道，这才是职业。

性格与外在的行为模式相对应，相对于内在的智力倾向更明显，因而心理测试手段更具参照性，更容易得到大致的结果。在职业测评的帮助下，个体可以更清晰地了解自己的性格类型和在职业选择中的主观倾向，从而在众多职业机会中找到最适合自己的职业或岗位，使得个体的潜在能力可以得到更好发挥，避免职业选择中的盲目行为。

霍兰德职业兴趣理论将人格分为现实型、研究型、社会型、常规型、企业型、艺术型六大类型；职业环境也可以分成相应六大类型，各种兴趣类型的特点及较为适宜的职业环境如下：

1. 现实型

具有真诚坦率、较稳定、讲求实利、害羞、缺乏洞察力、容易服从等人格特征。他们往往身体技能及机械协调能力较强，对机械与物体的关心比较强烈，喜欢有规则的具体劳动和需要基本操作技能的工作，甚至热衷于亲自动手创造新事物。不善言谈，缺乏社交能力，对于人际交往及人员管理、监督等活动不太感兴趣。这一类型的典型职业包括技能性职业（如一般劳工、技工、修理工等）和技术性职业（如制图员、机械装配工等）。

2. 研究型

具有聪明、理性、好奇、精确、批评等人格特征。他们喜欢理论思维或偏爱数理统计工作，对于解决抽象性问题具有极大的热情，喜欢具有创造性、挑战性的工作，不太喜欢固定程式的任务，通常倾向于通过思考、分析解决难题，而不一定落实到具体操作。但他们缺乏领导才能，对于人员的领导及人际交往也非情所愿，独立倾向明显。其典型的职业包括科学研究人员、分析员、设计师、工程师等。在商业性组织中，这类人经常担任的是研究与开发职务及咨询参谋之职。这些职务需要的是复杂的分析，而不必去说服取信于他人。

3. 艺术型

这种类型的人具有想象、冲动、直觉、无秩序、情绪化、理想化、有创意、不重实际等人格特征。他们在语言方面的资质强于数学方面，对具有创造、想象及自我表现空间的工作显示出明显偏好，而不善于事务工作。他们和“研究型”的个体相同之处在于创造倾向明显，对于结构化程度较高的任务及环境都不太喜欢，对于机械性及程式化的工作了无兴趣，也比较喜欢独立行事，不太合群。但两者所不同的是艺术倾向明显的个体好自我表现，重视自己的感性，直觉力较好，情绪变化较大。具有这种性向的人会被吸引从事那些包含着大量自我表现、艺术创造、情感表达和个性化的职业，其典型的职业包括艺术方面的（如演员、导演、艺术设计师、雕刻家等）、音乐方面的（如歌唱家、作曲家、乐队指挥等）与文学方面的（如诗人、小说家、剧作家等）。

4. 社会型

具有合作、友善、助人、负责、圆滑、善社交、善言谈、洞察力强等人格特征，习惯于与人商讨或调整人际关系来解决面临的问题，喜欢以人为对象的工作，不太喜欢以机械和物品为对象的工作。他们喜欢社会交往，为他人提供信息，关心社会问题，有教导别人的能力。其典型的职业包括教育工作者（如教师、教育行政工作人员）与社会工作者（如咨询人员、公关人员、市场营销、销售等）。

5. 企业型

具有冒险、野心、独断、自信、精力充沛、善社交等人格特征。他们不喜欢具体精细或需要长时间集中心智的工作，而喜欢制订新的工作计划、事业规划以及设立新的组织，并积极地发挥组织的作用进行活动。这种类型的人与社会型的人相似之处在于他也喜欢与人合作。其主要的区别是企业型的人喜欢影响、领导和控制他人（而不是去帮助他人），其目的是为了达到特定的组织目标。其个性特点中较消极的一面是专横，支配欲、权力欲过强，易于冲动。具有这种性向的人喜欢追求政治和经济上的成就，其典型的职业包括政府官员、企业领导、销售人员等。

6. 常规型

具有顺从、谨慎、保守、实际、稳重、有效率、缺乏想象力、缺乏灵活性等人格特征。喜欢有系统有条理、规则较为固定的工作任务，对于规则模糊、自由度大的工作不太适应。不喜欢主动决策，习惯于服从，一般较为忠诚、可靠，偏保守，工作仔细，有毅力，与人工作中的交往会保持一定的距离。对社会地位、社会评价比较在意，通常愿意在大型机构做一般性工作。其典型的职业包括银行职员、秘书、办公室人员、会计、出纳、行政助理、图书管理员、电脑操作人员、统计员、交通管理员等。

霍兰德职业兴趣理论以六边形标示出六大类型的关系

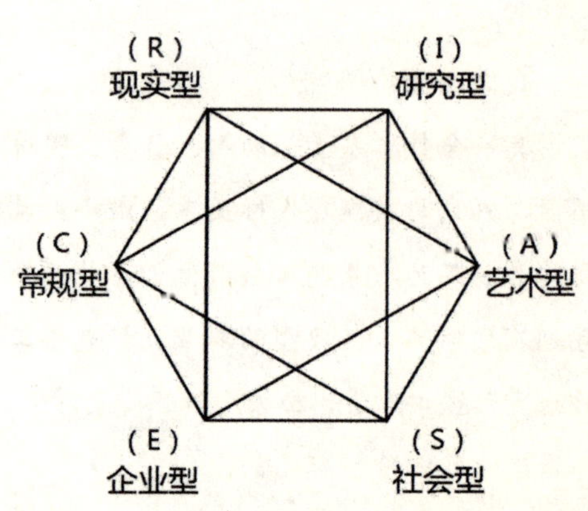

个体本身通常是多种兴趣类型的综合体，因此评价个体的兴趣类型时，也是以其在六大类型中得分居前三位的类型组合而成，组合时根据分数的高低依次排列字母，构成其兴趣组型，如RCA、AIS等。

选择职业往往会受到就业机会的限制，因此很多时候职业选择不得不妥协，进入与其相邻的职业环境，甚至相隔的职业环境，此时个体需要逐渐适应工作环境。但如果个体寻找的是相对的职业环境，意味着所进入的是与自我性格完全不同的职业环境，那就可能对工作难以适应，或者做工作时难以觉得快乐，甚至可能会感到每天工作得很痛苦。

读懂职业性格

在现实工作中，你会发现很多本来以为是的东西到实际中却发现不是，这是因为你对自己的性格和职业性格之间的差距并不了解，因此你要搞清职业真正需要的性格是什么，而不只是你自己生活中的表象性格。

我们最初对职业缺乏了解，并没有认清职业所需要的性格类型。比如很多人以为自己开朗外向，所以选择做销售，其实这错了。做销售最重要的不是你喜欢和人打交道，而是你要喜欢和陌生人打交道，有面对求人伤自尊、遭受拒绝和冷漠的良好心理素质，以及能面对高业绩的压力。而且销售的核心是促成购买，帮人作决定，所以销售需要的是信息搜集处理能力、沟通能力、抗挫折能力、企图心，以及能够把握客户需求的洞察力和帮客户作决定的主导能力。如果你觉得帮人作决定是打扰别人，自己性格有些犹豫不决，那就是缺乏企图心。要知道，光是勤奋，而不主动帮客户作决定是做不好销售的，打个比方，“不以结婚为目的谈恋爱都是耍流氓”，可是不耍流氓你找不到女朋友，一个烂好人很难追到女孩子。而且销售也分类型，比如我们常常觉得内向的人不适合做销售，但外贸却不一定，做好外贸业务必须是非常细心及认真负责的人。

我们最初对职业的选择也往往会受外部的影响，而没认识清楚自身的性格类型。比如说有一个数学系大一新生，他看到精算师的有关报道，觉得是个不错的职业，于是将精算师列为今后的职业目标。但是经过测评，发现他的职业性向类型与“精算师”不符。精算师要求的职业性向类型是常规型、研究型和现实型（CIR），而他是属于企业型、社会型和艺术型（ESA），并且他自己的本意也不希望长期与数字打交道，由此分析他的职业倾向是在金融、投资和管理方面。

再比如一个工作几年的年轻人工作中发展不顺，于是想通过考 MBA 来突破瓶颈，但是通过分析他属于研究型的性格，这种性格是不善于处理复杂的人际关系的，尤其缺乏领导才能。而 MBA 是一个应用型学位，培养的是企业型的职业经理人和管理者，这两者匹配度是最低的，即使学了将来也很难应用。

性格对应的是岗位，而不是职业。

专业是你所学的知识结构，对应的是职业，而在每种职业中都会有不同类型的岗位，这才与你的性格有关。你搞清要进什么行业，做什么职业，最后才是岗位，比如说选择财务工作，而通常财务部门的规模达到一定程度之后会分为会计部门、税务部门、资金部门、财务分析部门和内部控制部门，人力资源也分为人力资源规划、招聘与选拔、培训与发展、薪资与福利、员工关系、绩效考核六个模块。不同的部门不同的岗位都有各自的特点，这就需要你根据自己的性格去选择。

你需要根据职业的发展去改变自己的性格。

性格总有与之相对应的岗位，但是你并不一定就能找到完全对应你性格的工作，而且随着职业发展，你不可能总是在这个岗位，你总得为适应环境而作出改变。而且很多岗位表面上的要求和实质上的要求也不同，比如银行柜员看上去是个不需要外向型的工作，但其实压力很大，每个月都有任务，需要去找关系拉存款。

很多人在择业时也没看懂职业发展对性格的要求，比如有些女生觉得自己喜欢安静，又不希望有太大的工作压力，所以想做行政工作，却没想过行政能做多久时间，要升上去又会怎么样。其实第一这是青春饭，而且没有压力，也就难以主动去形成专业能力。其次，行政管理要面对人，最后能留下来、升上去的，还是要八面玲珑、精明泼辣的才行，如果不圆滑、不会来事，根本玩不转。

不同的职业有不同的性格要求，每个人的性格不会百分之百地适合某项具体工作，但却可以根据自己的职业倾向来培养、发展相应的职业性格。性格是你过去的习惯形成的行为方式，一般不会大变，但是行为方式可以改变。随着能力的提升，原来很多你不习惯做的事，你也能做好，比如说内向的人只是缺乏主动表达的欲望，但这并不代表你缺乏表达的能力。人的性格具有多面性，很多东西是分场合和分对象的，面对熟悉的人很外向，面对陌生人很内向。内向的人在谈他专业内的东西时，并不内向，他只是在交际中找不到专业外的话题罢了。

在职业发展上，性格比能力重要。

人年轻的时候不容易看出性格缺陷带来的问题，到 30 岁以后，凡不能成事的都可以从其性格找到明显的原因。你想做什么样的工作取决于你想要过什么样的生活，而人生目标是由价值观决定的，不是由性格决定的。如果你只是想混口饭吃，那么你可以由着你的性格决定，比如说你内向就不去与人打交道，但如果你想得到你想要的东西，对得起你这一世人生，那你就需要根据外部环境来改变你的性格。

凡是在职业上能取得成功的人，他们都是根据职业的需要，通过行动改变自己的行为方式，从而培养了职业所需要的性格。很多优秀的销售人员并不是外向的人，只是他们通过坚持、学习技巧，完成了一个外向性格更容易完成的工作。外向只是比较容易让别人了解你的想法，而内向的人只要有对事物的判断和认知能力，能把话说到点子上，业务流程清晰，传达信息明确，让客户感到很放心，未必需要能说会道、擅长公关。而很多做财务的人也不是内向的人，只是在工作中逐步地训练自己的细心和耐心，这些就是职业发展过程中的“磨心炼性”，所以刚开始干一份工作不能以性格不适合为借口而轻易放弃。

你要想改变性格，那就可以先从日常生活中去改变行为，做相应性格的事，比如内向型的多参加运动和交际，让自己更活跃；而外向型的多进行阅读与研究分析，让自己更有耐心、坐得住。

性格很难大变，所以我们常听说“性格决定命运”。其实，我们改变不了自己的性格，但是我们可以改变对人对事的态度。不要将对待生活的态度等同于性格，性格只影响工作的方式，而态度影响结果。愿不愿意是性格问题，而做不做是态度问题，积极的人会将不好的念头转为正向的激励，消极的人只会把该做的事当成负面的阻碍。很多东西不是你不能，而是你不愿，比如说主动与陌生人说话，你只要改变态度主动去做，你也能有所适应，所以最终是“态度决定命运”，而不是“性格决定命运”。

第4节　价值观与职业价值观

你想从工作中得到什么？

选择决定命运，但决定我们最终选择的，并不是性格，而是价值观。各种职业都有其特性，不同的人对职业有不同的评价和取向。最开始的时候，价值观往往被我们所忽视，虽然你未必很清楚地了解自己的价值观，但在有选择的前提下，你为什么选择这个而不选择那个，最终是由你的价值观决定的，就好像很多东西你做不到，不是你不能，而是你不愿意，或者是你不敢。

价值观是对物质与精神的满足方式，它揭示了你看待生活、工作、回报、薪酬等问题的不同态度，决定了你的职业期望，影响着你对职业方向和职业目标的选择，最终影响到你的职业生涯发展和职业生涯满意度。

你想选择什么样的人生？

- ■ 天赋是我们的行为能力，与工作内容有关。
- ■ 性格是我们的行为模式，与工作方式有关。
- ■ 世界观是我们终极评判的尺度，人生观是我们衡量对错的标准，价值观是行为的动机和选择的基础，这三者才决定了我们对成功的不同定义。

天赋、性格、“三观”，这只是你作出选择的基础，但最终的选择受限于外部的环境资源。那你是在现有的能力范围内去选择，还是用现有的能力去搏一把？这个世界很残酷，也很公平，就是拿你有的去换你没有的，但很多东西也许得拿一生的资源来赌，你赌得起吗？

彪悍的人生是不需要解释的，但其实是可以解释的，通俗的说法就是“饿死胆小的，撑死胆大的”，而破釜沉舟往往正是普通人难以模仿成功者的秘诀之一。英特尔公司创始人安迪·格鲁夫说过“只有偏执狂才能生存”，面对未来，我们常常面对的不是能不能做、不想做的问题，而是敢不敢做的问题，很多时候不是你没有这个能力，而是你没有这个胆量。

使命在召唤，决定未来在事业中能否取得过人成就的关键因素不是“天分”，而是“动机”和“奋斗目标”，比如说足够野心、强烈愿望，而它们都属于价值观的内涵。乱中取、险中求，成功者除了兵行险招的勇气之外，其眼光之长远也是非常人所能及的，这就是勇气、魄力以及牺牲；而面对现实，对于普通人来说，如果你不能拼爹、不能拼天分，那你就只能拼谁最能豁出去了。

在职业选择中，常常遇到两难的选择，是要工作舒适轻松，还是要高薪？要成就一番事业，还是要安稳太平？当两者有矛盾冲突时，最终影响我们决策的是存在于内心的价值观。我们都看得很明白，都会权衡利弊得失，但我们都活得很不明白，我们一直都不知道自己到底要什么！因为不知道自己真正想要什么，所以很容易受眼前的环境左右而影响自己的选择。态度决定命运，态度其实与性格无关，而是与价值观有关，这些都受你过去生活中所形成的道德观与潜意识的影响，而改变这些就能改变你的态度。

你为什么而着迷？

常常有人会用获得诺贝尔物理奖的科学家丁肇中说的“兴趣比天才重要”来强调兴趣对于职业的重要性，但他们却没看到丁肇中还说过：“任何科学研究，最重要的是要看对自己所从事的工作有没有兴趣，换句话说，也就是有没有事业心，这不能有任何强迫……比如搞物理实验，因为我有兴趣，我可以两天两夜，甚至三天三夜在实验室里，守在仪器旁，我急切地希望发现我所要探索的东西。”

美妙人生的关键在于你能迷上什么东西，要想出人头地，就需要着迷和牺牲，需要常人所无法付出的努力和无法接受的牺牲。表层的兴趣源于天分，这让你愿意去尝试、能够去行动；而深层的兴趣源于世界观、人生观、价值观，它让你愿意为之牺牲，不计名利报酬、忘我地工作，这就是你的责任感和使命感，是它们才让你坚持到最后；而且表层的兴趣容易被满足，也容易消逝，而那些不容易被满足的深层兴趣才能让你无悔此生。

认识了世界，才能认识自己；而看清了自己，也就看清了未来。

价值观是你最终从职业中能否获得满足的关键，你选择什么样的职业生涯就是在选择什么样的生活方式。职业的选择就像婚姻的选择，就像《潜伏》里一样，娶了左蓝跟理想过日子，娶了晚秋跟金钱过日子，娶了翠萍跟老婆过日子。很多时候，我们选择一些东西，就注定要放弃一些东西。作决定的时候一定要问问自己最想要的是什么，想清楚这些是不是真的是你想要的。输了你，赢了世界又如何？人最痛苦的事情不是得不到自己想要的，而是付出了很大的代价得到了，却发现那并不是自己想要的。

人最重要的是找到属于自己的世界，只有找到属于自己的世界，人生才有意义。现在社会所推崇的成功是挣更多的钱，开更好的车，住更大的房子，娶漂亮的老婆……你怎么看呢？这是你生命中最重要的吗？你内心踏实、满足、平静吗？面对现实的压力，我们往往会低估价值观的作用，但是当深入其中之后，又会渐渐感觉到价值观冲突给自己所带来的迷茫与痛苦。

价值观是我们内心对自己行为的评判，当行为符合自己的价值观时，哪怕挣的钱少，我们也会感到内心充实快乐；而当行为违背了自己的价值观时，哪怕挣很多钱，我们也会感到痛苦。我们的行为若无法与内心最重要的愿望相吻合，那么便会在内心产生对立，即使目前成功，也有可能陷于混乱而最终放弃。

别用工具价值杀死你的终极价值。

现在成功的模式太单一，很多时候对金钱、地位的追求会蒙蔽我们自己真实的需要，会把欲望当成梦想，很多时候我们以为自己所需要的东西，其实只是别人对你洗脑的结果。

我们价值观的迷茫往往源于对终极型价值观与工具型价值观之间的混淆。金钱、美女、汽车、房子、工作……都属于工具型价值观；而健康、快乐、幸福、成就感、尊重、被信任……都属于终极型价值观。终极价值才是我们想要的，而工具价值只不过是帮助我们达到终极价值的工具。

工作只是给自己带来满足和幸福的工具和手段，我们工作的最终目的还是为了生活，而生活没有成不成功，只有幸不幸福。社会总是在宣传一些成功的但又很可怜的工作狂，他们为职业成功需要付出的代价就是要减少用在家庭、休闲和自我提升上的时间和精力，而这种失衡会使人心里感到无奈，甚至惶恐。一方面，我们要寻求更多金钱、有发展和感兴趣的工作。另一方面，家庭、休闲和自我提升也是重要的、合理的，有时甚至更优先。

选择的关键是先要搞清楚你这一辈子想过什么样的人生，怎样的生活方式才能让自己快乐！你从生命中要寻找的是快乐，那么你就要确定什么才是真正能让你的生命快乐的东西，而不仅仅只是物质上的享受，而也只有超越了物质的范畴，才可能有称之为事业的东西。

活着是为了什么?

第一届爱迪生奖学金诞生时，爱迪生向奖学金的获得者提出了以下几道问题：

1. 如果你有百万遗产，你会怎样使用?

2. 幸福、快乐、舆论、名誉、金钱、爱情，你愿意为哪项拼命奋斗?

3. 当临终前回顾自己一生，你拿什么作为标准衡量自己是成功还是失败?

4. 你认为什么时候可以说谎?

这些问题谈的都是价值观，而面对现实，我们最开始的时候往往没有意识到价值观的作用。价值观没用吗？价值观太关键了！人各有志，道不同不相为谋，价值观的差异是最根本的差异。冥冥之中，从职业的最初开始，价值观就对于我们的职业规划起着极其重要的、决定方向的作用，甚至超过了兴趣、性格、能力对我们的影响。因此，谈职业不能不谈到价值观，而谈价值观又离不开世界观和人生观。这些最终关系到你在人生结束的时候，如何不惧生死，如何不悔此生。

有人问我“活着是为了什么”，这个问题太大了，我怎么想呢？常言道，不蒸馒头争口气，而我想说的就是，活着至少要让自己死得好看一点。

常常说要进行“三观”教育，那什么是“三观”呢？世界观、人生观、价值观。说通俗点，世界观就是人死了以后会是什么，就是举头三尺有神明，你必须有心存敬畏的东西；人生观就是你要为什么而死，是你的良知；价值观就是你要为什么而活，是你的脸面。

人生观是为他人活着，从众人的、外在的角度评判事物的对错，是我们人生的意义。超人的前提是超能力，但能被我们称之为“超人”，是因为他的正义。价值观是为自己活着，从自我的角度看待事物的轻重，是我们人生的意思。

人生并不是只要有意义，还必须要有意思。意思和意义两者并不矛盾，这就是我们人生的过程和目的。价值观关注的是我们人生的过程，我活着的时候想从社会得到什么，是不是对自己有意思；而人生观关注的是我们人生的结果，我死的时候能给社会什么，是不是对他人有意义。

心存敬畏，为自己活，为他人死。用良知说话，实现你的梦想，负起你应负的责任，

完成你的使命，这就是我所认为的"三观"，这些才是能让我们看到希望、能让我们眼角晶莹的小东西。

价值观

在不同的人生阶段，我们对工作会有不同的要求，年轻时害怕这一辈子就待在这里了，而年纪大了，害怕这里不能待一辈子。在我们的职业选择中，常常遇到两难的选择，是选择稳定，还是选择挑战？是选择辞职去维护异地的爱情，还是选择分手留下来继续这份有前途的工作？这些都看你对自己是否有清醒的认识，要看你对对方的准确判断，更要看清你所处的人生阶段。

当具体问题出现时，是价值观最终帮你作决定。价值观重要的不在于想要什么，而在于能拒绝什么。当理想面临现实压力时，甚至是当足够的诱惑摆到面前时，扪心自问，谁也未必就能那么坚定地拒绝……很多谈论人生的书中都说要听从内心的声音，要放开一切追寻所谓的人生价值，这靠谱吗？不靠谱，因为除了你的梦想之外，你也会有不得不担负的责任，你也会老，你也会有你不得不面对的现实。

这个社会，拜金不可怕，可怕的是在一个要两代人一起才买得起房子的社会却不允许拜金……价值观在现实中是一个让谁都非常纠结的问题。马斯洛需求层次理论是生理需求、安全需求、社交需求、尊重需求、自我实现需求的依次实现。任何价值都有一个度，只有达到相应的度之后，才会加入新的选项。钱不是万能的，但是没有钱是万万不能的，越是底层的人越容易堕落，因为他没有拒绝的能力。

物质决定精神，只有当个人的基本需要得到满足后，每个人个性化的内在需要才会逐步突显出来，成为我们的追求目标。在挣到满足生活需要的钱之后，你会发现挣到足够的钱比挣到更多的钱往往更容易让你幸福，因为你可以轻松地来花钱、来与人分享。单单为了更多的钱，没人愿意每天工作 14 个小时、每星期工作 7 天。解决生活问题不能给我们成就感，只有当我们的内在需要得到满足，我们才感到人生成功了。

价值观的作用是让我们了解自己生命中最重要的是什么，建立不同事物在自己内心的优先次序，这能帮我们建立生活与工作的平衡，在面临重大决策时作出正确的选择。

人最难的就是面对自己，只有在遇到艰难的选择时，我们才面对真正的自己。没经历之前，我们难以明确自己真正追求的是什么，自己所放弃的又是什么，但是经历过之后，再结合自己的能力来反思，我们才会越来越清晰地明确自己的价值观，并对将来再面临同样问题时作出取舍。

你最想要的和你不能舍弃的

我们如果没有明确自己的价值观是什么，那么在选择时就会变得很纠结。每个人的价值观产生于自己过去的成长过程，但又会被现在的社会环境所影响。我们要明白“需要”和“想要”的区别，很多时候“想要”的会让我们纠结不已，可那真是我们“需要”的吗？很多你想要的只不过是社会给你的诱惑，而你不能舍弃的才是你自己真正需要的东西。

你试试对以下选项进行排序，从正面找到你最想要的和从反面找到你不能舍弃的，价值观是你想要什么，它会影响你职业方向的选择，决定你的内职业规划；而职业价值观是你不能舍弃什么，会影响你职业目标的取舍，决定你的外职业规划。综合这两项排序，你能发现自己最核心的四项内心遵从的价值观，你就会明白你为什么喜欢做这些，而不喜欢做那些。当你了解了自己的价值观和职业价值观，也就明确了自己的职业生涯动机。

1. 成就感：随职业、职位提升社会地位、个人身份或名望，但此声望是来自于他人的敬佩，而非来自权力与地位。工作能受到他人认可和社会认同，获得别人尊敬。因工作的完成和挑战成功的具体成果而获得精神上的满足。

2. 美感的追求：能有机会多方面地欣赏周围的人、事、物，致力于使这个世界变得更美好，增加艺术的气氛。

3. 挑战：工作之价值在于富有变化，有机会接触不同的人、环境、问题和活动，能让人尝试不同内容的事情。能有机会运用聪明才智来解决困难；能舍弃传统的方法，而选择创新的方法处理事物，能让个人发明新事物、设计新产品或发展新观念。

4. 健康，包括身体和心理健康：工作能够免于焦虑、紧张和恐惧；工作能在宜人环境下进行，能够心平气和地处理事务。

5. 收入与财富：工作能够明显、有效地改变自己的财务状况；在达到较高标准后，依然愿意继续投入，以获得优厚的报酬，有能力购置自己所梦想的东西。

6. 独立性：在工作中能有弹性，能按自己的意愿及方式在自己最感兴趣的领域中工作，不受别人的控制和监督，并能运用创造力改变现有的秩序、产品和做事方法。

7. 爱、家庭、人际关系：体贴、关心他人，与别人分享，协助别人解决问题，与上司和同事保持融洽愉快的工作关系。

8. 道德感：与组织的目标、价值观、宗教观和工作使命能够不相冲突，紧密结合（比如不愿意欺骗别人，因为这样有违道德感）。

9. 欢乐休闲：希望工作时间缩短、假期增长，工作不影响休闲生活。充分地享受生命，结交新朋友，一同享受美好时光。

10. 权力：能够控制、教导、指引或影响他人，使他人照着自己的意思去行动。

11. 安全感：能提供安定生活的保障，工作权、经济收入、心理需要、社交关系具备稳定性，远离突如其来的变动，即使经济不景气时也不受影响。

12. 自我成长：提供独立思考、学习与分析事物的机会，在智慧、知识与人生的体会上有所提升，成为特定领域中的专家，成为他人的顾问。最终能够选择自己的生活方式，并实现自己的理想。

13. 利他助人：在工作中为他人提供帮助，为集体的成就和社会大众的福利付出努力；自己的付出对团体有所帮助，别人因为你的行为而受惠颇多。

职业价值观

我们只想得到什么，却从没想过放弃什么。其实决定未来的是：第一，你想要什么；第二，你有什么；第三，你能舍弃什么。其实最后是你能舍弃什么才决定了你是否能得到想要的东西，而你所不能舍弃的才是你真正想要的东西。

面对职业选择，我们依据的不是价值观，而是职业价值观，也就是职业锚。这是指个人在不得不作出职业选择时，无论如何都不会放弃的那种职业中至关重要的东西，它是人们选择和发展自己的职业时所围绕的中心，这关系到你未来的终极职业目标，是你希望这一辈子以什么样的工作方式来做什么样的工作，比如说是创业做老板，还是晋升做职业经理人。

职业价值观与价值观不同。打个比方，你的左手和右手哪个更重要？如果你不是左撇子的话，你会说是右手更重要。那可不可以砍掉你的左手呢？你肯定不愿意。价值观不是谁更重要的问题，而是都重要，并不会因为哪个不是那么重要就能舍弃掉。而职业锚说的是，如果只能留下一只手，那你会怎么选？这个问题就好回答了。

价值观是职业方向选择的基础，引导我们追求所想要的东西，追逐自己的梦想。职业价值观是职业目标取舍的基础，使我们面对诱惑不会迷失方向，承担起自己应负的责任。

价值观在我们十五六岁的时候就会初步形成，但是会随着不同的人生阶段而发生变化，甚至会被一些外部的巨大变化所影响，比如说有当地人回忆唐山大地震之前，大家都舍不得买肉吃，但是地震后，猪肉卖得飞快。而我们的职业价值观往往要到 30 多岁随着学习能力的减退和社会角色的稳定才会最终有所定型，比如说年轻时希望工作出差多一点、应酬多一点，只要能多见见世面、获得晋升，加班也愿意；而工作几年后随着步入婚姻和家庭，希望工作规律一点，应酬少一点，不愿意工作打乱自己的生活节奏与规律，愿意将时间更多地留给自己和家人。

我们最初对职业的选择只是主观的认识、分析、判断和体验，尚未经过工作实践的验证。而职业活动总是处于一定的物质环境和心理环境之中，个人从事职业的态度受到诸多主客观因素的影响，例如个人对工作的兴趣、价值观、技能、能力、客观的工作条件、福利情况、他人和组织对自己工作的认可及奖励情况、人际关系情况，以及家庭成员对本人职业工作的态度等等。职业锚就是将主观愿望、需要、动机和条件与客观职业需要进行匹配和综合平衡，经过权衡利弊得失，从而确定最适合、最有利、最佳的职业岗位。

因此，职业锚是在实际工作经验的基础上，对自己的个人能力、价值观以及动机经过自省后形成的，达到自我满足和补偿的一种稳定的职业定位。通常来说，影响一个人职业锚形成的因素包括：个人工作经历与经验、个人的需求与动机、个人的人生观与世界观的形成、后天的家庭和社会环境等因素。

所以，要想对职业锚提前进行预测是很困难的，这是因为职业锚的确认需要一个过程，它是个人同工作环境互动作用的产物，在实际工作中是不断调整的。在这一过程中，每个人都在根据自己的天赋、能力、需要、动机等慢慢地形成较为明晰的与职业有关的自我认知。随着一个人对自己越来越了解，他就会越来越明显地形成一个占主要地位的职业锚。有些人也许一直都不知道自己的职业锚是什么，直到他们不得不作出某种重大选择的时候，比如到底是安于现有习惯的工作流程和眼前唾手可得的利益，还是选择创业，去挑战高额的期权和工资。正是在这一关口，一个人过去的所有工作经历、兴趣、资质、性格等等才会集合成一个明确的职业锚，这会告诉他，对他来说，到底什么东西是最重要的。

职业锚是在实际工作与现实生活的取舍平衡中积累产生并逐步形成的，如果还不具备足够的生活经验，没有面临过各种各样实际工作、生活情境，那就不可能真切地了解自己的能力、动机和价值观，也很难发现对自己而言什么是最重要的。因此，通常情况下它只适用于进入职场五年以上的人员，而对于新人而言，由于缺乏生活阅历和工作经验，不了解生活、工作、职业、事业等概念的真正含义，还很难通过职业锚进行职业规划。

找到你的职业锚

任何技术都是可以替代的，但是团队角色往往无法替代。在职业发展中，你还要考虑在团队、公司、社会、生活圈中，你希望充当什么角色，是做老大，还是做军师，这就是你的角色定位，这是由你的职业价值观决定的。就好像一个团队里会有不同的角色分工，如果人人都想做老大，那这个团队也很难合作下去。

职业锚是个人稳定的职业贡献区和成长区，清楚反映出个人的职业追求与抱负，对于个体工作满意度和稳定性有着显著的影响，比如安全型和服务型职业锚的教师工作满意度最高、管理型和自主型职业锚的教师工作满意度低。个人择业必须考虑职业锚与工作岗位的匹配，管理型职业锚的人适合从事行政岗位，技术职能型职业锚的人适合从事业务岗位，安全型、服务型职业锚的人比较适合做教师，而成功的企业家大多是创新型职业锚的人。

1. 技术/职能型

这种类型的人追求在技术/职能领域的成长、个人技能的不断提高及其应用的机会。他们对自己的认可来自于他们的专业水平，他们喜欢面对专业领域的挑战，使自己成为这个领域内的专家，获得别人的尊重。升职并不是他们的目的，而是提升能力的一种手段。他们出于自身个性与兴趣考虑，往往不愿意选择那些带有一般管理性质的职业。因为这意味着他们不得不放弃在技术/职能领域的成就。相反，他们总是倾向于选择那些能够保证自己在既定的技术领域中不断发展的职业。

2. 管理型

他们有强烈的愿望去做管理人员，他们的职业经历使得他们相信自己具备被提升到那些一般管理性职位上去所需要的各种必要能力以及相关的价值倾向。他们追求并致力于职务晋升，倾心于全面管理，独立负责一个部门，可以跨部门整合其他人的成果。承担更高责任的管理职位是这些人的目标，并将公司的成功与否看成自己的工作。具体的技术工作仅仅被看成是通向更高、更全面管理层的必经之路。

3. 自主/独立型

这种类型的人希望随心所欲地安排自己的工作方式、工作习惯和生活方式，追求能施展个人能力的工作环境，不愿像在公司里那样彼此依赖，希望最大限度地摆脱组织的限制和制约。他们宁愿放弃提升或工作发展机会，也不愿意放弃自由与独立。他们同时也有着强烈的技术或功能导向，但他们不同于简单技术型定位，他们并不愿意在组织中发展，而是宁愿做一名咨询师、自由撰稿人、小型公司的所有者，或是与他人合伙开业。

4. 安全/稳定型

绝大多数的人都选择这种职业定位，他们最关心的是职业的长期稳定性与保障性，因为能够预测到稳定的将来而感到放松。他们为了安定的工作、体面（而不是可观）的收入、优越的福利与养老制度等付出努力。他们关心财务安全，例如退休金和退休计划。稳定感包括诚实、忠诚及完成老板交代的工作。尽管有时他们可以达到一个很高的职位，但他们并不关心具体的职位和工作的具体内容。

5. 创业型

创业型的人希望用自己的能力去创建完全属于自己的公司或产品（或服务），认为只有这样才能体现自己的才干。他们愿意去冒风险，克服面临的障碍。他们可能正在别人的公司工作，但同时也在学习并寻找机会，一旦时机成熟，他们便会去创立自己的事业。

6. 服务型

服务型的人一直追求他认可的核心价值，例如帮助他人、改善人们的安全状态、通过新产品消除疾病……他一直追寻这种机会，这意味着即使变换公司，他也不会接受不允许他实现这种价值的变动或工作提升。

7. 挑战型

挑战型的人喜欢解决看上去无法解决的问题，战胜强硬的对手，克服无法克服的困难障碍等。对他们而言，工作就是去战胜各种不可能。他们需要新奇、变化和困难，如果事情非常容易，它马上变得非常令人厌烦。

8. 生活型

生活型的人希望将生活的各个主要方面整合为一个整体，喜欢平衡个人的、家庭的和职业的需要。因此，生活型的人需要一个能够提供“足够弹性”的工作环境来实现这一目标。生活型的人甚至可以牺牲职业的某些方面，例如放弃职位的提升来换取三者的平衡。他们将成功定义得比职业成功更广泛。相对于具体的工作环境、工作内容，生活型的人更关注自己如何生活、在哪里居住、如何处理家庭事情及怎样自我提升等。

第5节 资源决定能力

谁决定了你的命运?

年纪越大就越相信命运，面对命运，我们常会感到明知这样不好，那样更好，可自己仍身不由己、无法挣脱。如果把生活里很多你所没有察觉到的细微变化联系到一起，你会发现，原来这就是命运……那么，究竟是什么在决定我们的命运呢?

现行的职业规划更多的是从岗位角度来看人职匹配，分析一个人的兴趣、性格、价值观、能力。但是从个人的角度来看职业，应该看什么呢？看问题要看本质，决定一个人命运的其实就是中国那句古话——命由天定！按宿命论者的说法，命是注定的结果，每个人一出生，他的一生就注定了。这样说未免太悲观，既然改变不了，那还挣扎什么呢？等死好了。

其实，命不是果，而是因。

命确实是天生的，智商是与生俱来的，婴儿时期营养再好也不会让他增强太多；每个人的天赋是天生的，教育并不能让他由五音不全变成音乐达人。人的性格有一半是天生的，而另一半主要是幼儿时期形成的，一个人究竟喜欢冒险还是喜欢安静，很大程度上在他出生时就决定了。耶鲁大学精神病学家艾金斯发现，少数人面对巨大压力时，体内皮质醇激素水平会低于大多数人，还会产生更多能减弱皮质醇作用的神经肽 Y。与此相对应，他们在压力环境下更冷静，表现也更好，这使得一些人“天生”就是英雄。而一个人的价值观差不多也和他的成长环境有关，他的价值观、行为模式都会受到家庭生活和家庭成员潜移默化的影响，比如领袖人物的特质、永不满足现状、敢于尝试和冒险、善与不同风格的人打交道、对周围的人和事感觉敏锐……多半是与生俱来的。

我们身边的天才并不多，很蠢的人也不多，每个人的智商大都差不多，那为什么还有这么大的差距呢？这就是因为每个人所拥有的资源和环境不同。一个人的能力是由他的教育资源和成长环境决定的。你家里有钱，生在大中城市，就决定你能进更好的学校，请更好的家教，并培养各种特长，最后更容易进好的大学。现在说知识改变命运，其实现在获取知识的成本已经很高了，最终还是资源决定命运。就这样，同样的天分经历不同的阶段，最终累积的差别就很大了，而天分过了成长期大多是无法弥补的，然后这个差别进一步被学校、学历这些社会认证所资源化，形成更多的门槛。

一个人选择什么样的职业，与他的性格、兴趣、能力、价值观、就业机会、家庭及社会等职业环境有关。而决定职业选择的这几个因素，除去后天的偶然性之外，差不多都是在他真正开始选择职业之前就已经成型了，那就都可以算是天生的。甚至一个人的就业机会也受家庭出身与社会关系的影响，即使是进入同样的大学，家庭背景越好的人就业的工作就越好、起薪就越高。投胎是门技术，对绝大多数人来说，你的出生决定了你一生的大部分，有很多工作不是你不能做，而是轮不到你做，甚至你根本就不知道有这个工作机会！

巧妇难为无米之炊，英雄无用武之地，他们不是没能力，而是没资源。我们所看到的目标可以倒推分解成过程，但这个过程是由资源决定你能不能选择。成功学说模仿成功者就能成功，但当你真正开始实践，才发现很多东西是无法模仿的，这就是因为你没有他的资源，而且越是挣钱的工作越是看重资源，他们成功的原因往往正是你失败的原因。确实，积极的态度能改变一些，但它不能改变一切，就像打了鸡血上战场你会不怕死，但不代表你不会死。

所以，从科学的角度来说，命确实也是天生的，只不过不是果，而是因。但问题是我们很难改变这些因，除非是发生很大的变故，就像道教所说的“大病是成仙的要件”，只有经历一些生活中的剧变，你的性格、价值观或者某些天分才会发生变化，从而改变你的命运。

说来说去，命运是什么？其实命就是先天的资源，运就是后天的变化。既然我们的命被资源所决定，那我们就可以通过积累资源和整合资源来改变自己的命。而职业规划就是如何用先天的资源应对后天的变化，将有限的资源在有限的时间里充分地利用，踏准自己人生和职业的节奏。

造化弄人，什么是造化？造化就是资源！

成功要看时势，机会、天分、资源缺一不可，都是不可复制的。一件事能不能成，需要看天时地利人和，但最终由谁成，又要看这个人的“时命运数”。其实命运在最开始的时候就已经开始选择我们了，只是当时我们没看到、也没看懂。

■ **时是社会资源与需求，是外部环境产生的机遇与限制。**

识时务者为俊杰，和时势相比，个人能力都是渺小的，生不逢时是最大的悲哀。先有时势造英雄，当你成为英雄之后，你才可以造时势。成功不可复制，很多成功的人，如果让他现在重新来过，他都没办法复制自己的成功。

■ **命是先天的资源，是你的基因、你的家庭背景、你的成长环境。**

你的出生在一定程度上决定了你在哪个层次上进行竞争。以前有人忽悠我说，人生下来上帝给了一张空白支票，上面有多少钱是靠自己去填的。后来我才知道，每个人的支票上都是有数的，只不过这张支票能兑现多少，这是你后天的把控与努力，有的人兑不完，有的人能透支。

■ **运是后天的变化、外部的机遇，是你能不能将“时”和“命”结合起来。**

命是你自己无法控制的东西，而运是可以由自己来把握的东西。那些无法把握的变化，不是运，而是意外。机会往往是以挑战的面貌出现在你面前，如果你作好了准备，那么对于大多数人的危机，也许就是你的机会。而且在你职位由低向高发展时，运气的重要性在由小变大；也就是说，在你最开始的时候，重要的不是运气，而是你作没作好准备，否则即使运气来了，你也抓不住。

■ **数是人生的阶段和节奏。**

就像爱情一样，时间很关键，太早或太晚，都不行。未来的变化不可预计，而人生的阶段变化是可以预计的，上天给你的只是属于你所拥有的相应时间阶段内的东西，过期就作废了。如果你不认命，那你得不到的东西还是得不到，而该你得到的东西或者你现在已经拥有的东西，也会失去。很多时候错过一时，也许你就要错过一生了，而你只有这一世人生，所以一定要看清楚，当机立断，作出决定。

如何改变你的命运？

一个人的价值不是取决于能力，而是取决于他所整合资源的质量与数量。

常说“态度决定命运”，这只讲对了一半，这只是决定了命运的好坏。整合利用外部资源是这个世界的游戏规则，但不同的人对这个同样的游戏规则却有不同的认识、态度和利用的水平，而这决定了你的人生所能达到的高度。

个人的力量都是渺小的，成功源于背后的力量。就好像对于模特来说，除了他自身专业素质与能力之外，压在职业生涯头上的，有决定美丽程度的造型师、灯光师、摄影师；能否站在关键位置的秀场编导；看上去有眼缘的杂志编辑；决定身价的品牌宣传主管；可以站上国际时尚舞台的经营班底……

普通人的天赋往往只是满足于普通职业需要，在现实生活中大多数工作并不需要太多的天赋，但是许多好工作门槛却如此的高，这其中起决定作用的就是背后的资源。成大事要讲究天时地利人和，这说的都是资源，没有资源，能力只是屠龙之术。对于那些通过努力改变命运的例子，我们要保持足够的警惕，很多时候，他的人生其实开了外挂，很多真正让他成功的关键因素都被隐藏了，而一些表象却被神化了，而他们被神化的发展轨迹会把我们带往错误的道路。

每一个领域都有金字塔的塔尖，也有下面的人，其实下面很多人也同样付出了努力。光有努力不一定成功，努力只是可以加大成功的可能性。不可否认，一定是最好的才站在最后的舞台上，可是台下的那些人并不是不优秀，而是少了机会，而这个机会在于你所整合的资源。

千里马常有，而伯乐不常有。其实，成功者自我奋斗历程背后的社会力量才是最重要的，最后决定一个人未来的不是他的才华，而是能给他机会的人。常说未来在自己手中，其实当你无法选择命运时，你的命运正在被别人选择，你所看到的未来现在正掌握在别人手中，因此你要知道在什么阶段你需要什么，以及要去找什么人交换什么资源。

你自己拥有的、被别人需要的就是能力，而外部能为你所用的就是资源。

资源分为两种：一种是自身的，比如说智商、学历、体力、容貌、健康、性别、青春，这些都是自己内在的资源，它们构成你能力的基础。一种是外在的，比如说资金、家庭、社会环境、教育、人脉、信息、团队、政策、上层关系，这些属于我们常说的外部资源。

35 岁以前是能力的成长期，而 35 岁以后则是看社会资源。对世界著名科学家的研究表明，科学家的思维水平和创造力水平随年龄的增长而呈加速度衰减，3/4 的科学家所取得的重大成果是在 35 岁以前。正如爱因斯坦曾经说过的："一个人如果在 30 岁时还没有发表科学见解，那么他一辈子就难以在科学界有所作为了。"

除非你是技术天才，否则随着知识与技术的普及以及分工的日益细化，脑力活最后都会做成体力活，比如说"计算机民工"、"白领过劳死"。真正的技术"牛人"也是要看天赋的，对于普通人而言天赋有限，所以必须整合别人的资源。甚至于天赋很高的人更要注意，我们看到真正在事业上取得巨大成功的人往往并不是那些很聪明的人，这是因为太优秀的人往往自信单凭一己之力就可得到一切，轻视了外部资源的整合，甚至他会不由自主地炫耀天赋，最后变成自己玩自己！

中国的国情是看关系，但是当你没关系时，你就只能靠能力了，让自己有被利用的价值，成为别人的资源，然后别人才会成为你的资源，就好像人脉并不是你认识他就行，而是你对他有价值，他才会为你付出价值。因此，我们的职业发展都是先由知识转化为专业能力，再深入特定行业，逐步由能力向资源转化，由与物打交道向与人打交道转化，由技能层面进入资源层面。

排列组合就是创新，整合需求就是资源。

资源放错了地方就是垃圾，而变废为宝的关键就是找到需求之间的关系，就好像做"粉丝"要花钱，而有人做职业粉丝最多一个月挣过两万！

只要善于发现各种需求，然后找出其中的联系，就能将很多看上去不相关的东西转化为有用的资源，这就是你的机会。比如有个大学生打工帮地图出版社往书报亭发传单，让老板到出版社进正版地图。我跟他说，你在开学后可以去做这个业务，全长沙一年会有几万名外地新生，他们要迅速熟悉长沙，这就是你的客户资源，而你现在有了最低价的地图货源，然后你在全长沙各个大学都有同学，这就是你的渠道资源，你可以通过他们进行代理，然后用比报亭便宜一块钱的价格向大一外地新生卖长沙地图，这中间有足够的利润空间。他照这样做了，结果开学一个月挣了几千块钱，比发传单好多了。

认清资源等级，把握上层资源。

中国最有名的英语老师是李阳，而最有名的英语培训机构却是新东方，这是为什么？这就是因为资源是分层次的，越往上游走，资源的价值越大。

新东方是依靠上层政策资源，主要辅导的是留学所需要的托福等资格认证，这对于学生来说有外在的压力，这部分学员的消费能力也高。而疯狂英语靠的是李阳的个人品牌，面对的更多的是英语入门人群，重点是口语的应用学习，最多再加点成功学和爱国感恩元素，这只是内在的愿望，学生缺乏明确的动力，而且这个学生群体的消费能力也低，所以其营利模式也只是进学校推销高价书和开短期班，自然比不上新东方。

只有在产业链的高端才能获得最大的回报，因此我们在寻找资源时尽量要找价值链上游的资源。比如说做销售也要争取高端的产品，或者是去产业集群的地方，从生产、批发的角度来切入资源，否则做低端产品、面对终端的业务，那只是搬运工罢了。

职业规划是从天赋角度确定专业方向，从资源角度认清职业目标

天赋决定工作内容，性格决定工作方式，价值观决定工作动机，外部资源决定工作机会。你在选择时要面对外部的现实，你有什么资源，你能做什么？而在取舍时要倾听自己的内心，你为什么做这个？你最终的职业与你最初的兴趣和专业并没有必然的联系，专业只是基础，兴趣可以培养，资源和能力只是决定你能做什么，而性格决定你愿不愿意做，价值观决定你选择一种什么样的生活方式、你能做成什么。

因此，我们要根据天赋选择专业方向，根据环境发展趋势选行业，根据行业重组职

业方向，根据性格选择岗位，根据资源选地域，根据价值观确立人生目标，根据个人发展阶段、上升空间选择职业路径和企业。

职业发展是基于天赋的定向发展和外部资源的有序积累。

我们择业常常会遇到“是以兴趣为导向还是以高薪为导向”的困惑，其实这是个伪命题，兴趣不能当饭吃，能换饭吃的是能力，能挣高薪的是资源，只是现在能让你挣高薪的资源并不代表将来还能挣高薪，比如说青春资源。

你要根据天赋决定专业方向，世界在变，而你的性格、天赋不会大变，你只能用你的天赋去应对未来的变化，这决定你能不能做下来，而这也是你核心竞争力的培养方向。看未来，要看环境给你的资源，而不要受限于自身所学的专业。同样的天赋可以选择不同的外部资源，你要根据外部资源决定行业方向和职业目标，这是你的发展空间，这决定你有没有机会做、能不能做上去，以及你未来的回报。

就业取决于你拥有的资源，择业看重你将来能掌握什么资源。

就业要看资源，你要考虑现不现实的问题。比如，有的好工作招聘要求很高，这是比教育背景，而有的好工作招聘要求看上去却不高，其实这是在比关系。影响职业选择的因素分为两类：一类是“个体因素”，如天赋、性格、价值观，关系到你愿不愿做、能不能做好；另一类是“环境因素”，如家庭出身、社会结构、产业结构、区域环境，这就是外部资源，关系到你有没有机会做，脱离现实的规划和定位只会给你带来打击和失望。

现实情况中有些专业因为现实的资源门槛不能对应职业，比如说空乘专业，你通不过航空公司的考试，你就当不了；比如说公共管理专业，你考不上公务员，这个专业就没用。还有些专业根本就没有足够的就业机会，比如说播音专业、表演专业、编导专业，再比如新闻专业，不是重点本科、没有关系，基本进不了媒体。甚至像会计专业，很多职高大专，甚至中专也在大量招生，但是低端的岗位早已经饱和，而好一点的会计岗位又很看重教育背景，需要更高的资格认证，光是一个会计证根本没什么用，如果只是进一个小公司，根本看不到专业上的发展前途。

职业讲专业对口，就业讲资源对口。你要看清自己有什么资源，你所拥有的资源要被你所向往的组织单位所认可，比如说，教育背景并不只是指你所学专业与学历，还包括你所在学校的含金量，同样专业，有的企业只招全日制本科，大企业只招重点大学的毕业生；同样是硕士生，有的企业就要求是名校专业、本硕同专业、本硕都是重点大学，结果一些二三流学校这些专业的毕业生，大企业根本不考虑，就像很多人对金融、证券和投资等行业趋之若鹜，但要进到这些行业的核心领域里其实很难，通常情况下核心部门的员工差不多就是那几所名校毕业的，除非你只是想当个柜员或保险经纪，或是证券客户经理……所以，当你确定职业目标时，一定要搞清这些情况，否则你努力了，企业并不认可，那你就浪费了时间，还不如抛开学历，而想办法用业绩去争取这个机会，在获得机会后再去提升学历，谋求晋升。

任何资源都有时限，选择一份工作，你要看这一份工作的下一份能做什么。

选择工作要根据自己的职业方向和人生不同阶段的需要来考虑，你要想清楚这个能做多久？未来想做什么？你要搞清眼前的就业机会是看重你哪一方面的资源，它能不能让你积累下一阶段所需要的资源？很多工作只是利用你的青春资源，如果你不能及时转型，那么这份工作只是在把你后十年的钱提前拿出来给你花而已，而且因为这个阶段钱来得容易所以去得也快，最后反而存不下来。再后来，过了年龄阶段，这份工作做不了，你也找不到什么其他工作了。

能力会过时，而资源也会过期，你要知道资源是分阶段的，你不同阶段所拥有的资源不同，不同阶段别人所看重你的资源也不相同，你要搞清你现有的资源何时过期，下一个阶段需要什么资源，如何获得？靠现有资源换取的回报只是暂时的，而个人能力的定向积累才是长久的。专业化的职业有稳定的发展轨迹，而资源化的职业就需要面对转型，比如十年前是个出纳，十年以后成为财务总监，但如果你现在是个模特，五年后如果不转型就无业了。

因此，你要明确自己下一步要到达的位置，这不是现在挣多少钱的问题，而是将来怎么挣钱的问题。眼前的高薪不重要，重要的是平台和资源，换工作要么提升层级，要么提升公司平台，要么是提升职务，要么换更靠近核心资源的岗位。

对于未来，你要盯的不是目标，而是资源。

目标是结果，而资源是过程。你现在看得到的目标，你不一定看得清，别人能挣到并不代表你能挣到，你没这方面的能力或资源，你就挣不到。而且在不同阶段，随着眼界的不断扩大，你的目标也会发生变化，而对目标的把握全在于你对资源的积累与掌握。

职业的发展就像游牧民族逐水草而居一样，职业是逐资源而发展，因此选择职业看重的是资源。从内部来看，是不是能发挥你内在的天赋；而从外部来看，一是看行业发展空间，职业每个发展阶段应能持续连贯衔接，工作并不是图好玩，更看重工作变迁所形成的职业发展轨迹，这就要求你认清自己职业的发展空间与你所在公司、所在行业、所在区域的发展空间。二是看资源层次，个人能力的提升是有极限的，除去能力提升以外，要看这份工作能让你积累多少外部的关键资源。

很多现在看上去很好的职业其实已经很饱和，竞争也很激烈。比如说，做律师前五年可能是要赔钱的，而且业务也分层次，如果只做婚姻诉讼，也赚不到多少钱，而要做大案子，没关系根本进不去。有个做了两年律师的朋友问我，现在有一个大公司的董事长助理的工作机会，他不知道该不该选择。我问他，未来五年的目标是什么？他想做律师一年挣到 20 万，但是现在只能接触到很小的案子，自己很难找到资源去做大案子。我又问他，做董事长助理会不会影响他将来做律师，他说这对业务技能的积累有影响，但应该能帮助他接触到很多有钱人。显而易见，这位朋友选择董事长助理一职才有机会帮他找到资源。

职业发展的关键就是入对行、选对平台、走对路、跟对人

- 认清外部经济环境、科技趋势，判断所在区域的产业方向，找到进入的行业。
- 认清你的资源能支持自己往哪方面发展，根据自己的目标，选准起步的平台。
- 找到你的核心竞争力，选择职业晋升的路径。
- 认清能给你资源的人，找到你的团队和圈子。

根据外部资源确定职业方向和职业目标。

专业只是决定你能做什么，而行业将决定你能有多大的回报。在择业中认准行业才是根本，职业只是形式。大学生的迷茫正是因为只知道专业，而对职业、行业缺乏认识，所以毕业时就只能去考研、考公务员、临时找工作，而以前也没有认真为就业作准备，结果此时不得不先就业再择业。这个时候自然很迷茫，自然就只能看工作的稳定性和待遇的高低来选择职业了。

专业只是基于学科划分的单一知识结构体系，而行业是外部资源的划分，专业与行业的交集就是你的职业方向。职业方向既跟你所学专业相关，也跟你的天赋相关，如果你对这方面既有相应天赋，又有兴趣，那你就可以根据专业确定一个大致的职业群。职业根据行业的要求，需要你进行跨专业知识整合，比如说中文专业可以对应公务员、教师、记者、编辑、广告文案等不同行业的职业，但它们各自对应的专业知识结构与职业技能都有所不同，因此你要根据行业方向来重组你的专业知识结构。尤其是如果你对所学专业没有兴趣，那你就需要通过转专业或通过辅修专业，或者通过跨专业考研来调整自己的职业方向。

在职业方向确定之后，还需要进一步的定位。你需要对已确定方向的职业群进行更深入的探索，在之前定向的基础上逐步缩小职业的选择范围。定位不仅需要了解职业的基本要求，还需要通过专业实习和生涯访谈进行社会实践和工作体验，感受意向职业是否适合你自己，是否与个人的主观想象一致。

职业定位要考虑到外部资源对你的限制因素，你要根据个人的资源与区域的资源对行业进行分析，找到自己能做以及有机会做的行业，并且初期的职业方向不要仅限于个别行业，必须有几个行业和职业可供自己选择，否则当外部环境不能提供这样的就业机会时，将对你的就业带来很大的风险。比如，你学的是法律专业，通过在检察院实习发现检察官职业非常适合自己，可是这个职业求职竞争非常激烈，如果你只定了这一个目标，而毕业时假如考公务员失败，那就会给你的择业带来很大的风险。

如果你发现自己所学专业对口行业不景气或者竞争过于激烈，那么可以利用专业的横向延展性，从产业链角度寻找上下游相关行业的发展机会。一般来说，绝大多数专业的应用范围都不会仅仅限于某一个行业或某一个企业，只不过在某个行业中它是作为主要专业，而在上下游行业中是作为辅助专业出现，但收入未见得低。

对于职场新人而言，如果你所学专业实在难以就业，那你就不要再受限于这个专业学历，也不要轻易就选择做行政或销售，而可以去关注一下科技发展趋势，根据自己的情况去选择一些新行业的职业技术培训，比如说IT软件职业教育，这些职业尽管不是人人都适合，也只是技术蓝领的工作，但它提供的正是现在最新的市场需求，而且起薪点相对也还高，如果你能从中找到适合你的专业方向，你就还来得及一步一步去积累，然后再有意识地在这个迅速发展的行业中寻找新的机会。

根据职业目标选择职业平台，根据职业方向确定职业路径。

通常意义上，职业路径只是指组织内的员工晋升渠道，我称之为内职业路径。但是从个人的整体职业发展上来看，随着个人职业阶段的变化，很多人都会面临转行和转型的问题，我将它称之为外职业路径。

你不能单纯地从专业的角度来看待你的职业选择，专业只是跟工作相关，而业务总是跟行业相挂钩。职业是凭资源而发展，很多你现在看到的目标不是由专业内的成长而决定，而是由外部资源的积累而决定。比如说新入行的律师缺乏资源，难以获得案源，而如果之前在别的行业待了一段时间就能积累相应的资源，这能让你顺利度过最初的阶段。而且专业只是帮你理解这个领域，但具体做哪个方向，这要看你深入行业后整合的资源，你要根据你的客户资源和业务方向重新定位你的专业方向，比如说律师想要做证券业务也许就要学会计、考注册会计师。

由此，我们可以看出外职业路径是从外部资源角度来看待职业的发展的，是先学什么专业再学什么专业，先进什么行业再进什么行业，先做什么职业再做什么职业。

从个人发展来说，职业目标决定了外职业路径，是职业平台的选择。这个选择要认清你将来想要什么和这里能提供什么，比如你希望独立，是创业型的职业锚，而且自身资源并不是很强，很难在大公司里凭学历等等资源晋升，那你就应该选择可以复制模式的就业平台。就像有网友问我，她26岁了，学历一般，准备进入红酒行业，但不知道是去专卖店会所从最底层的销售做起，还是去小公司做现在比较热的团购渠道销售。我问她，你将来想开店当老板，还是想做职业经理人？你如果想当老板就去专卖店，如果想做红酒营销专家就去团购。

从组织角度来看，职业路径是实现职业目标的过程，是个人在组织内的发展渠道，是企业在内部组织结构上，针对某一职业目标，与职业发展程度相对应的不同职位。它反映了工作内容、组织需要的变化，说明了组织内部人员晋升的不同条件、方式和程序，指明了组织内员工可能的发展方向及发展机会。职业路径通常分为技术路线、管理路线、业务路线，并对应着具体的岗位。这些既受你的天赋、性格、价值观的影响，也受你自身资源的限制，最终决定了你的职业目标能否实现，也就是说如果过程不可行，那么目标不可能。

现实工作之中，职业路径也受所在公司业务模式的影响。当你进入一家公司后，你要确定你将向哪个职务发展，从而找到几个高层作为目标，研究他是从哪个工作板块往上升迁的，从而得出自己可能的发展路径。你要看清他们是通过技术上位、管理上位，还是其他方式。这可以让你了解公司提拔人才的标准，至少你要大致揣摩你们的领导更喜欢提拔什么样的员工，是踏踏实实的技术人才，还是综合素质全面、有管理潜质的，还是左右逢源、善于协调各方面关系的……由此选择一条符合自己特性的发展之路。

根据资源确定跟什么人。

机会是留给有准备的人的，更是留给有关系的人的。外部资源是职业发展的关键，但所有资源都由特定的人控制，因此，你要找什么资源就要找到这个人。你要认清能给你资源的人，很多你看得到的资源其实你够不着，资源掌握在人手上，你要跟上够得着资源的人。

刚进入职场时，好的企业一般会给你指派一个师傅，但这往往只是从技能入手，带你尽快熟悉岗位，在这个基础上，你要进一步在公司内寻找更好的领路人。拜师要拜专业型的，刚入行的时候要跟能教你东西的人，但跟领导要跟业务型的，有些专业能力很强的人只是搞技术，他其实并没有多少资源，他还靠别人帮他找活干，所以当你要发展时要跟能掌握资源的人，也就是那些能给别人找活干的人。

选择领路人非常关键，一般的公司跟着一个好领导比好公司跟着一个一般的领导要好。在实际工作中，如果你的直接领导自身有发展潜力，那一定要和他维持一种非常融洽的关系；如果他的空间不大，那么在不得罪他的前提下尽量结识其他部门的领导。另外，你的直接领导只能推荐你，但他并不能决定你的升职，能决定你升职的是你领导的领导，所以你的工作必须能让他看见，比如说把工作做好作出成绩的同时，在企业内部媒体上发表文章。

你要找到几个未来的榜样，尽量高端一点，他们能给你人生的全局感，会影响你看未来的格局。你要找到与自己职业和行业有关的精英人士，他们会在博客和文章中发表他们的观点、思想、活动、案例，以及他看到的好东西，他会更具体地对专业作出解释与定义，他会用他的眼睛带你去从不同高度和角度来看世界。你可以从行业成功人士那里获得眼界与思维方式，从专业人士那里获得方法与技巧。

不管是人生，还是职业，每个阶段都有每个阶段的重点，你要意识到下一阶段的要求，就像谁都会抗拒长大，但你就是会变老，你不能总想着现在单身的自由，抗拒未来家庭的责任，而要正视婚姻阶段的到来。因此，你还要在身边找到几个近期的榜样，比如比自己年长五岁左右的同性朋友，这个人或许是你的主管，或许是前辈，认真看清他是怎么做事情、怎么思考问题、怎么发展的；学习他的人生经验，了解他所处阶段的价值观，然后按他的方式去思考，按他的标准去行动，从而避免踏错人生的节奏。

现实生活中，成功很难复制，但是失败却很容易重蹈覆辙。因此，成长要看别人是怎么行动的，而成功其实更要多看看别人是怎么失败的。对于职业发展来说，少走弯路就是捷径，因此年轻人要多看看现实生活中普通人的职业历程，好好总结一下别人失败的案例，那些过来人痛定思痛后的思考和总结，对于年轻人来说才更具现实意义。

找不到方向的时候就要去找资源，找不到资源的时候就要去找人。

很多时候因为自身的能力，我们很难看清未来的方向，而自身天分或学历也有限，这个时候就只能从身边环境资源的角度来寻找方向。而很多时候，我们也会发现自身所能掌握的资源很少，所能看到的资源也很有限，这个时候就需要从你身边去看和你资源差不多，而他又做成了一些项目的人。通过分析他在做什么项目、是怎么做成的，他们能做到的，也是你能做到的，从而为自己找到一些机会，就好像很多地方都是老乡带老乡从事同一种行业。

如果想获得大的机会，那就必须想办法去结交成功人士或者行业里的前辈，通过参加一些活动进入一些圈子认识这些人，想办法建立与他们的联系，为他们做一些事，只要你能得到他们的认可，他们就有可能给你一些机会。谁都想认识成功人士，你想让他们接受的前提是你有能为其所用的东西，要么有让他看重的职业能力，要么有够专业的业余爱好能陪他玩。

总之，在没方向没目标的时候，我们唯一不缺的就是时间，那么这些时间别宅在家里省钱，这反而把自己的青春就这样耗掉了，而一定要主动出去走走、看看，想办法参与一些活动，参加一些培训，找到同路人和领路人，交有价值的朋友，多聊天、多看、多记、多想，总能发现点机会。

第6节　你将面临的职业选择

如何选择组织：对于未来，变化是唯一不变的

个人发展并不完全看重个人能力，更依靠平台资源。

单靠能力，未来的职业发展远不像你预期的那样，随着年龄增长和家庭角色的变化，矛盾会越发激烈。按中国国情来说，在同样的能力与资源前提下，肯定是公务员、垄断性国企、外企、民企这样的排序，但是具体到个人时，又是因人而异，并不存在哪个一定就比哪个要好。

中国的现实情况使人不得不把铁饭碗当成职业，只不过饭碗能让你活下去，但它也能毁灭你的创造力、想象力，吞噬你的自尊、自信。如果你有足够的天赋，却只是为了一个铁饭碗，而去选择自己不喜欢、不擅长的东西，付出一生的无限可能，那你怕不怕白活了这一世？当你发现自己只能碌碌无为地度过一生的时候，那种无力感和挫败感就会扑面而来。

任何一种组织机构都存在玻璃天花板，任何一种能力只要找到了相应的资源也都可以出人头地，关键看你如何发现自己的优势来进行匹配，你要选择的是自己最有可能发

展的空间。任何组织类型，只要你进入了，都同样会面临激烈的内部竞争，而只有在你擅长的方面，你才能作出成绩。

相对而言，在越是看重资源的组织里越看重个人的关系和背景，比如说公务员、垄断国企之类。而这类组织中，职业发展通路的缺失也是一个普遍的现象，工作并不复杂，做人更重要。其实公务员98%是科员，单位人际关系超乎寻常的复杂。如果没有背景、没有钱，不会来事，你再有能力也升不上去，工作只会被安排在最底层，受苦受累受批评。而且这些地方要论资排辈，注意平衡，不要出风头，要学会夹起尾巴做人，这样你即使有能力也不一定能发挥出来。如果只是地市级以下的公务员或者清水衙门，其实也没什么意思。特别是大学生去当村官，你会当得更是憋气，专业什么的全都放下，就是打杂，到时候你想走，都不知道自己还能做什么了。

到底选稳定，还是要挑战？说到底不是志气的问题，而是资源的问题。

很多东西不是你不想选，而是你选不了，或者即使你能进去，但是你没有背景、关系，最后一辈子垫底、受气。而在多个条件相近的组织之间进行选择的时候，最后看重的就是个人价值观，这涉及你的生活方式。你到底想选稳定的还是挑战的，你先要搞清楚自己追求什么样的生活。如果你想要平静安稳的生活，那么向公务员、垄断性国企努力；如果你想做职业经理人，那去找一个规范的外企、大公司；如果你想创业，那就去民企。

决定人生的，一是平台，二是层次。

平台是你在什么资源上去做事。面对公务员、国企、外企、民企，如果能让你选择，在确定职业方向后，你应先选择以后可能难以进入的组织，或者能掌握高层资源的组织，这样即使选错，你还能重选。比如有位毕业生，面临万科总部总裁助理、新华社总编室秘书两个职位的选择，这个时候单纯从资源的角度来看，万科是不错的，但是去万科不一定能再去新华社；而去了新华社，肯定还能再进万科。

阶层是你将来能整合什么样的资源。什么样的平台决定你能做成什么事，但最终决定回报的不是创造，而是分配。宁做鸡头，不做凤尾。你所处平台有多大和你能不能挣大钱是两回事，因为决定你收入的不是平台，而是阶层。就像公务员，如果没关系升不了官，大多数人也只是一个小科员，那除了稳定一点以外，也发不了财。而如果选择一个自己有相对竞争优势的组织，最终能升上去，进入资源的分配阶层，你反而能获得更大的回报。

职业，不在于稳不稳定，而在于有没有发展。

一天一个实习文案跟我说，家里现在有关系进银行做柜员，马上一个月就有两三千，而现在在广告公司一个月做实习生只有几百，但她喜欢做广告，不喜欢做柜员的工作，可待遇上又无法说服父母。

我想了想，跟她说，现在选择银行看上去比做广告好，但是你进银行专业不对口，柜员也没什么技术含量，进不了核心部门，你家人能帮你升职吗？你现在可以拿两三千,十年后是不是还是像现在一样坐在柜台里面拿着这些钱呢？而且十年之后，如果科技发达了，银行柜台人员会怎么样呢？而你在广告上面还是有天赋的，你好好做十年，一直都会有压力，要不断面临转型，但是十年后应该会比进银行要好很多。

天赋被压抑是非常痛苦的事情，特别是对于有天赋的年轻人来说。选择职业方向的重要性要超过选择组织的稳定性，否则几年过去后你会发现你既不能忍受现有体制内无趣的工作，而你想再重新来过也都不可能了，你缺乏相应的职业经验，年纪又大了，你就是想从低做起，别人也不给你机会了。就像一个名校毕业生，在毕业时为了稳定进了一家事业单位做行政方面的工作，几年后收入也谈不上很好，而且越来越感觉现在的工作不是他想做的，觉得这样的人生是白过了，终于鼓起勇气去面试了一家他一直向往的广告公司，但是因为他没有相应的从业经历和职业技能，所以那边给他开的工资比现在低很多。面对这个机会，他不敢去，一是成家后的负担让他不敢从头做起，二是他甚至不能向自己证明自己在这里真正能作出成绩……

资源很重要，但更重要的是这个资源你能不能掌控。

自由和稳定从来都是相对的，很多年轻人选择去考公务员，哪怕是这个岗位不是自己喜欢的，只不过感觉它有可以养老的“安全感”。但是安全感真的可以来自于一个公司、一个组织吗？那种认为签订了无固定期限合同就可以有个铁饭碗的想法太过幼稚了，十年以后也许又是另外一种游戏规则，就像十年前超过两千万国企职工下岗买断一样，等四五十岁时再面对这些问题，那时候才发现走投无路。因此，你选择的不应该是稳定，而应是资源，并且要看这里的资源你能不能控制和让你发展。

在年轻的时候，让你感觉稳定的东西往往也会成为局限你的东西。如果你选择稳定，那你也要知道，你稳定，你前面的人也稳定，稳定的背后是发展的缓慢。有些老国企待遇也很低，升迁无望，也买不起房，此时的稳定会让你非常痛苦，而且人一旦安于现状，就会丧失向前冲的动力及勇气。而很多岗位只是分工后很小的一个部分，毫无专业性可言，也学不到什么东西，你专业能力很难得到较大的提升，如果几年后下岗了，那你还能再做什么呢?

对于未来，稳定不是基于外部组织，而是基于自身职业发展的职业路径。不管你选择什么组织，你都要认识到对于未来，唯一不变的就是变化本身。即使是在国有、事业单位甚至政府机关，人的命运也会随着国家政策、经济改革等等宏观的以及一些偶然的微观因素而起起伏伏，你要分清“对未来的不安全感”和“未来本身的不确定性”，变化是必定的，不管是在貌似多么稳定的组织，切记不要自欺欺人。

如何选择地域：与繁华无关，只关乎发展目的

工作与现在的生活有关，职业与未来的生活有关。就业地域的选择不是职业方向的选择，而是涉及职业目标的选择，不是可以试错的。你一定要考虑现在的专业方向与未来的生活地域的关系，如果你所从事的职业在未来的地域根本就找不到工作，那你就不要做了，除非你能挣到足够的钱退休。

去大城市没问题，只是你要想清楚，你去了能做什么，你要什么，你能得到什么。大城市有更多的就业机会，但如果你没有足够的能力，那往往也只是让你饿不死但活不好的机会，即使能挣点钱，但也安不了家。不要想着学好技能可以带回家乡，技能的运用要依靠工具、设备、团队、平台、产业、消费水平，如果你从事的职业只有在大城市才有这样的就业机会，或是较大的公司才会设置的专门岗位，那小地方可能根本没有对应的工作可以寻找，这样还不如早点回去，好好积累资源更重要；如果你仍要留在大城市工作，那就必须考虑好将来回家乡的退路，否则到了时候，你会发现你既留不下，也回不去。

选择地域，你首先要明确自己在这里发展的目的是什么？这里能提供给你什么？它需要你作什么准备？是想在这里定居，还是只是为下一阶段作准备？如果不是定居，那么就要考虑在这里待多久，你能获取哪些经验、技能、收入。如果是想定居，那就要考虑所从事的行业的发展空间和自己发展的可能性有多大、自己能不能承担起安家的成本。尤其在选择行业时要看重这个行业的产业群大不大，所在区域的产业升级会怎么变化，这样才能给你足够的长远发展和跳槽晋升空间，否则等过些年产业内迁了，你会拖家带口地走不动。

第一份工作往往决定一个人以后的发展轨迹。在职业和地域两者之间，毕业生应该优先考虑职业，选择专业对口的产业高端地区，而不只是考虑地区的经济发达程度。选择地域，其实跟哪里繁华没有关系，而跟你能在哪里长远发展有关系，否则你会看到花花世界和自己如此接近却和自己如此无关。只有在行业发达的地区才会有足够的产业群，否则你跳槽都没地方跳。大城市的生活成本越来越高，竞争也越来越激烈，如果你的收入无法维持生活，那你也无法安心学习和工作，更谈不上发展。如果一定要以城市为优先，那你必须找到资源所在，进入区域支柱产业和活跃行业，否则职业发展的机会很小。

选择是因人而异的，怎么在机会和能力之间找到一个平衡点，就看个人的智慧和眼界了。百货公司里好东西很多，没钱就只能看看，大城市机会多，但机会只能靠能力和资源去交换。谁都有梦想的权利，但要看你有没有承担这个梦想的实力与勇气。人生很多时候是需要赌的，但前提是你要有本钱，否则别人不会跟你赌，而你也输不起。

“适者生存”是自然界的生存铁律，毕业后的五年决定你的一生，如果你出生在一个小地方，而你不是天赋过人，那一定要选择一个离家近并且有发展潜力的城市扎根，不要随波逐流地追寻大城市的梦想，不要固执于年少轻狂希望出去闯荡几年，否则最后你会知道浪费这几年是一件多么让人悔恨的事情。你应尽早地决定在哪里定居，这关系你的人脉和资源的积累。如果没有过人的能力，在大城市只能当一辈子房奴了，而在一个产业发达的区域，你的职业成长会和这里一起发展，你尽早地融入其中，才能分享城市发展的成果。

如何选择行业：别人的今天不一定就是你的未来

成功有两个条件：一是找到一个相对不错的行业，二是坚持做下来。

需求决定价格，在明确自己想干、能干的专业领域后，要考虑社会的需求和未来发展前景等外部因素。根据2010年国家统计局公布的数据，我国收入最高和最低行业的差距达11倍，而人力资源和社会保障部工资研究所发布的最新数据，这一差距又扩大到15倍，跃居世界首位。

行业决定了你的发展空间，也决定了你资源的积累方向，选择了正确的行业才是你职业生涯的真正开始。比如金融业是几个人操纵上亿的资金；房地产行业是二三十个人操纵上千万、上亿的资金；生产行业是几百人拼死拼活只有几百万的利润。结果20万的年薪在生产性行业算是高薪，对房地产行业的人才而言只能算可以接受，对投行而言只算是起步的薪水。

什么行业好？大方向看经济看科技，小方向看区域产业发展。

在职业选择中，不要单纯从兴趣来看待行业选择，也不要看公司多大、有多少人，而要从未来10年的发展前景来考虑行业的选择，要看这个行业有没有新的概念、新的应用，具体到公司，就要看技术上是否领先，有没有独特的概念和商业模式。

随着新科技的普及、新政策的出台，不断会有老行业被淘汰，同时也有新行业产生，而新行业会有更大的发展空间与回报。而新兴行业的企业往往比较小，不管是行业，还是企业，都有更大的发展空间，能提供更多锻炼和快速成长的机会。比如2000年后的互联网行业，再比如2010年后一些大的门户网站开始了区域战略，要在全国多个城市建立城市站，这同样产生了很多新的机会。

现在很热门的行业也许已经开始走下坡路了，而且竞争激烈，而现在还是冷门的，可能你又看不到它的前景或者看不上它的现状。因此，要想找准行业方向，宏观是看清科技趋势，微观是看清环境资源。首先，要看国家政策导向，认清社会发展前景和科技发展动态，研究国家经济发展计划和所处区域的产业发展计划；其次，要看风险投资的方向，风险资本的选择会比市场认可这个行业提前两到三年，他们会指引你去选择那些有发展前景的新兴行业和公司。这要求你第一是要扩大信息来源，关注各行业专家、企业家的最新动向；第二是要核实信息内涵，多跟业内前辈交流，他们更熟悉这个行业的真实情况，这比媒体炒作的和你自己摸索的更准确。

就业看供需，而职业成长也需要一定的时间。即使这个职业、行业现在的需求量很大，但如果选择这个职业、行业的人很多，或者已呈饱和状态，那么你也要考虑是否应该重新选择。比如说会计专业需求量大，但是专业过热，毕业生也很多，初级岗位已经饱和了，结果反而难以就业。再比如你想从事策划工作，但是做房产行业策划的人很多，而且高手很多，你可能难以发展。此时如果你选择医疗行业的策划，这个行业正在市场化，做的人并不多，你反而有竞争优势。

根据地域资源判断行业前景。

选择职业方向要看就业机会，看你将处环境中的行业发展，如果你将处的环境里没有这样的机会，那你就很难获得这样的工作。在行业和职业选择上要避免一个误区，你可以参考发达国家或者发达地区的现状，但别人的今天并不一定就是你的未来，要看清产业区域分工的本质，个人的发展阶段是有时限的，太远的未来其实你等不到。

媒体上常常炒作“21世纪最有前景的职业”，其实这大多是忽悠，常常给年轻人以误导。比如媒体曾经炒作生物科技，现实是国内的生物专业毕业生除非出国，否则很难找到对口的专业工作。而媒体也在炒作公共营养师、理财规划师、心理咨询师、动漫设计等新兴职业，这也大多是培训机构在忽悠年轻人，这些职业的市场在国内短期内还很难有所发展。尤其是一些专业性很强的技术都是有门槛的，如果你是零基础开始，那没有几年时间是不行的。还有些职业所需要的技能也不是靠培训考证就可以获得的，比如“珠宝设计师”、“景观设计师”、“会展设计师”，既需要较密集的专业知识，又需要有较丰厚的行业经验。

新兴行业都是从传统行业细分出来的，你想在将来能从事这一职业，那你也要有与之相关传统行业的从业经历，然后在这个过程中慢慢积累，再根据市场变化伺机而动。而我们在选择行业时更要根据所处区域环境的产业发展政策，从具体的朝阳行业切入，才可以分享行业成长的财富。

未来会好的行业很多，真正能选什么，还是看你自己的资源。同样的天赋可以在不同行业中对应不同的职业，职业发展的过程就是在对行业的探索过程中对天赋进行确定与重组。我们的职业都是基于专业的行业坚持与基于资源的行业转变，当外部行业发生变化时要马上面对变化，你也可以根据工作中所发掘出来的新资源转向另一个个人发展更大的行业。比如，一名机械专业的优秀毕业生，放弃大都市的工作机会，选择了一家大型专业化的采矿公司，在几年的一线工作中，积累了全面的先进进口设备调试及维护经验，最后成为某进口设备生产公司驻中国的首席代表。

根据个人资源的比较优势选择行业。

宁为鸡头，不做凤尾。你不能光看哪个行业有钱、光鲜，而一定要选择自己能有主导能力和相对有竞争优势的行业，看你有多少资源与能力能在这个行业里发挥。一些女生仅仅因为自己漂亮就想去当演员、当主持人，但是在演艺行业却没有任何可预见的成长路径，个人在这个行业里根本没有什么主动权可言，很难仅凭自身的努力就可以取得相应的成就，把青春年华押在这条路上并不明智。况且在娱乐圈里漂亮的太多了，而在普通行业你却会是个大美女，相对优势反而更明显。

如果你目前无法进入大公司，只能选择中小型企业时，那一定要选择新兴行业的公司。这些行业的企业会比较小，但行业发展空间大，企业发展快，能给你提供锻炼和快速成长的机会。尽管这些企业比较小，风险高，倒闭的可能性也比较大。但是行业一直在发展，只要你进入了，就积累了行业经验，这家倒闭了，你还可以去另一个同行业的企业。

如何选择公司：专业性很重要

眼界决定未来，而决定眼界的是你所处的环境。

多数信息都是公开的，但公开的信息都只是普及版的，对于希望从公开信息中掌控趋势的人来说，知道哪些信息是重要的很关键。玩技术要看环境，如果你不在这个专业、这个行业里，你就没有相应的敏感度，就会对这些信息无意识。就像盖茨在《未来之路》中说过，未来的电脑是连在一起的，当时大家都看到了，但又有多少人看懂了？单纯的通过搜索公开信息并不能确保能够拥有足够的专业性和正确的前瞻性，这更依赖他所处的环境资源，一方面他处于信息密集的地带，另一方面，他有足够的资源去搞懂那些他不明白的事情，得到最为专业和尖端的建议。从发现到认识，再到深入，年轻人一开始就在一家高端的机构、前瞻性的岗位上工作，有足够的驱动力，他就一直比周围人看得更远，否则有些信息你看不懂，有些机会你抓不住。

很多专业上的技术你只能在牛人云集的地方才能学到，没有高手带，没有实践项目应用，技术是提升不上来的。在好公司会有好的团队，遇到更多的高手，从而服务更好的客户，运作和积累更大的资源，这些能帮助你建立更规范的职业习惯与更好的工作方法。而工作节奏更快，要求更高，这才能促使你有学习的紧迫性和动力，否则很多时间就会白白地浪费。

对于新人而言，锻炼最大的工作就是学习机会最好的工作，在工作中所积累的经验和提升的能力才能真正保证你的未来。你不要仅从公司的大小来看，而更要从专业的角度看，要看清这家公司在产业链中的位置。首先要选择有专业圈子、有项目的公司，如果公司里就一个设计师，做点小美工，哪怕是公司不错，待遇还行，也不要做，那样你在专业上无法提升。再比如，相对于生产企业而言，专业研究机构也许不大，但肯定比企业的研究部门更专业，更被企业所看重。年轻人应该进专业资源更大的组织，掌握更尖端的技术，做更大的项目，获得更高级的经验，在 30 岁之前让技术有一个质的变化，开拓更大的眼界。学经验要去大公司或专业公司，做事业要去小公司或实业公司。特别是新人，如果天赋很好，建议先到专业公司中提升能力，然后再进入实业公司获得资源。

将你的专业方向与公司主营业务方向匹配。

你的职业方向受你所学专业和所在企业的业务方向的影响，如果你喜欢你所学专业，并且在这个专业上有天赋，那么你尽量要让你的专业方向与企业的主营业务方向相符。就像学 IT 的进传统企业，往往最多做到 IT 部门经理，而这些 IT 部门大多是公司的辅助部门，很难有大的发展，但如果他到了 IT 行业的公司，就是在核心业务部门了，不管是职业能力还是在发展空间上，都能有更大的发展，更不容易被人取代。即使同样是技术部门，做研发也比做技术服务好，后者的发展空间与薪水都比不上前者。

选择能提供专业岗位的公司。

技术不是万能的，但没有技术是万万不能的。对大多数人来说，最终能够让你安身立命的都是你自身的专业能力，真正能创业和成为管理者的人很少，最终我们还是靠专业吃饭。

工作的复杂程度越高，你的不可替代价值就越高，收入相应也越高。而技术含量越低的岗位，替代性强，反而会有越多人应聘，竞争就越激烈，就越难以保障自己的权益。不管你喜欢不喜欢现在的专业，你都必须找到你将来可以安身立命的专业，这是你掌控资源的方法，是你的竞争力所在。否则当你还想回头的时候，很多东西的发展已经远远在你的预想之外，你因此会感到陌生。

选择工作先要想清楚自己未来的核心竞争力要往哪个方向发展，先不要看是不是大公司，而要看重公司和岗位的专业性，以及你参与项目的深度，还有就是有没有足够的专业圈子，不要为了工作或者职务而丢掉专业。有的人为了进入大企业，不惜放弃自己的专业和专长，去应聘一些较低层次的岗位。比如，有网友跟我说他研究生毕业进了大公司，工作内容主要限于“标书制作”，结果几年后原来的专业都荒废了。还有软件开发人员出身的软件项目经理，由于公司业务需要，调任至下属一家新成立的机械类公司任部门经理，离开了擅长的软件开发领域，而部门经理是最高职位，没有向上的空间，几年后也开始迷失方向。还有的毕业生因为找不到工作，想考公务员，所以先去当了三年村官，结果基本上已经丢了原来的专业，此时如果当不了公务员，或者发现自己不愿意过那样的日子，但以现有的年纪，别人也不会给你机会从低做起，那就真的走投无路了。

我们一直以为明天更美好，其实以后比现在更难。想想看，随着你的衰老，你的能力、精力都会下降，怎么可能比现在更美好？因此在开始的时候，一定要选择对自己更有难度的工作来做，提升专业能力是最重要的。

很多人选择工作会贪图安逸，比如朝九晚五、周末双休。这无可厚非，但是这不能优先于你的专业选择。你现在不吃苦，那想什么时候吃苦？现在如果不能苦一阵子，将来可能就要苦一辈子。什么叫苦？习惯了就不苦了。不要让自己过得太舒服了，这样的生活会让你变得懒惰，变得不思进取，变得越来越没有竞争力。女生应聘最多的岗位是行政和人力资源，认为这些轻松，其实这就是在放弃自己的未来。青春是一种资源，在年轻时甚至可以取代能力、经验，可以换到超出你能力的回报。但是它很快就会过期，而且正因为没有压力，也就难以主动去形成专业能力和资源积累。这样的环境很容易让人逐渐产生惰性，安于现状，局限于日常重复的工作之中，一不小心就会这样混下去。当岗位年限到了，当女性结婚生子之后，你会发现你很难再找到一份合适的工作了。

我们还有可能遇到这样一种情况：靠关系进入一家不错的公司，待遇也不错，可是工作很清闲，甚至一周里也只忙一两天，或者一个月就只忙几天，结果每天除了上网，自己都不知道做什么了。也有些人想找这样清闲的工作，钱不多也可以，想着有时间学习、考证书，之后再找好公司。其实这样的工作只会消磨人的意志，真正的经验都是在工作中得到，光看书没用，甚至时间越多越看不进书，却养成你懒散的工作态度，下一份工作你反而做不好了，而且可以肯定这样的岗位在这个公司里是没有升职可能的，你在这里混掉的不只是经验的积累，还有你未来的发展机会。

如何选择岗位：打破专业限制，瞄准发展空间

很多年轻人求职时感觉非常茫然，他们只知道自己的专业，而不了解企业的岗位设置，不清楚具体的工作内容，无法形成有效的对接。同一个专业可以对接不同的岗位，甚至因为职业的分工越来越细，即使不是对口的专业，很多工作同样可以做下来。但是，不同岗位未来的发展空间是不同的，同时，岗位的选择也在很大程度上决定了你这一生在职业中的专业方向。

比如，在生产型企业中，岗位主要分为研发、市场、销售、工艺、设备、生产、质量、物流、财务、行政、人事，其中，研发、设备、工艺、财务是技术型工作，如机电设计、软件设计、工程设计、财务等。企业里面更多的职位则是由市场或销售、工艺、生产、质量、物流这些职能提供，这些都可以作为非专业的职业起点和发展方向。

除去某些特定的领域需要专业人才，专业背景其实没那么重要，大学本科阶段所学的专业知识还是基础知识，与实际应用往往还有一定差距，更多的专业知识是在工作中继续学习和慢慢积累的。大学所学的知识在非技术岗位能够用到十之一二就不错了，而且最初你做的也只是某个具体的分工，只要你的基础知识扎实，刚毕业时完全可以跨专业重新来过，而你今后职业发展的快慢程度就要看你在新的岗位上的钻研、人脉和资源的积累，这其实是给了你最后一次重新校正自己天赋方向的机会。

资源决定能力，也决定发展空间。岗位在打破专业限制以后，更看重的是岗位的发展空间，这与未来的工作、报酬、发展机会等有着直接的联系。什么职业都需要从基层做起，但是有的岗位是升不上去的。

职业要选择企业中发展空间较大的部门，或者营利的核心业务部门，比如说研发、销售这些能够直接提供价值的部门，对于一些大的企业，财务、人力资源、战略规划部门等等也算是核心部门。同时，尽量选择在企业总部工作的机会，这些地方汇集了公司最多的资源，也会拥有公司最多的升迁机会，工作也越稳定。而像行政这些辅助部门，或者一个驻外小办事处，即使付出了很大的努力，也很难获得较大的上升空间和较高的收益，甚至是经济危机时优先裁员的部门。

我们在最初选择岗位时往往不敢面对挑战，希望选择一个看上去能给自己稳定和安逸的工作岗位，而不愿意选择对自己长远发展有用、但压力很大的职业，结果没有在自己成本最低的时候去做最难的事。有的岗位稳定，但没有上升空间，如行政，即使根据机构设置会有相应的职务级别，但如果这个职务的工作内容没有高附加值的部分，那几乎是没有继续上升的空间了。而有的岗位不稳定，但只要出成绩，就能很快晋升，比如销售。刚入门时差不多，但数年后各人的成长情况相差很大。公司老总更多的是销售出身，销售人员在公司里也有更大的话语权。

第一份工作如果能选择，则一定要选择自己天赋所长的岗位，而不是轻松的，因为这才能逼出自己的潜力，让自己超出别人，才有了更大的选择空间。你要了解不同岗位的工作方式，比如同样是做营销，如果你喜欢和人打交道，希望直接解决很有挑战性的问题，那可以去做销售；而如果你喜欢创意，希望将自己的想法变成现实，那就去做市场。

有的毕业生觉得自己有点内向，想挑战自己，于是毕业时选择去做销售，这反而有可能让你失败。第一份工作应该选择与自己专业相关、性格相符的工作，因为这个时候你才真正进入某个特定行业，你有大量需要学习的地方，如果你性格不符合，你根本坚持不下来，而等你熟悉这个行业后再去选择一些对自己有挑战的工作，你也能更好地上手。

当然，第一份工作并不一定要限定于做你所学专业，重要的是这份工作具备专业性。有了专业，才有了不可替代性，才有职业的上升空间。很多年轻人看到做销售的挑战性与高回报，很激动，其实最穷和最富的人都在做销售，其中的辛酸一般人很难承受。除非你是学营销专业，或者你已经有了不错的实践经验，否则不建议一毕业就从事销售工作，那样你会丢掉专业，以后没有机会再去做技术了，而现在做技术，以后做技术型销售，发展会更好。

特别是刚毕业的大学生不要从事那些成功概率极低的职业，比如说直销、保险之类的，失败率太高。即使面临生存的压力，也不要在你走投无路的时候选择销售，不要把这样的选择当成救命稻草。销售看似门槛很低，但却是所有行业中对个人素质要求最高的领域，如果又便宜又好，那要销售做什么？请个搬运工就可以了。

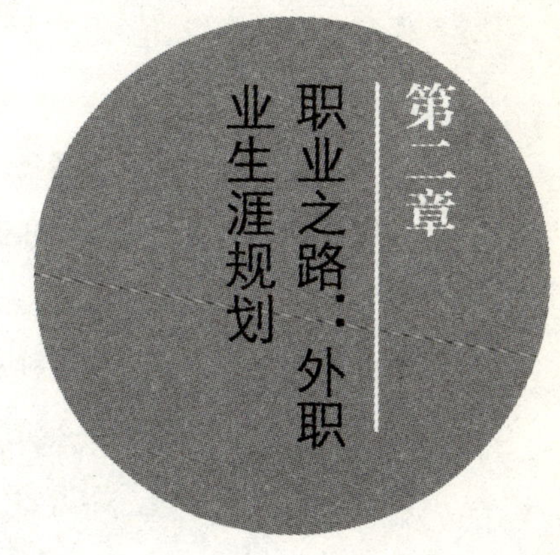

第1节　外职业规划是选择职业目标与职业路径

人生即选择，你总会面临各种诱惑，那该怎么选择？

你试试，想象在十年后问自己，如果这件事情做了或者没有做，我会怎样？

许多人在选择职业道路时，主要的根据就是公司给出的薪酬或者说社会所认可的就业热点。可过分考虑金钱往往会导致你忽视自己真正想要的东西，结果作出错误的职业选择。我们在选择下一份工作时，往往会受目前工作的影响，有时只是想摆脱这份工作中不好的地方。比如说，我问过一个设计师，你五年之后想做什么？她说想五年后不再对着电脑天天搞设计了，但是又要从事和设计相关的工作。我说，现在这份工作认真做五年，肯定不用天天面对电脑了，那不用换了呀？她只是说出她不想要的工作方式，并未说出她想要的结果。

职业目标引导方向

你想未来是什么样？一个体面的生活？一个有价值的人？你要把这些笼统的愿望具体一点，才能分解执行。你看到的梦想，看上去很美，但为什么美呢？你想要进入某大公司，那你打算进去做什么呢？做业务、做服务、做技术、做行政……定向没有对错之分，但定位有模糊与清晰的差别。

年轻人会说，你可以不懂我，但你不许嘲笑我的梦想！

但你真正懂你自己吗？你知道你的梦想背后的本质是什么吗？

- 这个梦想反映的是哪一类型的需求？
- 这个梦想是基于哪一种资源、哪一种天赋、哪个级别的天赋？
- 这个梦想只能在什么阶段去执行？它需要在什么阶段内完成？
- 要想实现梦想，你需要分步实现哪些目标？需要付出哪些努力和代价？

职业目标：时间＋地点＋行业＋企业＋职业＋职务。

清楚描述：什么时间在什么地方什么行业什么类型的企业从事什么职业什么职务。

确立目标就是为了帮你保持方向和踏准人生节奏，如果没有明确的目标，那你就会受到眼前的一些诱惑、压力而导致职业发展的中断和走偏。你一定要对自己的将来有一个清醒的思考，你想要怎样的工作和生活方式、你人生的每一个阶段在哪里？这能帮你从长远的角度来作出取舍，而不会被眼前工作的收入、轻松、娱乐性所影响，或者因为某个偶然的工作机会而改变了原定的职业轨迹。

对于年轻人来说，“想法很多，行动很少”是最常见的问题。每个人对未来都有或多或少的想法，但如果只是想法，而没将想法具体为目标，那就没有压力，也没有计划，行动就没有效率，难以坚持，会不断被过程中的变化所打断，或者陷于过程之中而忘记了目标，甚至最后也就是想想而已，时间也就这样混过去了。

梦想总是遥不可及，现在想要一下子想清楚未来到底是什么样、怎样实现，你会觉得很难，但你一定要去想，想不清也要去想。梦想和目标的区别在于目标是对梦想的明确、分解、细化、分步、时限、行动。确立目标是制定职业生涯规划的关键，它能给你一个行动的紧迫性和针对性，从而集中你的力量。你必须有意识地去把梦想分解量化为具体的目标，而不能只是简单地设定方向。如果你只想着到时候再说，那最后你会发现当你这个职业阶段到期了，你连现有的东西也保不住。

职业路径导向结果

外职业规划看重的是长远的职业发展，而不是眼前的工作回报。条条大路通罗马，但是有的路走得快，有的路其实走不通。年轻时，我们因为对未来的无意识，对职业路径依赖的不了解，以为车到山前必有路，仅仅依据对目前工作和回报的满意程度来判断职业道路的正确性，走一步看一看，结果就成温水煮青蛙了，几年后发现越走越窄时才后悔莫及。因此，在选完方向后还要选路，而选什么路才决定了你最终的结果。

人生开始是选择题，然后就只是命题作文了。内职业规划是方向选择；而外职业规划是路径选择。很多时候，职业发展的失败不是方向错了，而是路径错了，所以选择要有选择的能力，但同样还需要选择的方法，并遵循选择的规则。比如，公务员的职业路径就是“政一党螺旋晋升模式”，如果是在县级政府中，那就是“副乡镇长一乡镇党委副书记一乡镇长一乡镇党委书记一副县长一县委常委一县长一县委书记”。简单说，就是先在政府系统历练，然后晋升入党委系统，周而复始。如果县长接任不了县委书记，那他的仕途就算到顶了。

个人职业生涯规划最终受制于外部环境的限制。在中国的现实情况下，就业岗位存在不同的体制和编制，职业路径有壁垒，人生往往只能在最初的时候才有机会做选择。同时，我们在职业中也存在路径依赖，渐渐地你也就向环境妥协了，结果毕业后的五年时间往往决定了你的一生。

当你的职业方向选定之后，甚至是平台被限定之后，你能选择的就只有发展方式了。做什么都要比天赋、比勤奋、比主动，但比到最后，比的就是积累，此时看重的就是职业路径。人生就像金字塔，每往上走一步，就要淘汰一批人，走错路的后果很严重。大多数的招聘只是从某个特定岗位出发筛选，并没有给某个人留出特定的升职空间，而大多数出身普通或天赋普通的人更是只能从基层熬起，获得别人的信任。先是个人资源聚集形成专业化，然后坚持下来慢慢积累外部资源，转换优势，才有可能通过勤能补拙外加熬工龄获得成功。

职业就是分工，而规划就是定位。定位就是“有所为，而有所不为”，根据自己的目标选择自己的行动、途径，并拒绝其他的行动、途径。如果没有一个切实可行的职业目标和职业路径，什么流行就学什么，什么行业赚钱就做什么，那就无法集中精力，也无法排除不必要的犹豫和干扰。因眼前的利益而迷失工作方向，胡乱地做着各种能做的工作，而没去做该做的事，最终工作了七八年，公司换了好几家，还在原来的位置上打转，甚至在等待、拖延中一步一步退而求其次，最后饥不择食，走投无路……

对于未来，一定要确定目标。很多时候，当你开始职业之路时，因为各种限制，你会觉得现在想要的东西你并不能选择，但只要你明确了方向，看清了目标，你就有了随后几年要行动的大范围、大方向，从而有意识地去围绕目标一点点地提升能力、总结经验、积累资源。你要有一个时间计划，你先做什么职业，后做什么职业；先做到什么职位，后做到什么职位；先进什么公司，后进什么公司；先进什么行业，后进什么行业，一步一步由边缘岗位转核心岗位，由低职位升到高职位，由小公司跳到大公司……

外职业规划的三个方面：

- 职业生涯阶段——如何踏准人生与职业的节奏。
- 职业发展路径——如何从低职位晋升到高职位。
- 职业平台通路——如何从小公司进入大公司。

第2节　职业生涯阶段：如何踏准人生与职业的节奏

你还能年轻多久？

柴静在节目中采访一个少年犯，犯人说当时想自己年轻嘛，抓进去坐几年再出来照样生活，反正年轻。柴静轻轻地问了句，那你觉得自己还能年轻多久？

你还能年轻多久？你去看看 30 岁人的脸，不是有皱纹了，不是不光滑了，而是脸上的肉都垮下来了，这是因为过了 25 岁，人的皮肤就会逐渐失去弹性而无法约束地心引力对肌肉的作用，由原来的锥子脸变成窝窝头脸……

时间是最重要的资源，有时间就还有可能，而没时间就什么都没有了。常说青春无敌，在读书的时候，我们都不会担心自己的未来，我们总感觉自己只是没钱，而时间多的是，甚至多到要花钱去打发掉……岂不知青春很短很短，比你想象的要短得多，从 14 岁到 30 岁，青春也就短短的 16 年罢了，而真正留给你自由发挥的也许不到 10 年。

10 年有多快？你想想你 10 岁到 20 岁是怎么过的？好像就在昨天。10 年一代青春，70 后遇到 80 后，80 后遇到 90 后，90 后很快就会遇到 00 后了。谁都想长大，可长大后才发现，谁都怕变老。而年轻时我们不知道，人不是慢慢变老的，而是突然有一天，你发现自己老了，而且老了那么多，这个时候你才悲哀地发现，原来自己也会老，再也不会年轻了，而更可怕的是这辈子就只能这样了！

时间是把杀猪刀，人挡杀人，佛挡杀佛。我们不知道未来将要发生什么，但是人的青春很短、生命有限，都按阶段划分了现实的社会角色，你要承担起一份严肃的责任，养家糊口、结婚生子、退休、养老送终……

从毕业的那天起，我们真正的人生就开始倒计时了，而且时间过得越来越快，开心的、悲伤的、人生的大事一件一件接踵而来。你可能从小被父母宠大，20 多岁了还觉得自己只是孩子，但是当你第一次被陌生的小孩叫叔叔阿姨时，你就要面对现实了，30 岁、40 岁也很快就会到来，人生的阶段一步一步在前面等着你。无论你愿意不愿意，你总要长大，你无法逃避。如果你不为未来去主动地改变，那你的未来就会“被改变”，那将是你完全无法控制、也不愿面对的改变。

人生能有如果就好了，人生最关键的往往只是几步，谁说年轻人失败了可以重来？一个人的力量非常渺小，时机非常重要，事实并不是机会错过了就不会再来，而是你的时间错过了，就轮不到你了，大多数人是没有能力从头再来的！

职业生涯的关键是人生阶段的划分

人生是作为一个整体来活的，不只是活在现在，而且也活在未来。

青春很短，时间很有限，如何将有限的时间最大化地利用，这就需要规划。我们都要面临生老病死的全过程，但对于未来，因为没有老过，所以往往对人生阶段缺乏意识，处于一种平淡的生活惯性中，没有改变，也不清楚如何改变。

青春是10年，从工作到退休也只有30多年，其实每一年都是特殊的，都有具体而明确的任务。有的人觉得反正计划赶不上变化，所以把眼前的做好就是了，将来的事将来再说。可是他没想过，人生的差距不只在于起点，还在于转折点。人生是分阶段的，每个阶段都有具体的时限，在不同的人生阶段我们会有不同的需要，而不同的阶段对我们的要求也不同，它紧密地对应着不同的职业坐标、工作重点和工作方式。很多工作到了年龄，不是你不能做、不想做，而是别人不给你做了。如果不了解这些，即使你现在得到一份暂时还可以的工作，你也会因为意识不到下一阶段的变化，结果麻痹在日常的工作中，最后当未来的变化逼到眼前而你又无法应对时，你就被淘汰了。

围绕资源发展，看清人生阶段，这就是我们的全局观，看清这些，你就不会犯低级错误。外职业规划就是引导我们的人生“在正确的时间正确地做事”，因此我们必须了解职业生涯的周期特点，了解相应的时间划分和阶段目标，才能准确地对自己长远的职业生涯进行规划。

人生，一是目标，二是时限。

人生是分阶段的，但长大后每个人都会不由自主地抗拒下一阶段的到来。但人生的阶段转换是不由你的意志而转移的，如果逃避，只会更糟。所以你一定要清醒地意识到人生阶段在职业规划中的重要性，而人生梦想、职业生涯、家庭生活的协调发展就是我们衡量在这个阶段是否达到了预期目标的标准。

你不解决时间，就会被时间解决掉，任何事情都要有一个明确的时间限制，到了一定时候，就要看结果，甚至必须强迫自己作出选择。如果没有时限，你没有紧迫感，你的精力会被分散，很多事情也都会被拖延，会过于追求完美，时间就会不知不觉地拖过去而错过了人生的阶段，就像如果你想有一个完美的爱人，那你就永远没有爱人。因此，再复杂的事情到预定的时间就一定要作一个了结，而不能纠结于其中糊里糊涂，无限期地拖下去。

一个工作两年多的25岁女性跟我说，她现在做老总的行政秘书，很受器重，然后在找男朋友上也不着急……我问，三年就要有一个晋升或发展了，她是怎么考虑的？她说她的主任还有三年就退休了，她在这个职业方向上没有什么竞争对手，但是她并不想当主任，觉得现在挺好，只是感觉工作压力大，别人把难做的事都推给她了，做好了没人知道，做不好别人又会说她，感觉这不是她喜欢的工作……

我说，女性25岁之后就开始变老了，你觉得你想找的男朋友是看重女性的事业有多好，还是想找个年轻的、像你现在这样情况的就可以了？如果你再往后拖，也许反而找不到你现在能找的人了。同时，你现在对职业产生倦怠是因为别人把他们不喜欢的工作都给你了，如果你能升到主任就能把不喜欢的事交给别人做了；而且老总也有退休的一天，新的老总也会有新的秘书，那个时候你怎么办？所以，你必须考虑如何在主任退休的时候接上她的位置，那么你就要考虑到你的婚姻与生育，因为在国企有个观念，如果到了年纪没结婚是不能被提拔到管理岗位的，而如果你在主任退休的时候生孩子去了，那这个位置你也许就错过了，而这也许就错过一生了；而且生孩子也要算日子，如果生在九月，那小孩子就要晚一年才能上小学了……

由此可见，一旦进入职业阶段，我们的未来都在一环套一环地等着我们，如果错过一环，也许就错过一生了。

职业生涯按人生阶段确立目标。

很多年轻人对未来是无意识的、模糊的，也不知道选择的依据与判断的标准是什么。越远的未来会面临越多的外部因素，充满了不确定性和各种可能，但是每个人都不能不面对生老病死的生命周期，而生理上的阶段性就决定了我们职业上的阶段性。

如何确定目标呢？这首先要看这个目标是不是真正有必要；其次看你所处的时间阶段对不对；最后看你有没有足够的资源来支持。比如，有个25岁做文案的女生跟我说，她已经考了两年广告专业硕士了，还想继续再考一年，我说广告行业并不看重硕士学历，而想进大学教书，硕士学历已经不够了，而且读这两年书，你在经济上是怎么考虑的？另外你都25岁了，考完读出来都28岁了，这个时候你还面临就业区域的选择，那你准备什么时候找男朋友结婚呢？你想过你想找的男士，他想找什么样的太太吗？

对于未来，不同的人生和职业阶段会带给你不同的角色目标，而这些角色的变化是可以预计的，你有你应承担的责任，所以长期的规划是按你的人生阶段来做的。职业阶段也是受生理阶段影响的。比如说，女性的职业发展与生育期有直接的联系。对于职业，真正有效的职业规划只有三五年的中短期计划，长期的会随着你计划完成的程度发生变化。因此，长远规划看重的是生活，中期规划看重的是职业，短期规划看重的是专业。

你必须从全局来对人生阶段性和职业阶段性进行思考，对未来至少要作好 10 年的准备，包括未来的家庭、婚姻、事业等等，对未来每一个阶段的工作都要有清晰的方位感，要能够清楚地明确你哪个阶段该做什么。想清楚你想过什么样的生活，为什么想要？它到底是什么样子？什么时候要？谁是这个样子？他每天在做什么？怎样才能做到？你有没有他那样的资源……这样，跳槽还是留任，改行还是留守，才能尽在掌握。

人生各个阶段都有时限，上天给你的只是属于你所拥有的时间阶段内的东西。

花有重开日，人无再少年，什么东西都是过期作废的，很多时候你不是错过了机会，而是错过了时间。人生的阶段性决定了我们要分清什么是该做的，什么是能做的，什么是想做的。好东西总是有的，但好东西总是少的，很多东西，到了时候不是你不想选，而是你选不了，而很多东西你本来可以选，但是你没意识到就错过了。就像婚姻，很多时候我们以为缘分到了自然就有了，但现实是时间过了，原本你可以得到的也会错过，如果还不愿意退而求其次，就只能孤独终老了。

在职业发展中，肯定会有很多让你难于取舍、无法自拔的东西，但是你不能纠结其中，要以时间作为判断标准，到了时候选择什么不是关键，关键是你要作出决定！正如有一个 26 岁的单身女性问我，她现在有两个准备：一个是留在大城市做设计师，想办法转策划进甲方；另一个是她又很想当老师，所以也在准备明年回家乡考教师编制。我说如果只是普通人的话，她现在只能在大城市和家乡作一个选择了，要么是留在大城市找一个好公司好好做下去，同时主动找对象；要么就是尽快回家乡，边工作边准备老师编制考试边找男朋友。她不可能等明年如果考上了再找男朋友，或者因为回家乡而和男朋友分手。

做梦和做傻事的区别就是它们的时间阶段不同，你要搞清楚现在处于人生的哪一阶段。一方面，有些事你现在不做，将来就没机会做了，而现在该做的不去做，将来想做的也就做不了了；另一方面，还有一些事，到了年纪就不应该做了。对于人生，我们要以结果作判断，在正确的时间做正确的事，你必须问自己“我现在该做什么”，然后再循序渐进地去做“能做的”以及“想做的”。

爱情与婚姻

爱需要理由吗？爱不需要理由吗？没有无缘无故的爱，也没有无缘无故的恨。

我们对爱情有太多的幻想，或者过于理想。但婚姻与恋爱不同，特别是对于女性更为现实。有人说我是要找一个我爱的人过一辈子，哪怕不合适；而不是要找一个合适的人过一辈子，哪怕不爱……年龄不是问题，问题是有没有遇到合适的结婚对象。如果要等到三四十岁，我愿意等；如果一辈子都遇不到，我愿意不结婚……

只是，我们却不知道，当我们盲目相信自己还有优势的时候，其实优势就正在离我们而去……

如果你觉得婚姻是你最终的归宿，那么婚姻就是一个需要我们尽早清醒意识的任务。选择，首先要明确的是自己可选择的时间段，否则错过的不是对方，而是自己。年轻时，你会觉得后面还有更好的人，但你不知道，后面的人会认为你不是好的人。如花美眷，始终敌不过似水流年。对于普通人而言，大多数女生在大学毕业到25岁之前事业并不会有多大发展，而此时的青春比起两年之后更有优势。而且对于女性而言，因为生育，职业生涯会被打断。而如果早点结婚，生了孩子，有了家庭的支持和完整的30年职业期，后面的生活反而过得很顺畅。因此，在正确的时间找到正确的人做正确的事，很现实、很重要。如果到了时间，还相信所谓的“爱情”，那只是一种无知的幼稚罢了。

那么，应该怎么办？一切不以结婚为目的的恋爱都是耍流氓！

情投意合不代表步调一致。如果是以婚姻为目标，那么其次要明确什么样的群体才是适合的。很多剩女并不是挑过了头，而是谈了几年后分手的。男人经得起拖，只是经不起青黄不接，所以女性想结婚的话就要找经济和心理上已经准备好，而外界也给了压力的适婚男性。一般来说女24～26岁、男28～30岁是结婚的适婚年龄。两个人在一起长久地走下去除了感情，更重要的是双方努力的经营。正经恋爱，最多谈个两年也就可以结婚了，否则谈久了，也就审美疲劳了，没有共同的出发点，反而结不成婚了。

既然时间限定了，那什么叫遇不到？我们都想找到自己心目中完美的那个人，但是现实生活中很难找到那样的人。即使存在，大多数人的能力有限，找得到也找不起。人生除了争取，还需要妥协，没有合不合适，只有珍不珍惜。普通人没有那么大的选择范围和选择时间，所以第一眼不讨厌就应该多给对方一点机会，也许他才是你真正想要找的人。有人说，要早点结婚那是真的没有错，可是没有遇上对的那个人也可以吗？会幸福吗？其实“对”是相对而言的，你自己不对时，你找不到对的人；你自己对了，很多人都对。现实中，婚姻不是小说里的一生一世等一个人，是有了一个人以后才会有一生一世，这个时候你会明白真正的爱情并不只是“我爱你”，而是“在一起”。

这里并不是说要为结婚而结婚，而是说要为结婚而主动努力。都说婚姻要看缘分，但剩男剩女越来越多，这难道是缘分越来越少吗？那么什么是缘分呢？还是那句话，缘为天定，分在人为。婚姻不是计划了就一定有，但如果你没有把它当一个任务来计划，而只是一切随缘，其实是一种被动的放弃，因为每个人面临选定离手时都会犹豫，都需要对方帮助作出决定！否则即使你真正遇到一个挺好的人，你也有可能会觉得自己还不错，还有选择余地，还想着将来会不会有更好的，而错过这个。这个时候你才知道原来缘分有多不靠谱！这是为什么？这是因为其实你还没有真正作好心理准备，是你自己没有端正态度！你只是想要，而不是需要。

有人跟我说，我从不着急，还没有遇见他。我说，不是你没遇到，而是你都还没去找过。我们会发现谁的圈子都很小，但是只要给自己定一个结婚的时间目标，并为这个目标去努力，结果就会不一样。你要找的人，他们也都在找你，只要你主动去寻找，那你就能找到途径，要么知道他在哪里，要么让他知道你在哪里。你找三个月所遇到的人不会比等三年见到的人少，而且你现在还年轻，比起三年后，更有优势。只要达到量，你所能选的就是你能选的最好的。如果以后还能遇到更好的，那也是你通过这个过程提升的能力，而在你原来的能力基础上，你遇不到。如果你不是一个多么出色的人，那么就早点结婚吧，因为至少年龄还是婚姻选择中一个很重要的因素。

我们追寻爱情，然后发现，爱，从来就是一件千回百转的事。如果在最初定一个标准，那么在没有感情之前，谁的要求都不低。我们对另一半有种种想象、种种要求：要秀外慧中、要贤良淑德、要高大英俊、要温柔专一，还要年少多金……每个人寻找自己另一半的过程其实就是在寻找理想的自己，但是你很难通过预先确定的标准去找到他。你可以按心里的要求去找，此时重要的不是标准，而是圈子，你不能宅，不能等待，而必须主动地走出去，参加各种活动，进入不同的交际圈多认识人，最后过程会告诉你能够找到什么样的人，以及应该找什么样的人。

当那个人真正出现时，我们会发现标准并不重要，往往最后找到的不是你最初所定的标准，但是你会发现这才是你要找的人，或者是你能够找的人。有时你会高估自己的未来，有时你会低估你自己的现在，为了爱的人，你会努力改变你自己，你会接受他的缺点。找到你爱的人的过程就是找到你自己的过程，你因这个过程而改变你对他的最初定义。

这个过程中也会有错过，也会有分手，那也是一个选择与放弃的过程。怕只怕没有去找，只是等着那个人的出现，或者始终下不了决心，最后错过了最好的青春，最后不得不找个人搭伙过日子，或者孤独终老。但最终无论如何、不管机缘，你所找到的都只是该你得到的，而不是你该得到的，因为人生阶段的局限，是你自己决定了你所能找到的人。

外职业规划是基于时间的阶段性

- 人生的阶段性是由生老病死所赋予的社会角色决定。
- 职业的阶段性是由职业的生命周期和个人的天赋决定。
- 岗位的阶段性是由职业能力的衰减和岗位的复杂程度决定。

人生的阶段划分

外职业生涯是根据人生的阶段性和职业的阶段性来规划。常说人生是一场长跑，但对于自己，其实每一个阶段都是短跑。有阶段就有时限，人生的道路是越走越窄的，我们只有在规定的时间内完成任务，才有可能获得进入下赛段的资格。人生的不同阶段有不同的任务，在你 19 岁时选择一门专业，在你 22 岁时选择一个行业，肯定没有问题，但如果等你 22 岁了又重新选择专业，等你 25 岁了又进入新的行业，去做之前就应该做好的事，那你的代价肯定是巨大的，并且效果往往是事与愿违。

成长是有时限的，天赋过了成长期就难以转化为能力，资源的积累更需要时间，大多数人30岁以后差不多就已经定型了。职业和岗位也是有时限的，职务到了年限就做不上去了，而岗位到了年限你也留不下来，就好像当官如果35岁还混不到处级，通常以后也就没什么机会了。如果你只是靠青春和体力干活，没有提升，那被替代只是时间问题。很多工作都是属于年轻人的，过了年龄，通常HR看到年龄就直接淘汰掉了。

阶段对于普通人是明显而具体的存在，不到时候你就得不到，如果到时候你还没改变，你也就变不了了，所以不要等，也不能急。你必须思考一生将面临的几个人生阶段，对事业、家庭、感情这几个人生重要问题作一个排序，明确各阶段职业生涯发展的目标，否则当工作遭遇障碍与不如意时，就会逃避和退缩；或者被短期的机会利益所吸引而走错方向，或者被眼前的安逸所麻痹而错过应该为下一阶段作好的准备。

职业规划并不能解决眼前的问题，而只能解决以后的问题。找工作不是这份工作好不好，而是这份工作的下一份工作是什么？你必须清醒地意识到，不同年纪会有不同年纪的职业和岗位，有的工作和公司应该只是你的过渡和跳板，你必须对未来的职业生涯发展有一个明确的规划，你愿意、你计划在这个公司、这个行业、这个职位干多久，下一份工作要往哪跳、怎么跳，从而对下一步作出明确的计划与行动。你一定要为自己的将来作好打算，25岁是什么状态，30岁要达到什么状态，35岁又是什么状态，35岁后你会在干吗？什么时候要确定自己转型……

职业的生命周期

任何职业都是金字塔形的，越往上走位置越少，而随着教育的发展与职业分工的细化，很多工作入门并不难，但发展到一定阶段都会面临淘汰。哪怕是有较高要求的职业，比如做翻译，做个几年你会发现你就是固定在某个方面，接触的就是那些事，要想发展还是要转到业务上去，否则也算是青春饭。随着职业的发展以及每个人对自己天分的认识和对外部资源的发掘，每个人的职业发展都或多或少地会面临转型的问题，这就要求我们尽早地对职业生命周期有所认识。

不同职业的生命周期不同。比如说，运动员、模特、舞蹈演员、空姐、歌手明显是吃青春饭的，大多数人必然要面对转行或者转型；行政没压力，但发展很有限，也很容易被替代；财务要熬年头，但如果岗位分工太细，发展也不大；公务员如果不能当官，其实也只是稳定，钱也不多；律师、医生是越老越值钱，但要看你能不能熬过最初几年的技能、经验、个人品牌的积累阶段。

职业本身与专业有关，而专业发展则与天赋有关，你要分清你的职业发展空间与你个人能力发展空间之间的区别。技术工作也有很多是吃青春饭的，就像大多数设计师的职业目标应该是 35 岁以后不再做设计师，一是你做不动了，二是别人也不要你了。

因此，你不仅要看你现在所从事职业的未来，还要客观地评估自己的天赋、性格、价值观。职业的不同层次所需要的天赋是不同的，这份职业的未来并不一定就会是你的未来，而同一职业的不同职位的要求也不一样，技术高手变为团队管理，工作内容与工作方式都是不同的。任何职业都会有瓶颈期，很多技术性很强的职业，即使你有一定天赋，但达到一定高度后一样上不去，此时要上去靠个人努力是不够的，就要看平台资源或者工作模式的改变了。

人生是存在拐点的，不同阶段看重的资源不同。没有危机感是最大危机，不光是工作不理想的人需要面对这个问题，那些工作很顺利的人也要有所准备，因为你现在所获得的也许是基于青春的资源，也许是小区域的资源，你的能力也只是面对眼前这个岗位，而人生和职业的阶段不同，对资源和能力的要求也不同，如果你没有意识到，也许就会输在转折点上。

岗位的发展更替

25 ～ 35 岁是就业的黄金阶段。在招聘广告中，我们常常看到要求 25 岁以上，这是对应聘者经验技能和心理成熟度的年龄要求，而且开始要求应聘者具备相应行业两年以上的工作经验，这看重的是这几年在工作中所积累的行业资源。但我们也看到，很多岗位要求 35 岁以下，这就是岗位的年限，不管你的资历合不合格，只要你超龄了，别人就不会给你机会了。如果你只是靠你的青春和体力干活，没有提升，那就根本无法与年轻人竞争，甚至因为年资被企业所抛弃。即使你不被企业抛弃，但等十年以后，一个比你年轻得多的人在你上面指手画脚，你的心情会好吗？

职业发展是不进则退，而退路越来越少，这就是社会竞争的残酷性。大多数职业的初级岗位都只是简单重复的岗位，而最后能从中挣脱出来进入上一层次，就看资源与努力了。现实中，很多工作就像流水线上的工人一样，不需要多少能力，甚至与别的工作隔绝开来，如果你只是安于现状，那么当工作发生变化而你又无法应对时，那你就被淘汰了。比如，有网友跟我说，她毕业后通过关系在图书馆工作三年，每天就是做点简单的事务性的工作，不需要什么技能，工作不复杂，但也没太多的空余时间，也没去学什么新的东西，原本也想就这样过下去，但现在机构调整，自己可能待不下去了，想换工作，可是没任何其他的经验和技能，甚至连应届毕业生都不如。

除了一些特别有能力和有关系的个案，一般来说，职位都会与年龄及工作年限挂钩。大多数白领的职业生涯都呈现出这样的轨迹：

■ 工作 1 ～ 4 年担任基层职位。

■ 5 ～ 6 年任经理。

■ 7 ～ 9 年任高级经理或总监。

■ 10 ～ 12 年任副总经理。

■ 13 ～ 20 年任总经理。

即 30 岁以上的白领普遍担任一定的管理职务。但是能够最终升至企业总监以上高级职务的概率只有 10%，每一步都是一次淘汰，你每一次职业的变化都应该伴随一次项目的扩大或者职务的提升，而不只是岗位的变化。

职业生涯的五个阶段

职业规划会随着职业生涯发展的不同阶段而有所不同，职业生涯可分为成长期、探索期、立业发展期、成熟期、衰退期五个阶段。

■ **成长阶段是一个人从出生到 14 岁之间。**

通过对家庭和学校、媒体及周围环境人物的观察与模仿，以及不同的行为作出反应后的相互作用，儿童开始了解、探索自我，并逐渐建立起一个独特的自我概念或个性。在此阶段，喜好和幻想占据统治地位，对于职业的选择和喜好常常表现为随机性和多变性，看了演出就想当明星，看了打仗想当将军……但随着对社会的参与和对现实了解的深入，天赋和性格开始慢慢变得更加重要。

■ **探索阶段在 15 ~ 24 岁之间，包括在校学习时期和工作前期。**

在就业前的学习阶段，会根据兴趣、能力对未来的职业选择作出相应的教育决策，并通过业余活动和短期工作等途径来明确个人兴趣，尝试将其与职业进行匹配，得到一个较为宽泛的职业偏好。

■ **立业发展阶段在 25 ~ 44 岁之间，是工作生命周期中的核心部分。**

经过探索阶段后，个人已经在某个专业或行业里找到一个合适的职业领域，也就是说已经认定这一行了。此后，个人会致力于职业的稳固及工作的满意，此时的变化主要是职务、工作内容的变化，而不是职业的变化。这个阶段的主要目标是选定一项专业继续学习，成为专家，或进入管理部门成为职业经理。

■ **成熟阶段在 45 ~ 55 岁之间，是职业的维持期。**

在这个阶段，个人成就和发展的期望减弱，希望维持或保留自己已获得的地位和成就的愿望加强。你需要的是如何使你的事业能够平稳地持续上升。如果此时你已经成为高层经理，那在这个阶段已经接近顶端，此时的主要目标是再度评量自己的才干、动机和价值观，进一步明确职业抱负和个人前途，接受现状或争取更高发展，以及学会发挥影响力与指导力，选拔和培养接班人。

■ **衰退期是 55 ~ 60 岁以后，是职业的退出期。**

此阶段最让人担忧的是饭碗问题，这时应在退休前五年作好晚年规划，寻找退休后的工作方向，完成角色的转换，接受权力、责任、地位的下降，发展非职业性角色，做自己曾经期望做的事，从有选择的参与者转化为完全退出工作领域的旁观者，并为适应退休后的环境而培养某一方面的爱好。

职业发展的六个转折点

对于未来，我们一方面是没有意识，另一方面却是急于求成，当发现目标没那么快实现时，渐渐地对自己产生怀疑，对目标产生动摇，开始泄气，产生迷茫和困惑。其实从学业到就业再到职业，人生的每个阶段都会由新鲜感到熟悉，再到平淡，当工作发展到一定阶段或者人生到了一个阶段时，我们都有可能会遇到瓶颈，都会想摆脱现状，但是这个时候又会感觉困惑，不干这个还能干什么？

职业发展讲究循序渐进，渐入佳境。企业内中层以上管理职位、关键岗位大都是从低层开始培养，一个真正对你人生能产生作用的目标都是需要几年时间去准备，一年时间很短，能完成一两个具体的任务就不错了。另一方面，三年是职业发展的一个时间刻度，很多企业招聘都会要求应聘者在这个岗位要有三年的工作经验。可是在职业初期，如果你在这个岗位上干了三年而没有得到过一次提升、工作范围没有相应地扩大，那你这三年的工作经验其实只不过是“一年的熟练 + 两年的重复”，那么你就可能要面对被低工资新人替代的问题。因此，你要按阶段性来看待职业，要站在几年的时间周期里来看待自己现在所从事的工作，把握好职业发展的时间节奏。

大学毕业是 22 岁左右，而 25 ~ 35 岁是一个人职业的黄金阶段，再加上毕业前的两年准备，40 岁之前的几年延续，算起来也就 15 年左右。此时千万不要以为 30 岁离自己还很远，随后的 15 年是你人生中最关键的 15 年，因此当你开始进行职业规划时，你要从 30 岁的角度来看待自己，将你未来的 15 年划分为几个明确的阶段，了解不同阶段的需要，从而有意识地去学习、积累资源和年资。

18 岁——大学期间明确天赋和价值观，探索专业方向。

在 18 ~ 22 岁之间往往会面临择业困惑期，此时可能会走向两个极端——过于自卑或自视甚高。初入社会，面对就业压力，一些人会产生自卑情绪，除了少部分可能重回学校，把读研究生作为暂时的避风港外，不少产生自卑感的人会陷入盲目择业的境地。因此，我们应该在大学阶段就为职业作好准确的定向与准备。

有没有挑战不是问题，你能不能承受挑战才是问题，很多同学向往充满挑战的工作，但真正面临挑战时又怕受不了；很多人都会觉得自己沟通能力强，但真正面对陌生人、大场面才发现自己不敢开口……很多东西你只有亲身经历才能真正知道，因此你必须通过实习去尝试，而不能在工作后通过跳槽去选择。在大学阶段你可以犯错误而不用承担无法挽回的后果，因此你要利用实习尽可能去尝试新的东西，通过具体的社会实践，在不同的专业领域和工作环境中进行工作轮换，与现实社会、组织、环境进行互动，这才能真正了解自己的天赋、性格、价值观，最终弄清楚你想要什么、适合什么、擅长什么。同时，你也要关注社会发展，找到环境所赋予的资源，选择职业方向，根据职业要求对所学专业进行重新确认，针对岗位进行职业技能训练，为就业作好充分的准备。

22岁——第一份工作分析环境资源，明确职业方向。

通常情况，我们都是在22岁左右大学毕业进入职场。在这个阶段，你要对职业进行更全面的了解，扩大自己的社会接触面，跳出自己的圈子，积极参与各种职业人士的活动，去观察记录分析不同阶段不同目标的人的生活方式，去了解不同行业和不同境遇的人生，从更大的视野来了解世界的多样化。

在22～24岁之间是职业的起步阶段，这一阶段是要定位自己的职业方向，此时往往会面临青年职业困惑期。经过一段时间的适应，并进一步接受专业技能训练后，对所从事的工作有更深入的了解与熟悉，也会对个人的兴趣、需求、能力及社会的就业机会等有进一步的认识，从而审视自己的性格、能力是否能与所从事的工作很好地匹配，由此通过对自身职业发展的思考，作出相应的职业调整。此时由于局限于初级的重复工作中，工作性质很难和兴趣相符，自己擅长的能力也不能在工作中全面发挥，个人理想的发展目标与组织提供的机会和职业通路不一致，从而会感觉“理想和现实不相符，自己是不是需要重新选择”，而试图通过变动工作或行业来选定自己一生将从事的职业。

第一份工作重要的是由学生角色转换为职业角色。你由学习的节奏进入工作的节奏会感觉很累，老是让你做一些打杂的事，接触不到什么实质性的工作，而工作并没有像你以前所想象的精彩，更没有读书时的轻松与自由，你会感觉没有成长，没有希望，产生失望，于是想是不是要跳槽。此时，你首先要做的是适应社会，同样的情况，别人受得了，适应下来了，你却不行，那你就是失败者。此时关键是在琐碎的小事中培养良好的职业态度，尽快融入环境，熟悉业务，耐得住寂寞和乏味地去做好手上每一个工作，逐步学会承受压力和承担责任，而这就是成长。

这个过程，通常需要半年到一年的时间，尤其是在国企，新人大多数会放到基层去锻炼一两年，这不仅仅是一个适应期，同时也是公司对你的考察期。如果你能坚持下来，积极主动、表现优秀，你的路就好走了；如果你年少轻狂，或者闲着无事，不知道干什么，还抱怨公司不给你机会，那你也许就真的错过了最重要的机会。其实人生最初的阶段，不顺是件好事，这能让你更踏实地看待自己未来的人生。

工作三年是一个门槛，年轻人在经过最初的三年工作以后，多少会积累一些经验与能力，此时可能会想换一份更好的工作，但很多人这个时候还是没有意识到职业。比如有网友跟我说："现在的工作待遇还可以，但不想做了，主要原因是工作的位置在边缘地带，不算郊区也不算繁华，现在想去市区里的办公楼里上班，下班去学跳舞、做健身运动……"她现在想的其实还只是现前的生活，而没想过未来的职业发展，如果她去市区办公楼里还是当文员，那再过几年，她的职业就会出大问题了。

毕业后的五年是成家立业的关键期，它甚至决定了你的一生，每一年都有每一年的任务，错过一步就会慢一步。这五年，你的人生阶段会发生很多次变化，从学生到职业人，从单身到成家，从专业到行业，安家地域也会逐步固定，而我们的生活、感情、职业等都存在很多不确定的因素，人生的道路是越走越窄的，如果你不主动定位职业，由此向上一层次发展，就会被工作定型，局限在某一具体的工作中！

改变需要时间，选择需要资源。因此，我们要尽量在 25 岁以前完成对专业和行业的定位，否则你将缺乏足够的时间为下一阶段作出足够的准备。所以，职业的探索应尽量在同一公司的不同岗位，而不是不同公司的不同职业。

刚开始干什么都不容易，关键是沉得住气，要给自己选定一个行业领域，给自己一个五年的目标规划。任何行业都有机会，你需要做的是细分行业，从资源角度出发，在大方向内找自己的小方向，很多行业表面看已经饱和，但随着了解的深入，一层层细分下去，会越来越不一样。现在的迷茫是因为你了解得还不够深入，只有足够深入，你才能找到你真正想要的。

对此，你要清醒地意识到眼前的四大变化：

- **独立：**大学期间因为能力的原因，还谈不上完全的独立。但是当你毕业后，不管你能不能获得家人或朋友的帮助，你都必须从意识和行动上让自己独立出来，不管是在生活上还是工作上，不要再有依赖感，这能让你更快地成长，面对责任，看清人生的阶段，过更自由的生活。
- **社会角色的变化：**此时是人生的第一个转折阶段，我们往往以为自己还小，往往还处在抗拒长大的阶段，甚至因为害怕失去自由而恐惧婚姻，但我们都已经长大，要清醒地面对这个现实，要让自己的心态跟上自己社会角色的变化，不要觉得自己还小、日子还长，要尽快成熟起来，承担起新的家庭角色责任，对安家地域、婚姻作出计划。
- **工作范围的扩大：**要主动承担重任，不要逃避工作的压力，不要贪图眼前的稳定轻松，在熟练掌握了本岗位的工作技能之后就要主动学习相关专业知识与技能，开始积累客户关系、行业渠道等资源和行业经验，努力向更高层次发展。第一份工作不能让自己太舒服，一旦熟练了手头的工作，就要马上给自己定下一个工作目标，不要在安稳之后就开始松懈，不要偷懒和逃避竞争。如果第一份工作贪图轻松，那就会懒一辈子，你会陷于这个暂时的小安稳中，消磨意志，并且以后也吃不了苦了，迟早会被社会淘汰。锻炼并不一定要别人给你机会，更多的是自己去找机会锻炼。要处理好各部门的关系，多结交其他部门的同事和领导，让他们熟悉你，然后你熟悉他们的工作，这样办事更方便。如果你不喜欢现在的岗位，也可以通过他们寻找转岗机会。或者如果他们跳槽到了别家公司，说不定也能给你介绍更好的工作机会。
- **要明白职场游戏规则：**在职场中影响我们发展的更多的是职场利益，好位子只有那么多，有人上就肯定有人要下，此时你要有意识地去了解职场的工作方式和生活方式，了解职场中各方面的关系、立场和处理这些关系的技巧。走上社会后要明白没有人会迁就你，人家对你不好是应该的，你没有权利去要求每个人都对你好。因此不管是工作，还是与同事领导交往，都要主动，否则就有可能逐渐被边缘化。越大的企业会有越复杂的人际关系，而任何行业都“黑暗”，你要接受相应的潜规则，也要敢于面对别人的竞争与挑战。先做好自己的事，再有策略地争取和维护自己及团队成员的合理利益，这既是你能顺利成长的前提，也是你能成为团队领导的前提。

你要确定成功的标准，在你的专业和行业领域内的成功人士中找到你人生不同阶段的榜样，他就是你职业发展的标杆。你要看清他所具备的条件，观察他所从事的具体工作、他所解决的关键问题，从他身上你可以看到所需要的技能与资源，以及将面临的职业通路和发展空间。

我们总是看着成功人士，幻想他们的今天就是自己的明天，但我们却很少去看那些失意的人，也没有想过，他们的现在会不会是自己的未来。其实，压力比动力更有用处，你不要只是去看那些成功人士的故事，也要去看看身边不同年龄的人的生活状态，看看他们所处的职业层次，看看他们的职业历程，这比小说和报纸更真实。特别是要分析他们在各阶段遇到的困难，这些反而是大多数人会遇到的，从而明确你现在所处的阶段，以及你在不同阶段将要面临的问题。

此外，看看职场小说、专业职场杂志、职场政治的书里对人情世故的分析，这些都能让你的心态更快地成熟起来。我们常听说，先做人后做事，其实这只是针对很多年轻人心高气傲、不脚踏实地、不负责任、懒惰、以自我为中心、不懂职业礼仪来说的，而不是说什么厚黑学、拍马屁、搞关系。老板请你来是要做事的，你事都做不好，你再会做人也没用。其实，把事做好就是“做人”的第一要素。你可以有自己的想法，有自己的职业追求，但更重要的是你要肯从小事做起，端茶倒水、打扫卫生，表现得彬彬有礼、朝气蓬勃。不要小看了这一点，好态度才有好印象，从小事做起，养成良好的职业习惯，让人对你有好的看法，这些也就奠定了一个人的职业升迁之道。

由学生向职业人过渡，我们都会面临职场困局的出现，这是正常的，要勇敢面对，不要有受害者心理。年轻人常常会抱怨不公平，那什么叫公平？我们一直追求公平，这是因为不公平才是这个世界本来的面目，公平只存在于能力与资源相等的两个个体之间。

最开始的时候我们要分清对错，摆正自己的位置，不要有太多莫名其妙的自尊。明规则是能力，潜规则是资源，很多你现在认为不公平的地方，其实你事后看，那不是不公平，那是游戏规则，那是买路钱。任何机会，一是看能力，二是看资源，这其实要很现实地交换。好的机会太少了，而能做的人其实很多，那他为什么要给你而不给别人这个机会？扶你上位？给你未来？年轻人学做人其实是要你学规矩，知道规则之外的潜规则，这个世界没有绝对的公平，如果你追求公平，那你反而是不懂规矩。

25 岁——工作三年明确职业性格，确定职业定位。

25 岁时将进入就业的黄金阶段，此时职业技能已经成熟，对职业的认识更加准确，而对自身的优劣势及性格特点也日渐明晰，更清楚自己想要什么、能要什么，此时就一定要确定岗位和行业了。

这一阶段是职业的塑造期，此时你对自己的职业性格有了更为准确的认识，你不要回避，也不需要强求改变了。此时有可能对职业再进行一次调整，从而最终锁定职业。

如果目前工作并不是完全适合你，你可以在相关领域先适当地改换一下工作方式，比如争取在同一个公司内部的不同部门适当进行换岗，这样才能保证你行业的持续性。如果发现你的性格和特长与现有工作偏差太大，那么一定要当机立断马上改行，这时候记着千万不要贪恋眼前收入的高低，环境有多舒适，一定要选择你最适合做的岗位和行业，这些东西相比于今后 30 年的职业生涯，算不了什么。

25 岁要开始为 27 岁时的职业变化作好准备。那个时候，因为你对薪资的要求以及别人对你的看法，职业竞争力会由专业能力向行业经验转化，如果你不具备足够的行业积累，即使你在某个专业上有足够的能力，你也难以得到相应的待遇或者职位，而陷入高不成低不就的局面。同时，相对于之前的职业阶段，你开始要面对谈婚论嫁，你会对工作有新的要求，比如说由刚工作时喜欢出差改为现在希望出差时间更少的职业。另外，相对于一些吃青春饭的职业，此时也面临职业的转型，你必须有个清醒的认识，并作好准备，否则阶段到了，什么都变了，你根本无法面对。

因此，在掌握完成岗位工作所需要的技能后就要把眼光放到更高的层面，着重关注行业发展，对行业要有深刻的认识及见解，并且寻求往管理岗位或技术专家方向发展。此时，你要将技能转化为行业经验，明确专业定位，开始考虑升职和工作范围的扩大，

并针对职业发展进行培训和认证，提升相关管理能力，完成资金、人脉、项目经验的原始积累，为 30 岁左右升职转型或者创业作准备。

27 岁——工作五年明确职业价值观，确定事业方向。

工作五年后，你从事的专业与行业差不多已经定型，这也就决定了你可以接触到的资源层面，此时很大的变化可能就没有了。所以你对职业的选择会由原来的“想要什么”变为“不能失去什么”，你会认清自己的职业价值观，确定自己的职业锚，对未来不再是追逐梦想，而是舍弃幻想。

如果之前没有意识到职业规划，那么工作五年左右将会是最迷茫困惑的时候，前几年会因为工作的新鲜感以及对职业的无知，对未来还没有意识。而到第五年左右时，你会看到更多的东西，会看到有的人已经超过自己，会对现在的工作麻木，感觉做什么都没劲，也有可能会感觉自己原来选择的目标已经力不从心，这个时候不但会有迷茫，还会有困惑。

从生活上来说，30 岁是一道坎，之前你会有很多梦想，但是现在会有很多责任，到了这个年纪就要面临买房、结婚、生子和养老的现实压力。

特别是女性二十七八岁如果还没生孩子，那么能力再好，很多企业也会担心你上班不久就生孩子，而不敢请你。那么女性从 25 岁时就要开始对随后五年的生活和职业作出明确的规划了，要进入什么公司，在什么时候生孩子，如何继续发展或者转型。否则你就有可能一拖就是几年，然后人生就这样定型了，甚至生完孩子后，工作也没有了，再从头来过，感觉什么也做不了了。

从职业上来说，30 岁也将是毕业后的一个重大转折期，这个阶段既是事业的开拓期，又是一个新的转型困惑阶段。

此时，将面临职业生涯中一次关键的升职瓶颈，如果能突破就还能继续上升，否则这一辈子也许就在这个位置层次了。越往上走，薪金越高，但位置也越少，跳槽的难度也越大。而且，同一行业、同一层次、同一区域内，只有那么几家公司，没有太多选择余地。最终只有少数人能升职，此时对大部分人来说会感觉到工作中的挫折、职务的停滞和对眼前工作的不满情绪，会产生“为什么这么多年我一事无成”的疑惑，以及“这辈子就只能这样了吗”的恐惧。

27 岁之前我们大多还处于职业方向的探索，以及之后的适应稳定期，还没有意识到这个转折的变化，或者有所意识，但是觉得自己还有几年时间，应该能突破这个瓶颈，所以也没太大的危机感。但此时已经进入职业升级的阶段，不只是职位，还包括专业能力。

因为天赋的限制，大多数人到了 30 岁左右往往会面临专业瓶颈，后来的年轻人已经成长起来，在职业技能上已经不具备明显的竞争优势。此时很多人会发现自己的天赋在初级阶段还够用，但是并不足以支持自己向更高层次发展，或是过去几年不够努力，没有及时地提升自己的能力、积累相应的资源，结果现在突然发现自己原来所选的路走不通了。哪怕是国企、事业单位、高校有正式编制的人员，也面临职称等问题，如果通不过、升不上去，这一辈子就卡在这里了，被新人超越，完全没有地位，此时不是能不能混口饭吃的问题，而是有没有脸混下去的问题。

还有一种情况，原来吃青春饭的工作，到了 30 岁也就到头了，很多人这个时候才发现原来的工作做不下去了，或者再做下去将来更加没有保障。而因为以前对职业没有过规划，也没吃过什么苦，结果现在既无一技之长，又无青春资源，开始陷入恐慌之中，这个时候才开始想起要作职业规划了。但职业规划只能在你有路可走时帮你作出更好的选择，当你发现自己没路可走时，这时的职业规划是没什么用的。此时真的没什么可选的，如果还能给出建议的话，就是不要再贪图安逸，在你身边能找到的机会中找到能最大限度发挥你主观能动性的工作，比如哪怕是开个小店，也比在一个小公司里当出纳好了，认认真真去做，吃五年苦，要不然老了会很可怜。

28 岁以前，哪怕全部推倒重新归零都还有机会，但这个前提是认清自己、认清环境，然后鼓起勇气去做。而到了 30 岁，就要面临很多很多现实中的问题。因此，在 27 岁时就一定要对 30 岁的转型作好准备，作好由原来的经验技能层面向资源层面转化的准备，谋求技术层面和职位上的突破，否则随着体力、精力的下降，在这个阶段一旦出现迷茫，马上就会变成危机。而此时才发现，这个做不下去了，但不做这个又能做什么呢？过去

所积累的经验、工作技能在外面根本用不上。要转行，既没有专业优势，又不知道往哪转，也不知道怎么转……

32岁——工作十年作好转型准备。

很多招聘要求都是35岁以下，所以35岁将是一道就业的分水岭。因为天赋的限制以及职业能力的衰退，等我们到了35岁左右的时候，能力差不多就定型了。此时会遇到自身资源与行业资源的瓶颈，很多人会重新面临转型的问题，此时要提前作好准备，关注产业，从行业上下游的产业链上寻找突破。

到这个阶段，人一辈子的发展几乎就定格了，如果不是什么特别的人或者特别的机遇，就没有什么大发展了。这时会有对职业和目标作出调整的迷茫，有的人此时会跳到另一家公司，甚至是另一个行业；有一部分人在资源积累到一定程度后选择自行创业实现自己的梦想，另外也有一部分人就因为被职业所淘汰而被迫另找出路。

37岁——工作十五年实现职业转型。

40岁左右会出现职业生涯继续前进的“方向危机”，这就是中年职业困惑阶段。这个年龄段上有老、下有小，生活、经济压力可以说是一生中最大的，因此最害怕健康出现问题，最担心失去工作，工作稳定对他们来说是压倒一切的问题，什么晋升、工作野心反倒是次要的问题。

这时大多数人已基本定型，其事业成功与否已基本见分晓，一部分人已经达到一定的职务或者技术级别，有的会继续在专业上钻研，有的会成为管理者，也有的人会开始在现有经济基础的保障下，选择为自己曾经的梦想而奋斗。

同时，还有很多人一边在原地踏步，一边面对年轻人的快速前进而恐慌。这个时候再往哪里前进，往往会为方向不明、技能贬值而感到困惑，于是便产生了所谓中年改行、失业等种种问题。此时有了家庭的负担，从收入考虑，进入新的行业必然面临收入的下降，在竞争上又无法与掌握最新知识与精力充沛的年轻人竞争，结果因为前期职业规划的不当而陷入40岁的恐慌。

盯紧未来十年

普通人一辈子能有多大成就？其实对于普通人而言，未来是有限的，而毕业后的十年关系到你一生的生活、职业。十年一转眼就过了，我们重要的是要用十年时间做到一个让自己有安全感的中层，在 35 岁时找到一个真正稳定的平台，让自己有一个安全的未来和老年。因此，做梦年纪一过，就什么都要现实点了。

看未来一定要看十年，未来十年，不管是人生还是职业，这差不多都是你目前的眼界格局可以找到的参照物极限，为此你要找到三个类型的人作为参照物：

■ 专业：从业务的角度出发，看他的成长过程与专业转型。

■ 职务：从管理的角度出发，看他的发展过程与晋升渠道。

■ 年龄：从生活的角度出发，看他社会角色与生活方式的改变。

你要确定成功的标准，在你的专业和行业领域内的成功人士中找到你人生不同阶段的榜样，他就是你职业发展的标杆。你要看清他所具备的条件，观察他所从事的具体工作，他所解决的关键问题，从他身上你可以看到所需要的技能与资源，以及将面临的职业通路和发展空间。

对于未来，你不可能凭空选择，而只能从众多明确的、看清过程的选项中进行排除。从以上三个参照类型，你可以看清自己可能的人生轨迹以及所处环境能提供的资源渠道，从而选择坚持，或者改变。由此，你要明确未来十年，你希望自己成为什么样子？有什么样的事业？将有多少收入，计划做哪些家庭固定资产投资？要过上什么样的生活？

时间是关键，计划是服务于阶段的，所以我们需要根据阶段来评估自己的目标。我们需要建立人生关键阶段的时间轴和时间标准，这也就是毕业十年的发展规划，以及以三年为一个单位的岗位和项目发展计划。你要为自己制定一个十年人生规划、五年职业目标、三年具体行动计划、一年内要完成的任务清单，这样才能让你清醒地意识到自己所处的人生阶段位置，从而用内心的动力和外界的压力来推动自己前进。

你一定要想清楚未来三年想做的事和必须做的事是什么，你想做的、现在正在做的事与你的人生阶段有没有冲突，每件事有什么时间限制，多久必须完成，做不完会怎么

办？你如何解决？

你要确定阶段时间表，明确你在不同阶段所需要作出的具体业绩与职位。比如你想要什么样的生活？至少你要能养家糊口，至少你要能老有所依。找出你的生活的最低需求是多少？你要想清这个数字在不同阶段最低是多少，用你自己的标准去找出这个答案，你一定要有一个明确的量化标准。

- 岗位目标就是你各个阶段所要达到的职务层次。如用一年的时间从销售代表做到销售主管。
- 学习目标就是你达到不同阶段的目标职位所需要的知识和经验，以及与之相应的学历或资格认证。如销售代表所要掌握的知识是终端拜访和销售话术等，区域经理所要掌握的知识就是经销商开发和管理、区域市场促销策划等。
- 能力目标就是你能真正管理多少人和多大的领域，而不要被职务头衔所误导。企业给你一个销售经理的头衔，你却只负责一个城市的一个片区，那你只是一个业务代表。
- 薪酬目标可以给你增加一些前进的动力，哪怕你现在的目标是去大公司获得经验提升能力，但起码你内心一定有个底线，有个增加收入的计划和欲望。

第3节　职业发展路径：如何从低职位晋升到高职位

选择职业路径

确定了职业方向和职业目标就确定了自己的职业发展领域，随后就面临着职业路径选择。

在你的职业方向上，根据你的职业目标，会有与职业发展程度相对应的不同职位，形成一条向上或扩展的职业路径，它反映了工作内容、组织需要的变化，说明了组织内部人员晋升的不同条件、方式和程序，指明了组织内员工可能的发展方向及发展机会。我们可以根据招聘广告中不同职位的要求，了解职业路径中每一职位所要求的年龄、学历、职称、技能知识、项目经验、工作资历、所需掌握的行业资源……

在职业发展中，我们所看到的往往是组织内部的职业发展路径，员工的发展和调动将按照公司内部所提供的职务一步步晋升。但组织只可能为你提供能力、资源的发展空间，而不是职位空间，在现实生活中，从来都没有足够的高层职位使每个人的升迁成为现实。组织内部的职业发展路径是针对每个合格的员工制定的标准路径，这并不代表完全符合你个人的意愿，以及你一定能公平地按这个路径一步一步走上去。同时，个人的职业发展与企业的发展并不一定同步，比如说，专业人员会面临企业资源的职业“瓶颈”，当一个重要的项目系统建立成熟以后，在其后较长一段时间内就是维护和应用的工作，也许在未来几年都不会有重大突破，你也很难通过轮岗的方式获得职位突破，此时就必然面对跳槽或转型的问题。

根据个人情况与组织发展情况作出现状分析：

- 现在的工作是不是存在问题，是家庭问题、自我问题，还是工作问题？你害怕什么？担心什么？是什么阻碍我的选择？
- 在组织内部是否适合在自己的职业领域中发挥专长？组织能满足我的进一步要求吗？
- 目前的工作真正需要的是什么？如何才能达到既能使上司满意，又能使自己满意的程度？
- 公司发展是否会设立其他的部门或职位，这个机会是否是我所想要得到的？我怎样才能得到？
- 我的这些要求是否可在我目前从事的工作以外的方面得到满足？
- 发展或晋升到更重要或更高一级的职位上，是否需要学习新技能？是否需要舍弃已经拥有的东西？是否需要改变生活态度与价值观？

在组织内部发展中，我们需要仔细考虑公司的发展能否满足自己的要求，公司能否提供足够的晋升空间，公司对自己有哪些方面的要求。这需要加强与上级和其他部门的沟通，及时获得组织内有关项目开发、职位变动、岗位空缺的信息。

更进一步，你要分析企业未来两三年的发展战略及业务方向，扩展自己相应的能力，争取由自己创造出一个新的岗位、部门，或将现有部门升级到更高的位置，比如企业的IT部门负责人可以针对企业信息化战略的发展，争取将信息系统部从原来隶属于行政的部门升级成为属于运营管理的信息管理中心。

职业路径类型

如何才能尽快获得晋升？方向目标确定之后，职业路径就是重要的因素，路径对头事半功倍，路径走错事倍功半。我们必须要结合自身实际情况和企业需求选择职业路径。

通常，职业路径包括技术路线、业务路线、管理路线。管理路线是做技术、营销、行政，工作出色，沉稳细密，愿意抹平个性、善于与人打交道、带团队，那就转向管理；技术路线就是技术能力很强，但是直率粗犷、自我意识强、不愿管人，关注自身专业能力，那就一直做到技术专家；还有些行政人员，对企业和行业熟悉后，根据个人能力和兴趣，也可以转型去做项目或营销。

- 专业就是自身的专业技术能力。
- 业务就是客户的需求，与行业资源有关。
- 项目就是如何将自身能力与客户需求进行对接，在限定的范围、质量、成本、时间、资源内，满足一系列特定目标的多项相关工作的总称。比如策划组织一个演出活动、开发一种新产品、进行工厂的现代化改造等，都可以称为项目。
- 管理就是在完成工作过程中内部的组织安排，以及辅助的行政工作。

职业发展必然面对工作范围的扩大，面临技术升级或人际关系扩大的问题，那到底是做技术，还是做管理呢？这就需要你评估自己到底适合做什么。做管理与做技术的最大区别，就是除了管事之外要具备管人的能力，如何领导好自己的团队？如何激发团队的创造力？如何让每个员工高效率地完成业绩？这都需要具备与人很好沟通的技巧。做技术和做管理是两种不同的能力，做技术需要与数据、与物打交道的天赋，做管理需要与人打交道的天赋，同时在工作方式上也受到个人性格和价值观的影响。

职业发展有两种基本发展方式，一是由专才到专家，一是由通才到管理者。

- 专才：对某细分的专业领域有深入研究和独到见解的专业技术人才。
- 专家：跟踪、引领行业的前沿和技术发展趋势，对普遍性的难题能够提出具有行业创造性、领先性、前瞻性的解决思路的高端技术人才。
- 通才：既有较好的专业特长，又有广博知识面，有管理才能、善于经营、有足够的领导力，能针对各种资源进行组织协调，例如项目经理。
- 管理者：专业出身，有一定的专业基础，掌握系统的管理思想和方法，对行业有比较透彻的理解，有大局观、领导力、决策力，善于协调与沟通，能够管理多样化的团队。

职业发展的矩阵式职业路径

日常工作可以根据工作中的专业领域或业务方向，进行项目化组合，这在以往专业技术路线、业务路线、管理路线的基础上为职业人士提供了更多的职业发展模式。

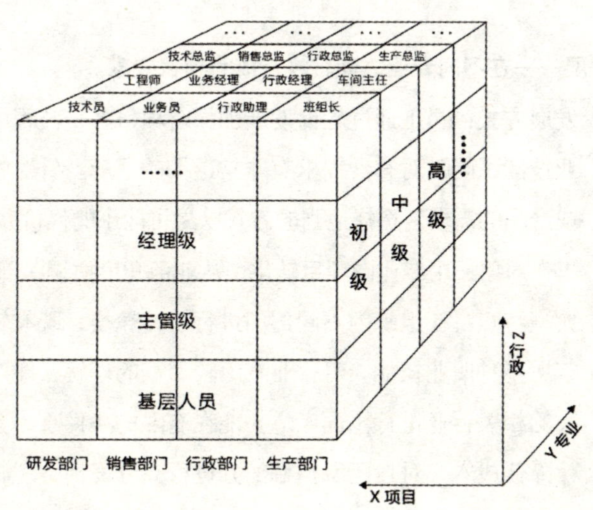

■ **Z向发展——在同一专业上向行政高度发展，成为管理专家。**

- 发展方式：它主要体现员工在组织内部的职位上升，这是一条淘汰率极高的发展路线，除了个人的工作能力之外，更看重机遇和外部的资源，所以它不可能成为员工职业发展的主要通路。
- 工作对象：由专业向项目转化，开拓外部业务，同时从行政角度管理部门内团队。
- 典型特点：具备专业上的优势，对本行业有深入了解，不断提升相关专业能力，培养管理才能。善于从宏观角度考虑问题，比较理智。能在信息不充分或情况不确定的情况下，判断分析解决问题，善于协调与沟通，能处理复杂的内外人际关系。善于影响、监督、率领、操纵、控制组织成员，承担重大的责任，有大局观、领导力、决策力。
- 成功标准：找到专业上的突破口，提升管理能力，不断提升自己在组织内所处的位置，具有更强的独立性，拥有更多制定决策的权力，所管理的团队越来越大，负责的区域越来越大。
- 典型职业通路：业务员—区域经理—大区经理—销售总监—高层管理。

■ **X向发展——在不同专业之间转换，成为项目专家。**

- 发展方式：员工通过轮岗发展加深对项目各个流程的了解，培养多重职业技能，同时对客户需求有非常透彻的了解。针对特定行业，根据项目或产品的需求，选择适当的方式以尽可能小的代价完成。
- 工作对象：由专业向项目转化，从业务角度协调跨部门团队。
- 典型特点：在组织内不同部门进行工作轮换，既有较好的专业特长，又掌握多种职业技能。对行业有比较透彻的理解，能对某一具体问题所涉及的相关行业进行全面考虑。能在有限的条件下，整合多方面资源，有效降低成本，对自己所执行部分进行充分发挥，能将工作分担到团队之外的组织之上。
- 成功标准：能整合跨专业、跨职能部门的资源，不断提升自己在项目中所处的位置，项目运作的经验越来越丰富，掌握的跨行业、跨专业资源越来越多，所运作的项目越来越大。

- 典型职业通路：程序员—技术架构师—项目经理—高层管理。

■ **Y 向发展——在同一专业上向纵深发展，成为技术专家。**

- 发展方式：员工对特定技术领域研究得特别深入，技术水平提升伴随着“专业职称”的提升。
- 工作对象：由专业向项目转化，从专业角度参与团队合作。
- 典型特征：性格内向，喜欢独立思考，做事谨慎细致。不愿意处理复杂的人际关系，关注的是专业发展，不愿意从事管理工作，不愿管人，也不希望被管，只愿在技术职能区提升。
- 成功标准：在本专业区达到最高专业地位，保持自己的专业优势，成为组织内的核心技术人员。具有更强的独立性，同时拥有更多从事专业活动的资源。
- 典型职业通路：技术员—工程师—技术总监。

■ **ZX 向发展——在行政和项目两个维度上发展，成为项目行政专家。**

- 发展方式：员工经过多次轮岗以后，在掌握了多种职业技能的基础上，加深对项目运行方式的全面了解，在项目管理领域沿着行政高度继续发展。
- 工作对象：由专业向项目转换，从行政角度协调团队协作，为项目提供后勤保障。
- 典型特征：专业门槛相对技术路径较低，工作更多的是与内部人员打交道，具备良好的沟通能力，考虑问题比较理智，善于制定流程，按规范进行执行。
- 成功标准：具有更强的独立性，拥有更多制定决策的权力，管理更多的下级，承担更多的责任。

- 典型职业通路：行政专员—行政主管—行政经理—行政总监。

■ **ZY 向发展——在行政和专业两个维度上发展，成为技术管理专家。**

- 发展方式：员工在本专业领域不断深入的基础上向行政管理方向迈进，成为组织内的高级技术管理人员，即专家型管理人才。
- 工作对象：由专业向项目转化，从专业角度管理组织内跨部门团队。
- 典型特征：关注专业发展，即使晋升，也不愿到全面管理的位置，而只愿在技术职能区提升。不愿意管理专业之外的行政人际关系，但能从项目角度出发，处理跨部门的分工合作协调。
- 成功标准：在本专业区达到最高管理位置，从项目角度成为组织内高级技术管理人员，具有更强的独立性，同时拥有更多从事专业活动的资源。
- 典型职业通路：财务分析员—主管会计—财务总监—财务副总裁。

■ **XY 向发展——在项目和专业两个维度上发展，成为项目咨询专家。**

- 发展方式：专注本专业的业务应用，是业务与技术之间的桥梁，同时向相关专业领域拓展，并最终成为技术面广、专业深入的“T 型人才”。
- 工作对象：由专业向业务深入，逐步形成高度专业化的项目，从业务角度处理与客户的关系。
- 典型特征：愿意接受挑战，但又希望独立自由，喜欢四处跑的生活方式，基于专业能力，对特定业务领域有深入研究，对行业发展有前瞻性了解，有战略性思维，又特别喜欢管理方法研究和创新，能提供最先进的解决方案。
- 成功标准：具备专业信任度、丰富的行业经验、培训能力，建立专业上的个人品牌，积累良好的职业信誉和丰富人脉，通过为客户提供咨询服务和培训获得丰厚回报，工作上独立自由。
- 典型职业通路：程序员—企业信息管理 CIO（首席信息官）—独立 IT 咨询。

制订行动计划

在选择好职业路径之后，就要制订实现每一目标的具体行动计划，明确为了实现每一目标必要完成的任务，列出大概的时间安排。比如你是一个财务人员，希望成为一名财务总监，那么你就要查找相应企业的招聘要求，作出分析：

- 在目前层次的公司里，财务总监这个职位的经验水平和年龄层次是怎样的？需要经历哪些职位才能晋升到财务总监？每个职位大约需要多少时间？由此给自己定出各个阶段要达到的岗位目标。
- 针对不同阶段的岗位目标，需要达到什么样的学历、获得什么样的资格认证和职称、掌握哪些技能、具备什么样的能力、需要什么样的项目经验、需要扩充哪些资源，这些要有明确的量化标准，比如真正管理多少人、多少资金、多大领域。
- 哪些人在这方面能给我帮助？如何才能获得他们的帮助？
- 在目前的公司里晋升为财务总监可能性有多大？是否有其他的机会？

你的未来你做主

你将来要做什么？你要给自己一个奔头，你有了奔头，那你即使每天的工作都很忙很累，甚至工资很低，你也不怕，因为你清楚地知道自己在干什么，你不是在为老板干，而是为自己干。你要清楚自己要获得的东西，不是为了一份眼前的薪水或职位，而是为了达到什么长远的目的，这就是你的外职业路径。你要想这三年五年职业发展的大范围、大方向，围绕自己的目标一点点地积累资源。在此过程中不要注意一城一地的得失，而是紧紧围绕自己的目标去工作，这才是格局和气度。

一个普通浙江女生的梦想

本人浙江某小城镇普通女生，家境一般。中学读书时成绩尚可，高考报厦门大学金融系，六分之差调剂到广东某末尾重点大学金融系，家人要求复读，因想去那个据称比浙江富裕的地方待待，于是选择去读书，一晃四年。

原想去银行找对口工作，但英语没过六级，屡被拒之门外。遂收起银行工作念头，于深圳、广州四处打工。因外貌、身材还过得去，四月在深圳某广告公司觅得业务员一职，一去就定下业务量，虽然底薪有2800元，但对于一个刚出校门没任何社会经验的女生来说，这份工作实在艰辛，以致最后半途而废。此时凑巧因为广交会原因，同学推荐去了一个台湾老板的纺织品外贸小公司，也是在这里定下了我的从业方向。

老板台湾人，典型家长式性格。起初说不包吃住，月薪2000元。虽然在广州这样的地方月薪并不高，但是也不会饿死了。自己学校虽然是第一批的重点本科，但是在广州这样的城市，这样的学历什么也算不上。于是小心翼翼地开始上班。老板脾气非常暴躁，而作为新人，每天早上一去要擦干净所有桌子，下班的时候要打扫完三个办公室，倒干净垃圾。本来自己虽然不是什么娇生惯养，但是家务活还是比较少做，突然要干这些，手忙脚乱，被呵斥过几次，不得不更加小心，每天提起十二分精神。起初并不要我做什么活，事实上金融和服装也是风马牛不相及，唯一稍微有点关系的是对信用证还比较熟悉，其他的什么也不会。也没有任何人教你，每天就是看到哪里脏了马上去收拾干净，老板手机不放在手边响了，马上去拿过来给老板，没事就去叠布样，每天都会有一些新布样，老板要求叠整齐。

以前同事把布样按时间排序，老板经常记不住是哪天的布样，找不到布样就会发脾气。于是自己留了点心，凭手感，把近似的布样放一堆，然后按颜色再分成小堆，最后按时间再分成小堆，重新排列收拾了一下。老板发觉后说了一句“这个小鬼还不错”，于是分配了一台电脑给我，可以看他的邮箱和客人交往的记录，每天早上帮他打印出来放在办公室桌上，但是不准我回。他有次拿到我的打印件的时候随口问了一句“客人今天说什么”，我小心翼翼地把几封邮件的内容说给他听，他听过以后似乎从此对我稍微有点好感，称赞我记性不错。接下来我的工作似乎就变成了老板的专职小秘书，他和客人交往的邮件我可以回复，只要他看过以后觉得没问题就可以发出去，也会教我对不同的客人要怎么回复，我整理样品的时候也会抽空稍微指点一下。

这时比较好的是老板准许我和另外一个女同事免费住他不住的五羊新城的一个二居室旧房子，房费省了不少。但是在老板对你青睐的时候同事就会对你不友善。开始时没人教你，这种情况下更没人教你。对服装和面料的知识仍旧贫乏，而老板依旧暴躁，每天谨小慎微地注意每一个细节，原先大大咧咧的性格一下收敛了不少。

台湾老板似乎越来越觉得我做事情还是不错的，于是在其他老板面前有时会炫耀一下我为他准备的资料是多么细致齐全。这时已经慢慢接触到一些别的老板，这些人都是看起来毫不起眼，但是每年至少也可以赚到几百万元。接触多了，渐渐有了创业的想法，于是更加留心服装、布料的专业知识，也更加留心看老板怎么和客户交流。但是这些都没有表现出来，看起来还是个傻乎乎的小丫头。随后认识了一个浙江老板，当他听说我是浙江人时，竭力让我回浙江，说要介绍我给一个朋友的工厂。

于是兜兜转转我又回到了浙江，而薪水也由深圳的2800元，到广州的2000元，再到现在的1000元。

为何薪水少还要回来做？当有了创业的想法后，觉得工厂才是能学到所需要的一切的地方。所以义无反顾地来到现在这个在郊区、薪水只有1000元的工厂。刚到工厂时，一个大学生刚走，因为老板觉得他人不够机灵，而他也觉得在工厂没多大发展，于是走了。我刚来时的局面就是整个工厂只有我这个英文没过六级的人稍懂英文。

尺寸表不会翻译，只认识脖子、袖子、胸……这样的单词，拿着尺寸表到样板房，和打样师傅看着尺寸加我认识的单词一起猜，师傅教我服装的一些口语说法：袖开口叫克夫，胳肢窝叫夹圈或袖隆……学了三四次学会了尺寸表的翻译，顺带学会了服装的名词应该怎么叫，顺带知道了什么部分大概多少尺寸。

买家要来供应商一方评厂，评厂全英文报告看不懂，借着金山词霸一个个生词翻译过去，两天以后跟着人事部一起去查消防查安全查仓库，一个星期内学会了应付评厂的整套程序。

现在慢慢开始熟悉面料，也慢慢熟悉服装工艺，工厂的对外英文交流也开始由我负责，英语加强了不少。没有周六周日，每月放假一天，每晚自己加班到九点半。熟悉得越多越觉得创业艰难，但是熟悉得越多越坚定创业的意志。当你发现或许能力很一般的老板却能每年几百几千万元的赚，而你却还在算这个月有几千元能加几百元，心里很不是滋味。

以上为工作到现在的大致总结以及创业理想。

以下为目前的薪水支出：

每月1000元，工厂包吃包住包水电，没有交通费支出。

1. 手机费：150元。和在广东男友联系的主要方式，为了省钱，每天强忍到12点以后打电话，可以节省一半手机费用。短信能省则省，一毛一毛地加起来也很多。

2. 买衣买鞋化妆理发：200元。因为是短发，每个月要修剪，否则会很邋遢；20元，只剪吹干净，不做别的任何护理和造型，省钱要紧。皮肤不错，没有化妆品，只有超市买的二十几元一支的洗面奶和润肤霜，两个月都用不完一支。每个月只能添一两件打折打得比较低的专卖店衣服。

3. 买书买资料：200元。每月余200元的钱买资料，因为服装、面料都是从头学的，毫无基础，现在的书又超贵，到现在还没买齐一套完整的书，还在继续采购中，另外还要买些英文的书加强英文。

4. 回家车费：80元。包括到车站的公交车费用，每个月回家一趟，来回80元。

5. 零食：50元。比较爱吃零食，但是没有太多钱买，学生时每个月零食要花百元左右，现在只能控制到每个星期花10元左右，这是最痛苦的一件事。

6.Q币：50元。这个是最被男友鄙视的一项支出。喜欢买衣服，买不起真的于是只好打扮QQ秀。想结婚没钱结婚，于是养了QQ宠物结婚。这些都需要一些支出，50元可能还不止，但是心理会愉快不少。由于是异地恋，时间会稍微有些空余，除了加班和看书，中午休息之类的空余时间都花在QQ上了。

7. 早饭：30元。每天1元，一包豆浆一个茶叶蛋。

理论上算，每月实际剩下的不到200元。实际上每个月都花得剩下不到50元，还有一些牙膏、牙刷、纸巾、洗发水、袜子、笔记本、可爱的圆珠笔之类的生活用品支出，虽然如此，这个月挤出50元进了一些可擦写的圆珠笔，准备在淘宝上开个小店。以后等攒些钱，用我现在对服装成衣、面料的知识去进500元的衣服卖。当然，这些只是赚些零花钱。等我攒到5000元时，我要开始我的创业第一步，去申请一张国际信用卡，打算去eBay卖中国的丝绸衣服。既然国内C2C（个体对个体的电子商务模式）可以做得这般红火，如果英文过得去的话，为什么不在世界范围做C2C呢？既然我现在以及将来都希望能够做外贸B2C（商家对个体的电子商务模式），为什么不让对外C2C当中间的桥梁呢?

虽然现在的收入很少，这个我知道得很清楚，厂里的车工都比我赚得多。但是，我想，现在我这样拼命努力，总有一天我也能赚到足够的钱去西湖边买一套大房子给爸爸妈妈，这是一个普通的浙江女生的梦想。

第4节 职业平台通路：如何从小公司进入大公司

寻找进入目标企业的跳板

找工作看资源，下一份工作的下一份是什么这很重要，这两份工作之间要形成导向性的职业路径，这关系到你外部资源的寻找与积累。

因为最初的能力以及企业招聘的时机，我们并不能保证在第一次选择时就能进入最向往的目标企业，但这并不代表我们就再也没机会进入这些企业。只是越好的企业竞争越激烈，而且不同的企业在具体的工作中对能力的要求也不同，因此首先你要具备企业特定岗位要求的能力，其次你要找到进入目标企业的有效途径。

招聘网站说每天至少发20封简历才有机会，但问题是你不一定能找到20家你想去的公司。当你找工作时，你会发现不管你在哪里，满足你所期待的行业、岗位、档次、公司氛围、人员素质、交通位置的公司其实并不多。特别是你在一个行业里待久了，你会发现真正达到要求的也就那几家，越高的职位越少，越需要更长的时间才能找到一个同样的职位。此时你还会发现不是你能力不够，而是你从网络上、报纸上获得的招聘信息太少了，而且竞争也太激烈了。

当你想通过招聘广告求职时，你会发现很多企业不怎么招人，很多时候你投简历也没有多少反馈，这是因为大量的职位是通过员工内部推荐获得的。而且越好的公司、越好的工作，公开招聘的机会越少，所以要么是轮不到你，要么是招不到人，只能挖。很多情况下不打广告并不代表他们不缺人，这就要求你长期地搜集相关行业、企业的招聘信息，不断作岗位分析，以此跟上行业发展要求，积累潜在的应聘公司的信息，以及了解招聘周期。

另外，往往因为招聘成本以及对资历经验的限制，偶尔招一两个人的情况下一般都是通过内部推荐或挖墙脚，因此一定要在行业内有一个良好的交流圈子，人脉能帮你获取一些更容易的机会。特别是在一些比较小的行业，圈子尤其重要。比如说酒店行业，一个中等城市只有那么几家五星级酒店，当你前面的人很稳定，你无法升职的时候，你就只能跳到那些新开的酒店去了，而他们也会想从五星级酒店挖人，而你可能有其他部门的老同事已经过去了，所以工作中要放低姿态、广结善缘，主动跨部门认识人，别人走了也要多联系多交往，当有机会时，不说别人推荐你，至少你去的时候别人不会挡你的路。

企业也愿意通过员工内部推荐寻找合适的应聘者，这是因为推荐人对你知根知底，企业用起来更放心，而通过广告招聘，说不定简历、面试很不错，但真正做事却做不好。而且通过推荐，简历会直接到用人主管那里，省去了前面的海选环节，因为有了推荐人的担保，那么只要你达到了岗位要求，更容易获得录用，竞争反而没有通过网投简历那样激烈。

企业招聘都会看重应聘者的技能、经验、资源、年资，希望能找到有同行业、同岗位、同职务经验的应聘者，这样就能迅速上手。如果你不能一步到位地进入目标企业，那么就要先找到一个跳板，进入一家与目标企业有业务往来的周边企业，这样才能在近似的环境中提高自己的专业技能，积累相应的经验与资源，熟悉工作流程，将个人能力提高到符合目标企业的用人要求。同时，这也更方便结识目标企业的内部员工，这样当有招聘机会时你才能最快知道，而有人推荐也更容易进去。

你要了解的企业业务圈

行业分析可以帮我们了解行业和相关企业的发展趋势、产业链状态，从而知道哪些公司是行业领先的公司，以及它的周边企业，由此可以找到进入这些目标企业的最佳通路。

■ 供应商

供应商是为企业提供原材料、半成品、外包服务等等的企业。不管是国企还是外企，甚至一些大型的民营企业，都因为编制的原因，通过劳务派遣公司聘用一些编外员工进入公司工作。这些编外员工和正式员工处于相同的工作环境之下，对该企业的产品、业务、工作流程、管理模式都更为熟悉。只要你能达到企业正式员工的学历、资格认证这些标准，并且作出相应的成绩，一旦企业有了正式的岗位编制名额，那么相对于其他的应聘者更容易转为企业的正式员工。

■ 业务合作公司

业务合作公司是协助企业共同完成业务的公司。因为工作关系，很多部门的专业技能、行业经验、业务模式、客户资源都是重叠的，也有机会结识目标企业的内部员工，相互之间比较了解，更容易知道工作机会并得到内部推荐。

很多企业有一些专业工作是由专业的乙方公司来完成，比如说大企业有自己的品牌部门，但更多的专业工作是由专业的乙方广告公司来完成。在你对甲方公司的服务过程中，会更深入地了解甲方的行业要求与工作流程，并且凭借你在乙方专业公司所积累的专业能力和人际关系，更容易进入甲方行业公司，由此实现你由专业能力向行业资源的职业转型。

■ 竞争对手

企业人员之间的流动不可避免，很多重要岗位却不容易招到合适的人才，因此竞争对手公司的员工是企业最喜欢挖墙脚的对象。由此一些小公司的员工可以跳槽到更大的平台获得职业上的发展，而一些大公司的员工也可以跳槽到中小公司更高岗位上去创造自己的事业。

■ 客户

客户是购买这家企业产品或者服务的企业。客户方面的很多技术人员在使用产品的过程中，会对产品非常熟悉，甚至研究得很深入，成为专家级用户；同时，相对于企业内部员工，也会积累更多的一线使用经验和客户资源，比如在工作一线积累了丰富的进口设备使用、维护经验，由此进入这家设备公司。

第5节　你将面对的职业转折

辞职

在日常工作中由于工作强度和压力，我们往往会陷于其中无法自拔，感觉每天都是重复，于是想辞职，休息学习调整一段时间；或者对现在的工作实在已经厌倦了，每天都在煎熬，觉得与其委屈自己，不如痛快一点，想辞职后全心全意地去找工作，也许才能找到更好的机会；还有一种情况就是工作中发生矛盾，冲动之下辞职，或者是收入低，感觉没前途而辞职。

但事实可能正好相反，没有找到下一个公司就辞职的情况叫做“裸辞”，在职场中是一种愚蠢的自杀方式。人不怕别的，就怕时间太多，太多了还要想办法打发掉。大块的空白时间对于你来说并没有太多的价值，由于没有压力，反而使你没有动力，工作效率低下，“想做什么做什么”到最后会变成“什么也做不了”。

因此，在没有明确的目标和充分的准备之前不要辞职，千万不要“裸辞”，也尽量不要选择辞职去学习，而应该调整现有工作节奏以及从现有的娱乐发呆中挤时间，而不是打断现有的职业进程，否则当你在家待一个星期以后你就会发现，你遇到的不是瓶颈，而是失去生活的平衡，你根本静不下心来，那反而坚持不下来。而且，大段的职业空白也是简历上的缺点，这会增加你再就业的难度。

失业

失业就像失恋，痛苦不在于失去本身，而在于青黄不接。

我不赞成先就业再择业，但是当你失业时，那你就必须先就业，因为你不知道你可能会失业多长时间。常常我们在失业后会想到“我要休息一段时间再工作，我好久没有休息过了”。但事实是只有工作顺利才能休息！如果是因为裁员或者辞退而导致突然失业，那么你就要尽快找到工作，哪怕只是作为过渡。因为你可能还没来得及作好准备，这个时候要么是行业不景气、要么是自己的工作能力不够之类的问题，你没有能力再作过多的挑选，先让自己稳定下来才是关键。

如果你不想先随便找个过渡的，那就得作好长期待业的准备。最初，谁都以为能很快找到合适的工作，但是当失业后才发现世界全变了。很多人失业后才发现公司不同，对能力的评价标准也不同，自己的资历在别的公司并不一定得到认可。还有好的工作也要看时机，别的公司也不会正好就缺人。

失业影响的不仅仅是收入、生活，更多的是心态。失业那一瞬间是很难受的，感觉天塌了，头脑一片空白，感觉耻辱和自我怀疑。而最致命的是长时间失业会摧毁你的自信和意志，生活失去节奏，会让自己慢慢地与周围环境脱节，变得越来越懒。而缺乏交流很容易导致情绪低落，开始自我否定，甚至会渐渐失去信心。此时一定不要宅在家里，而要积极地调整自己的生活节奏，进行健身，外出参加朋友的活动，参加培训班，通过各种渠道积极找工作，让自己动起来。否则父母每天看着你无事可做也着急，这会给你更大的压力。

跳槽

难以通过跳槽进行职业探索

年轻人要多尝试才能找到自己的方向，但事实上可供我们选择职业的时间很有限，那么多职业我们不可能一一尝试，如果想靠跳槽找方向，反而更难找到。换工作换多了，甚至会觉得干什么都提不起兴趣，最后更加迷茫。一旦长时间失业，人就会感觉崩溃了。

新人在工作一段时间后常常会觉得工作没有技术含量，没有钱，也看不到太大的发展前景，工作压力又很大，甚至要受到批评、否定，工作再努力也感觉得不到相应的回报，于是就会进入“困惑期”。此时有的人会频繁地跳槽，希望通过跳槽来找到更好的工作或更适合自己的职业。

其实此时他的眼界和评判标准都不成熟，看待职业还带有很大的盲目性和片面性，这个时候他往往并不知道自己真正喜欢什么，也没认识到任何一个好的工作都需要在一个岗位上长久的积累，而且初级岗位都差不多，都只是些简单琐碎的事情。经过最初几个月的熟悉之后，就都只是分工后的有限范围内的简单重复，你原本感兴趣的工作也会变成不感兴趣的。

而这个时候你的时间更少，接触面更小，又累，更难以拿出时间来考虑未来的路。最后想通过跳槽这种方法来找定位，反而可能会找不到定位，而只是被最初的选择所“被定位”，或者到了30岁以后还不知自己要干什么，在频繁的跳槽中浪费青春，并因为长期失业而不得不降低生活标准，甚至饥不择食找一份更差的工作。

第一份工作看重你过去积累的资源，而跳槽想越跳越好，也看重你在现在这份工作中所积累的资源。而现实是越是有一定能力的人越是能够跳槽，结果把本来应该用来做好工作的时间用去做选择了，错过了成长所需要的积累期，而随着你年纪的增大和你跳槽次数的增多，别人愿意给你的机会也越来越少。刚毕业时，企业对大学生的专业限制还不是那么大，还可以按企业要求进行塑造。但如果你工作几年后再去求职，此时因为跳来跳去没有深入全面地掌握业务技能，你会觉得你找工作甚至比不上应届毕业生。

年轻是资本，问题是我们的青春又有多少年？要想了解一个行业，时间起码是以年为单位计算。由生手到熟手、到行家到专家到权威都需要一个积累的过程，跳来跳去，你会发现哪里都一样，而你两年后和现在还是一样，总是生手，收入再升也升不了多少。频繁跳槽只能获得不同行业、不同岗位的底层经历，无法通过沉淀形成更高层次的专业核心竞争力，同时因为缺乏在一个公司里的资历积累，职位也得不到相应的升迁，结果几年过后，回过头来看，会发现如果自己在过去的公司坚持下来，到现在都已经达到了不错的位置了，而现在却在这样不断的选择中错失了自己本应得到的东西，还要面临和新人的竞争，最后面对的不再是选择一份感兴趣的职业，而是在寻找一份可以糊口的工作。

第一份工作是学业向职业的心理过渡阶段，最重要的是培养稳定的职业心态，而跳槽是会上瘾的。如果第一份工作不到一年就跳槽，会不由自主地养成跳槽的浮躁心态，以后只要遇到一点问题就想通过跳槽来解决，结果越跳越想跳，越跳越差。即使现在的工作不好，你也要用心，做不做得好是能力问题，用不用心做是态度问题，不要总想着换个更好的地方，你就一定会好好干，因为态度会养成习惯，你如果在这里是个消极的态度，那你不要想着换一个地方就能改变态度。

机会不是跳出来的，而是积累出来的。如果毕业后先在一个公司工作两年时间，在工作过程中积累经验、熟练地掌握工作技能，建立成熟的职业认知度，从而明确了职业方向之后再跳，这种方式看上去在开始会失去一些机会，但是因为能力的提升，反而选择的机会更多、职务更高、方向更正确。甚至一些能力不是很强的人，清楚地认识到自己的能力，坚持留下来，通过系统学习与资源累积，最终反而迅速成长。

跳槽的目标选择

职业发展一定要看重工作变迁所形成的职业轨迹。好工作都会要求有两年以上行业经验和相同职位经验，所以你对工作的每一次选择都关系到未来两年的工作期。就绝大多数人而言，在其职业发展的过程中，至少应该有在某一个还不错的公司里工作三年以上的经历，因为只有这样你才能够适当地积累起某一领域里的专业知识，这三年左右的时间是让你获得真正的职业竞争力的阶段。

工作只是分工，除非你是天才，或者上面有人，否则很难快速晋升，所以只有在一个地方待下来，你才有可能“剩”者为王。但能不能在这里做到退休，这又不是完全由你个人努力决定的，技术要不断更新才能确保自己的价值，技术工作如果限于一个地方，也会导致除了岗位内的东西其他的能力都可能逐渐丧失，一旦遇到经济危机导致的裁员，将很难再找到同样的岗位。

职业也会遇到玻璃天花板，这不是因为你不努力，而是因为其他人为的原因，比如说性别、派系、资历，甚至是公司发展没起色或行业的衰退，导致你在目前的公司已经缺少发展空间，进一步发展需要等很久的时间，要想获得更快更大的发展，此时就需要考虑跳槽和转型。

很多时候你在一家公司干得不错，和老板关系也很好，但这不是你不跳槽的原因。老板不会养你一辈子，而职业发展是事关你自己一辈子的事，所以你要对自己负责。因此在你的职业发展阶段，如果所在公司真的没什么发展前景，你也实现不了自己的价值，那你就要清醒地对跳槽有所意识和准备。

跳槽本身并没错，只是要清楚什么才是自己真正想要的。好的工作环境、更高的薪水、更有发展的空间、更诱人的职务等都可能是跳槽理由，但这是不是关键因素呢？跳槽应该是一种清醒、理智的选择，不能为了逃避一件事而做另一件事，或者仅凭感觉好就跳槽。界定一次跳槽是否成功的标准只有两个：第一是新岗位是否能提升你的能力和经验；第二个是新公司能否提供你发展所需要的资源。你要考虑的不是这一次跳槽的结果，而是再下一次跳槽的机会会怎样。每一次跳槽都要能成为你身价累积的基础，不要平级跳，而要能升一级才可以，要么是升职位，要么是升公司档次，否则反而有可能产生副作用。

很多工作一两年的人希望通过跳槽来升职做管理，而管理岗位的招聘往往要求具备同行同岗经验，正规的公司都不太会从别的公司请一个没有管理经验的人来做主管，因此比较实际的方式是先在当前公司扎扎实实做好几年的工作，通过成绩和年资做到管理岗位，你才会有机会到其他公司去应聘管理岗位。否则即使跳了你还是做原来的职务，而以前所积累的年资又没有了。

转行

股市有熊市和牛市，一个暴涨的牛市后有可能是长达几年甚至十几年的熊市。行业也有周期，对于个人，随着年龄的增大，很多人也要面对职业的转型，比如由幕前转向幕后，此时你需要考虑如何在现有条件上进行转换。

转行重要的不是你对那个感兴趣，而是你有相应的能力和资源，否则你想转也转不了。当局者迷，旁观者清，想转行你就要去了解一下身边人转行成功的关键因素是什么，即使转行你也要保持你核心竞争力的发展。专业其实只是工具，同一个专业可以在很多行业里工作，但是这并不代表在工作多年后你还有机会转行，因为行业积累才是你职业所用到的知识结构与资源。光有专业，而没有基于行业的知识结构，就好像是巧妇难为无米之炊一样。同样是做品牌策划，一个做快速消费品的策划想转行去做房地产的策划，都会发现原有的知识结构与操作模式与现在所需的完全对不上路，甚至很多资源都不相同。

25 岁左右是转行高峰期，这一阶段主要是专业上的职业转型。经过几年的工作，很多人会发现自己在这个职业上天分不足，或者是发现了自己的天分所在，从而希望通过跳槽寻找更适合自己的职业方向。在初级的岗位上，行业差异并不大，之前主要还是专业能力的培养期，此时转行的机会成本也不大，但也关系到专业知识结构的转化与重建，甚至是相应的资格认证。此时我们往往可以通过某个具体的职能进行转化，比如说原来做行政的，后来以培训为跳板，转入 HR 领域。而这同样需要转化你的职业能力，比如说原来你面对的是对同等知识结构的对象进行说明，转化为培训后，那面对的将是不同等知识结构的对象，表达时间长度、表达角度都要改变。

等到了 30 多岁，白领也会面临一次转行的高峰期，这一阶段才是真正资源上的行业转换。很多人做到一定高度后又往往因为感觉在所在的行业里已经没有什么发展空间了而考虑转行，此时更多的是要从现有的资源入手，从产业链的角度来寻找某个与目前专业相关的行业机会，或从自己原来的专业行业转入某个自己曾经服务过的资源行业，由乙方转入甲方。

如果还要从专业层面来转行，那就只能从头开始了。这时耐得住最初的寂寞是必须承受的过程，这包括一开始不那么体面的薪水、职位，以及吃苦，如果你有这个天赋，以及坚持下来，你也许会成功。但对于大多数人来说，到了这个阶段基本上不可能再从专业上来进行转行了。因为即使你找到天赋、付出努力、转行成功了，但你很快又会遇到 35 岁的门槛，那个时候，你还很难形成有效的行业积累，会面临岗位年龄的限制，你会发现你的职业发展反而失败了。

好工作

是设计出来的

如何迅速获得职业成长

23岁时，我遇到第一个人生低潮期，我甚至以为这一辈子就这样了。但是我至少得想点挣钱的办法，想了很久，我发现过去两年不断地跳槽，作了不少准备，也有了不少心得。我用所有的钱买了一台电脑，然后把自己的经验与教训，把搜集的大量资料，分析整理汇总，一遍一遍地改写。两个月后，我编出了自己的第一本书《完全求职手册》。

没想到的是，在写这本书的两个多月中，我发生了巨大的变化。而这个变化是我的父母、我的老板，甚至是我自己，都能感觉到的巨大变化。通过这个搜集、整理、归纳的过程，我的写作能力、思维的广度与深度、逻辑能力、电脑技能等等都由量变而发生了质的提升。

在成长的过程中，我们都会面临迷茫和困惑，而当我们找不到方向、看不清目标时，我们至少可以去找点事做，这就是“基于专业的基本功刻意练习与基于行业的思维模式行业分析”，这就是成长的方法，这些能帮我们发现新的机会，以及获得把握机会的能力。

第1节　如何获得工作经验？

现在好像除了找老婆不想找有经验的以外，其他什么都想找有经验的。就业面临一个怪圈，企业招聘都要求有两年以上的工作经验……没有经验不好找工作，可是不工作又哪来的工作经验？很多人甚至不知道自己想找什么工作，那么又怎么知道需要什么样的经验，以及如何获得经验呢？

职场新人找工作别被所需要的“经验”吓倒。

经验对职业人士与对职场新人的要求是两个不同的标准。经验对职业人士的要求是思维开阔、专业知识结构深入、行业经验丰富、岗位技能熟练，不用培训就能最快地挑起大梁。而对职场新人的要求是具备一定职业化的思维方式与实用性的职业技能，有良好的学习能力、沟通能力、动手能力，以及踏实勤奋的工作态度，能很快融入角色，而不是那些高深的企业战略之类的屠龙之术。这些可以通过行业分析、招聘广告的岗位分析来找到有兴趣、有发展的行业和公司，然后根据岗位要求强化职业技能。

职场新人获得经验的过程就是学业向职业转化的过程，这个过程一步一步由知识向技能转化，再由专业向行业深入，同时培养职业态度，形成职业精神。

■　以业务为导向的专业知识

- 以专业为导向的职业技能
- 以行业为导向的职业观念
- 以结果为导向的职业思维

所谓经验，就是从多次实践中得到的知识或技能。

我们在书本上所学的知识也是前人的经验，但是因为教育模式而被划分为专业，结果被人为地细分割裂。见过猪跑不等于吃过猪肉，学过和做过是两回事。理论知识学得再好，也只有等你通过实践才能融会贯通，从而形成条件反射去主动应用，否则很多东西即使你知道，你也并不真正理解。而工作中所谈到的经验是如何解决问题，是基于行业要求对多种专业知识的重新整合，是将专业知识转化为职业能力，同时这个过程还涉及对外部资源的认识与积累。

能一眼看出重点和难点所在，即使不是高手，至少是个老手，这就是经验。经验不是技能，而是能帮助我们对事物的发展进行预计与判断。技能是知道怎么做，而经验是知道为什么要这么做，还需要做什么。有经验的人往往在复杂困难的情况下能快速抓住问题的关键，能先于他人识别机会和风险，并采取行动把握先机和防范风险。就像要稳住客户就不能只是帮客户做他要做的事，而是告诉客户，他还需要做什么事。

很多新人纠结于“没经验找不到工作，不工作又哪来经验”的怪圈，其实新人的经验并不是只能从工作中获得。想知道梨子的味道就要自己去尝尝，但难道想知道大粪的味道就一定要去吃口大粪吗？正如经验源于工作中对跨专业知识的融合，那它就是一个可以分解的系统结构。我们掌握这个系统结构，就能有意识地去搜集资料，并将它汇总成为一定的初级经验。

很多工作所需要的初级经验我们可以通过书籍和网络找到，只要你用心，你也能在短时间内获得很多宝贵的初级经验，这些足以应对你第一份工作的要求；并且通过这个过程，培养总结经验的能力，从而在工作中更快进入角色。知道要了解哪些，要怎样去了解，通过哪些渠道来了解，通过总结反馈，获得更进一步的经验。

经验 = 职业技能 + 职业思维模式

= 知识结构 + 标准 + 规则 + 周期 + 流程 + 经验值 + 细节 + 资源……

- 职业技能 = 具体岗位工作所需要的基础工具使用方法与技巧
- 职业思维模式 = 如何解决问题，而不只是如何完成工作
- 知识结构 = 常识 + 概念 + 理论
- 标准 = 对事物所作的统一规定
- 规则 = 工作要求遵守的行为模式
- 周期 = 工作重复的时间与规律
- 流程 = 工作执行的步骤与责任划分
- 经验值 = 工作中常用数值与变化方式
- 细节 = 工作到位的品质要求
- 资源 = 工作中的人、财、物

跨专业的知识结构

学校教育中所获得的知识、理论、公式都是前人的经验。我们从学校获得的是细分的专业知识，这是告诉我们在标准情况下的工作方法，而现实工作中情况复杂多变，如何整合运用知识与技能就是经验与火候。

职业经验与行业有关，需要跨专业的知识结构，这决定了你能否完成现实的工作。比如说，设计师设计产品包装时需要对不同材料以及印刷工艺、成型工艺有所了解，否则要么你设计出来的印不出来，要么你无法更好地表现你的想法，这也决定了你能否与你专业之外的人进行跨专业合作。

大学阶段所获得的专业知识还不够广，只是某一专业抽象的理论，而缺乏对实际应用的积累，当面对具体问题时，既无法发散，也难以归纳。因此在工作中，我们要逐步积累跨专业和跨行业的知识，特别是工作经验看重你对行业的整体认识，要对行业内的发展变化，比如说政策、新闻、人物、事件有所了解与认识，了解背后的本质，从而形成职业的思维模式。就像新闻记者的写作能力其实就是手熟而已，跑比写重要，人脉比跑重要。只要有决心有耐心，手勤眼快腿勤耳朵灵，能受气会变通，能及时出现在第一

现场，及时联系到新闻当事人，成为好记者并非难事。但是要成为著名记者就要求成为专家型人才，必须长年熟悉某一领域，比如时政、经济、财经和科技发展。

标准

标准是对事物所作的统一规定，工作需要达到的程度。在工作中都会有相应的工作质量要求。比如，很多公司对文件会有格式标准，产品有质量标准，过程会有作业标准，在生产过程中我们的每一个工作都应该严格按照作业标准去作业，从而确保产品的质量和生产过程的安全。

规则

规则就是制定出来供大家共同遵守的行为准则。新来的先学规则，越是高手越是懂规则，那掌握规则是为了什么呢？首先，遵守规则不挨罚；其次，利用规则占便宜；最后，在必要的时候破坏规则，抢占先机。

不同行业也会根据行业特性制定出一套适合本行业的行为准则，这就是行规，是行业内部遵守的规矩。行规包括正当的从业规范和准则之外的一些见不得人的行业秘密，它不具法律效力，但对行业内部人员具备约束力。比如说“萨斯顿三原则”对魔术师进行规定：魔术表演之前绝对不透露接下来的表演内容；不在同一时间、同一地点对相同的观众变同样的魔术两次；绝不向观众透露魔术的秘密。

同一概念，不同行业会有不同的术语，而每个行业的基本术语、逻辑，跟外界的理解也是不完全一致的，就像现代物理学的概念哪怕用了日常语言的词汇，也不能按照日常语言的概念去理解。职业中同样如此。很多东西你不能只从字面意义上去理解，这也是我们要掌握的，否则会影响你与同行的沟通，这也是别人判断你是否入行的标准。比如做业务员，同样是做直营商超渠道，基本规律一样，但是各个商超系统的规矩不同，也会存在差异。

对于职业发展而言，工作的流程和模式就是规则，越是复杂的流程和模式越有其技术含量和价值。比如说招商运营、税务管理、私募基金、中小板创业板股权激励方案设计与上市辅导、MBO（管理者收购）、绩效管理系统……这些既是经验的总结，也有专业理论的应用，都是职业化以后中高层专业人士的专业知识结构。

新人在进入职场后也需要重新认识与人交往的规则，要掌握职场礼节，对潜规则也要了解，你可以不用，但是如果你不知道，那你就会受伤害。利益是处理职场事务的原则。明规则是要考虑到对谁有好处，而潜规则是要考虑到损害了谁的利益，挡了谁的财路。比如我刚开始跑业务时，有人跟我说过这样的话，你报销车费前要先问问老同事是怎么报销的，不要太老实了，别以为替老板省了钱。别人怎么报就怎么报，别按自己花了多少就报多少，这样并不一定会让老板有多高兴，但肯定会得罪同事。

周期

工作是重复的，所以也就具备了周期性，而掌握了周期规律，就具备了可预见性。专业性表现在能解决眼前的已经出现的问题，而行业性是表现在能预见还有什么问题将会出现，这就是专业人士和行业资深人士的区别。你必须从常规工作中总结出它的周期性变化规律与标准工作模式，只有这样你才能主动地工作，知道要做什么事，而不只是知道怎么做事。

在招聘中我们常看到企业往往要求应聘者有两年以上同行业同岗位的工作经历，这是因为在一个行业没有两年的工作经历就谈不上经验，一方面是工作能力和行业资源的积累，另一方面是对工作周期的认识。每个行业的淡旺季都不同，比如说快速消费品销售有淡旺季，工业品销售有大小年。“神仙难过三四月”说的就是淡季，“金九银十”说的就是旺季。甚至再高级一点的职位，要求经历一两个产品的生命周期，或一两个大客户的合同服务周期，比如在生产周期之上还有供求周期，就好像养殖大户要看的不是猪多久出栏，而要看猪价目前差不多三年一个的涨跌周期。

流程

做任何事情都有先后顺序，ABC 与 BAC 肯定有所不同，哪个更有效率，更节省成本？那就看你是否去总结、优化。比如说做蛋炒饭就有“先蛋派”和“先饭派”两大流派，我是“先蛋派”，经过多次总结并上网查询，总结为“先小火将蛋炒碎，再大火炒香，再关火拌饭，再大火炒香，放盐放酱油炒匀，最后关火拌葱”。

在我们工作中常常要求细致和有条理，但这两者不相同，细致是工作的方式，条理是工作的流程。工作看重全局流程，操作看重细节步骤。只有过程分步那不是流程，那只是步骤。流程关系到人财物，是相关人员的责权利划分和资源的分配。流程管理得好，执行力就高，比如说做外贸，那你就必须迅速掌握工作的流程、主要单证的操作以及相关部门的联系。工作中的创新更多的是流程优化，比如台资高科技企业把所谓的高科技生产分解为简单标准化的流程，使用大量的普通廉价工人也能获得极高的生产效率。

流程关系到工作的工艺、效率、成本、质量，HR 一般会看应聘者对岗位前后端环节的熟悉程度，对关键控制点的了解把握情况，比如说生产工艺，合理损耗率是多少、不良率大概是什么状况、哪些环节难以控管……这可以体现一个人对工作本身的兴趣，以及工作中的主动情况。如果对这些不了解，没总结，那么即使你懂很多，知识储备也够，说得也头头是道，但别人还是会觉得你没有真正做过。因此，即使是打杂也要动脑子，要把周期性的工作做一个流程管理，特别是我们参与某一项目时，要记录项目过程中的所有细节，我们要搜集别人的、总结自己的，最终形成专业和标准的模式，这将形成下一次工作的完整工作流程模板和操作流程模板。

执行看能力，效率看分工，流程能将个人的主动性转化为团队的推动力。比如我随手会把想到的事记下来，然后晚上回家后会作一个汇总，然后作第二天的工作计划，先把想到的事列出来，以及有哪些要注意的地方，然后再分标题归类，再做团队分工，再分每个人的步骤。第二天上班把清单发给每个人，他们按清单去做就行了。这样既不会遗漏，也不需要重复讲，团队成员执行起来也很清晰。

做流程是一个习惯的过程，刚开始时是人为流程服务，之后才是流程为人服务。你现在整理你的流程，将来你才能管理别人的流程。当流程成为模板之后，它就不是告诉你一件一件怎么做，而是该做什么、做到什么程度才算完成。这样你的工作才具备方向性、可复制性，而形成一套可复制的流程既是对自己能力的强化，也是你工作的成绩。

流程是较容易从外部看到的经验模式。很多大学生也参加过一些活动的执行，但却没对活动的过程和效果进行思考与总结。比如，你在学校里帮企业作活动，那么当天在学校还有什么样的其他活动、现场面积有多大、周边是什么样的状况、什么位置最好、什么时间段人流量最大、需要多少人来作服务支持、能摆放哪些展示物料、如何准备这些物料、整个活动的成本是多少……如果你能这样观察、记录和分析问题，就能把它上升到经验的高度，而不会做来做去都只是些打杂的经历。

在日常工作中不会有太多的技术创新，工作中的创新更多的是流程重组与优化。我们的工作都只是一个项目中的一个具体工作，那么我们首先是做好这一个工作，然后进行总结和改进，想想这个工作怎样做更有效率、更好；然后看上下游环节，如何对接和配合；最后看领导是怎样把这些环节整合起来的，这样你就慢慢成长起来了。

经验值

经验值是每个具体工作中产生和运用的量化数据，它是在日常工作中所总结的、常用的、最适合的量化标准，它能方便你下一次从事相似的工作并节省你的时间。

我们常见的数学公式中的参数就是经验值。职业工作中也强调要用数据说话，不是“差不多”，而是“差多少”。什么都可以量化吗？审美够主观了，但美可以用 0.618 来黄金分割，国际标准微笑为露出上面六到八颗牙齿；感情够主观了，婚姻也有七年之痒，甚至爱情也可以找到激素分泌量！我们要学会将流程文字化，更要能够将过程数值化，而量化的能力越强，工作的精度越高，工作的可复制性越强，就像是西式快餐为什么能做到全球统一。

经验值在工作中非常重要，而且它会随环境而变化，这是我们在外部分析中最难掌握的行业秘密。做过比什么都重要，现场才会有第一手的经验值以及得到经验值的方法，这才是重要的。比如说，要作一个新产品的广告媒体投放计划，这不只是算媒体价格的问题，而是要从以往的几个品类中找经验值和规律，还要结合现在所要求的具体利润指标的变化，同时还要看产品与竞品的关系……

在我们工作中还经常会用到自制的公式，比如说我在网上看到一则这样的小广告：“本人从事手袋跟单、成本报价十余年，自己研究开发了一套运用 Excel 对物料、包装箱进行成本报价计算系统，能用排模法准确计算物料，对异形裁片利用偷位、中空、边料都能很好地处理，成本报价的方法一气呵成，大大减轻排模计料繁重的工作量。特别适用于手袋箱包工厂计料报价人员使用，也可以用来做手袋厂裁床计算刀模数、拉料长度等。”这就要求我们在具体工作中将自己常做的工作归纳总结出流程和公式，从而大大地提升工作效率。

细节

对于成功而言，看重的是全局，全局是基于对资源的整合与运用，大处着眼才能作出取舍，从而控制过程对结果的影响。在初始阶段你还整合不了资源，此时更看重细节的执行。细节并不一定能成事，但肯定可以坏事，实际操作中常常是细节决定成败。比如，求职者费尽心机找到一家公司老总的联系方式，然后写了封热血沸腾的求职信，结果把老总的姓写错了。

对于成长而言，看重的是细节，小处着手才谈得上品质与控制。哪有那么多大事?工作中的强人把细节分给别人来做，大多数人大多数时间都是在做小事，如果你连细节都做不好的话，那你还能做什么?日常工作往往是不厌其烦地重复做一些具体、琐碎、细小的事，而这些却体现出专业水平和工作质量，小事做好，慢慢积累信任，才能得到干大事的机会。

工作中的细节很重要，人家看你只看结果，但是你看人家要看过程，这关系到你的学习方向和训练方法。新人往往会觉得上司要求的很多细节没必要、太麻烦，感觉并不是那么重要。但事实上，真正暴露一个人职业素质的是他的习惯与细节。细节就是过程，它能暴露真相，大道理谁都会说，但是一个细节就可以看出你做没做过，做没做到位，你的执行能力如何。在面试中，HR 会把更多的注意力放在细节上，你的谈吐、着装、行为、气质，这是简历中无法获取、却是面试难以掩饰的职业素质。

对于新人，公司要求的就是技能熟练和细节到位。技能关系到执行和效率，细节关系到工作质量。细节分两种：一种是给客户的细节，一种是给领导看的细节。很多很细的地方其实客户看不到，但是领导看得到，其实只要你能进到这个公司这个岗位，你和身边同事的能力就差不多，这个时候更多的也就是比细心和用心了，你要让给你派活的人感觉到你的细心和用心，这是别人对你的印象，也将形成别人对你的信任度。

对于新人而言，工作就是细心细心再细心，耐心耐心再耐心，充满责任心。细心至少能让你不把事做错，耐心就能让你把事情做好做到位。第一份工作都是很初级的，比的是效率，比的是细心，一个标点、一个格式、一个错别字、一个数据……永远记住，哪怕只是初稿，你都要当做是最终的提交文件来做，不要希望别人再给你整理排版、校对、补充。犯低级错误不是能力问题，而是态度问题，对自己作出的东西，自己要有要求，不要只当做是任务。当我们还无法创新时，那就把每个细节做好、做到位、做得艺术，把简单的事作出效率，在别人都做的事中留下你个人的印记，这样渐渐地我们比别人就有了更多的机会。

工作经验的层次

职务分为两个部分，职是职位，务是工作。

职位决定了你掌握哪些资源、面对怎样的范围，而工作只是你需要完成的专业分工列表，但是能完成列表中的分工并不等于就成为相应职位上的人，这还需要看你的管理能力和资源整合能力。

- 专业能力：专业知识、职业技能、理论工具、行业思想、管理模式。
- 业务能力：项目运作能力，将产品服务、企业内各部门要求、客户需要进行对接。
- 战略能力：掌握企业赢利模式，从行业角度、从外部资源角度找到赢利的交易结构。

企业对不同层次应聘者的考核有不同的侧重点：

- 对于初级岗位主要是针对岗位考核他以往的工作内容和职业技能。
- 对于中级岗位是从项目角度来考核他的项目管理经验和团队业绩。
- 对于高级岗位则是从行业角度来评估他所拥有的资源。

职业生涯的中短期发展应在同一个企业中进行，长期的也尽量在同一个行业或同一地域中。这些既关系到你经验与资源的积累，也关系到你职位的晋升。不管是就业还是晋升，都会看重你的工作经验，但工作经验不是你工作了多长时间，好的企业一定会强调你是否具备同一专业、同一行业、同类型企业、同职位的工作经历，如果你不具备这些经历，除非这个职位符合条件的人比较稀缺，否则你很难得到那个职位。比如招聘一个副总经理，要求在 30 ~ 35 岁这个年龄段，只有很少的人在这个行业拥有超过六年以上的行业经验，仅从这一点就能够淘汰很多人。

一般来说，高层管理人员的资历有这些要求：六年以上的行业经验，三年以上的中层管理经验，全日制本科或以上学历，中高级相关岗位资格认证。由此，我们可以对工作经验有这样一个分解：

■ 专业经验

不管是做技术，还是做行政、销售，都有其专业性，你要想职业发展都需要对与工作相关的专业领域进行深入研究。而在行业性公司中，企业老总大多是由相关专业出身，比如说房地产老总大多都是工程或设计出身。如果你不是这个专业，又想朝这个方向努力，就意味着要在新的专业里学习，再迂回上升。

■ 行业经验

隔行不隔理，但隔行如隔山。专业关系到方法和技能，行业关系到具体作用的对象，这决定了你工作中资源的积累方向。无论你是从事技术还是管理，都需要相当的行业经验，比如行业惯例、发展趋势、产业价值链、各个层面的细节、人脉关系的积累……

■ 管理经验

管理经验是对人、财、物的分工协调，对项目的推动，对工作流程的掌控，这需要对特定的管理思维与方法的掌握，也要求对管理技能的熟练运用。

■ 岗位资格

一个规范公司的职位是与一定的学历或职业资格相联系的，也许没有它你同样能做好工作，但它是一道门槛，没有它，你做不到这个职位。因此根据职业发展，你要同步进行相应的学历发展，考取相应的从业资格，以及依照工作年限申报相应的职称。

将经历转化为经验

答案永远在现场，知识技能可以通过学习获得，而经验，比如最基础的就像写作的逻辑、商业设计的审美，很难直接像知识技能一样传授，只能在大量的具体实践中总结方法，在处理问题中领悟和积累，由此养成严谨有序的习惯和对技术的深刻理解。在实际操作中牵涉面太多，很多理论上能行的东西并不代表现实中就能做到，甚至实验室能做到的并不代表就能在生产线上批量生产，这关系到设备、工艺、技术、材料种种问题。

很多东西，你会发现每个字你都认识，每句话你都看得懂，但是你真明白吗？如果只是书本知识的学习，或者某种工具功能的技能练习，那么不管你对理论知识的认识有多深入，对功能有多了解，也只会是表面的和片面的，你甚至不能真正明白书上所说的内容所代表的真实含义，难以很好地解决实际问题。

很多新人不愿意从事基层工作，简单熟悉某个工作环节后就想尽快升职，他们并不知道经历无法简单地对等为经验。很多事你必须亲手做过，甚至很多错误你必须亲身犯过，否则你根本认识不到重要性，看不清其中的变化。经验不是经历，而是需要在某一领域内有一段时间的连续工作，并经过观察、分析、总结、思考和提炼，进而形成流程和技巧，经过时间的沉淀，才能转化为经验。

做什么工作都要找到感觉，这需要亲手对大量的信息进行分析总结，再从实践中去反思学过的基础知识，从信息处理过程中找到规律性，并提升对特定信息的敏感度。第一份工作都是基础的重复工作，这一方面是练基本功、练耐心，第二方面是从重复中发现规律，找到感觉。这些都是从事更高技术工作的基础。比如一位财务人员说，他以前做过枯燥透顶的付款，后来发觉这对他做成本控制很有用处，看一些表面的数字就知道究竟是供应商净价、还是供货成本或是产品结构变动造成的。

你的工作有技术含量吗？

职业的本质是分工，刚开始你会觉得每天就是打杂，特别是行政、销售、服务类岗位，更是觉得工作没有技术含量，感觉做下去没有前途，甚至想去学一门技术……那什么才是有技术含量？比如我们常常会把软件开发、科研、金融投资等工作看成是有技术含量的工作，但是这些需要多年的专业积累以及相应的教育背景，你还学得出来吗？学完了还有机会做吗？其实现实中我们也常常看到很多做技术工作的人不想每天面对枯燥的技术，想做一些与人交流的工作……

那是不是就只能一辈子这样打杂下去呢？其实一份工作是不是有技术含量，不是取决于你做什么，而是取决于你怎么做。

我们常常在工作一年后会发现工作不过如此，很多工作都是一年的熟练+N年的重复。你如果不主动研究，只是被动地去做分配的任务，那么即使工作几年，也只看到与自己分工有关的东西，只是被训练成为对某一环节最熟悉的人，在低水平重复而已。不同职务的岗位要求不同，你能胜任这份工作，并不代表你就可以晋升，想在工作上更上一个台阶，你就必须站在一个更高的层次来看待这个工作。

职业化就是标准化、规范化、流程化。

工作要求其实就是两个词：标准、效率。你要学会如何管理你的工作，先建立自己手头工作的标准和规划，做好自己的流程优化，从而建立自己工作的系统与周期。这既能提升工作质量，又能提升工作效率，将来才有机会去管理别人。

初级的岗位也有东西可学，只是很乱很杂，这就需要你去进行系统性整理。比如你规范每一个工作文件的格式和模板，针对同类问题建立标准的话术，将项目中的所有工作进行整理，形成流程，对周期性的工作做好记录找出规律……

比如你是促销员，那你就要了解竞品是什么、卖多少钱、有没有促销，现在自己卖的产品是为什么促销？是新品推广，还是年节冲量？是什么包装，什么场合使用，应该向什么样的顾客推介，应该怎么说？你要做记录，卖出多少、卖给了哪些人、他们为什么买，他们还买了哪些？是推车买的，还是随手拿的？你还要思考，你要如何一句话吸引他的注意，三句话把促销要点说清楚，促销点位置怎么样；如何生动化地陈列、如何总结话术、如何总结推销技巧……这样一步步你才能去培训新的促销员，策划新的促销活动……

整体大于部分之和。

你要从全局的角度看问题，不但要掌握技术细节，更要了解整个项目的操作流程和控制要点。很多基层的工作都是简单琐碎的小事，都没有技术含量，但如果你能把它们整合起来，形成系统，就有了技术含量。如果用心的话，体力活也能做成脑力活，刷皮鞋也能刷出皮具护理连锁店，开小超市的也能开成连锁加盟的小超市管理公司。

单纯做技术，三年的经验和五年的经验差别不大。技能的提升是有限的，既受限于天赋，也受限于工作环境。职业要想更快地发展，你不能只关注技能，这只是为了完成分工；你要做的不只是个人从专业上完成任务，而是要能从资源上解决问题，这就需要多部门的团队合作。你要将工作当成一个项目去深入研究，对项目的各环节都要有所了解，才能在这个领域有更大上升空间。

我们的工作都只是一个具体的分工，好比是流水线上的一个工人，每天重复的都只是一个动作，那么我们首先是做好这一个动作，然后进行总结和改进。你首先要反思，你的时间浪费最多的地方在哪里、为什么；其次想如何改进它，想这个动作怎样做更有效率、更好；然后看这件事的上下游环节，流程怎样优化更有效率，如何更好地沟通和协调；然后看领导是怎样把这些环节整合起来，这个项目整体上怎么运作，这就形成了体系。

这能让你站在全局的角度审视和运作一个项目，从整个项目全周期、全事件和全角色来看待项目中发生的事情关联性和变化的因果关系，而不会陷于技巧之中。这最终形成你的行业思维模式，从而在第一时间作出最有效的判断和行动，才能让自己渐渐由一个执行者变成一个管理者。

技术没有那么多新东西，超越是基于更高层次的眼界与角度。就像会计只有把自己当老板，才能看到会计的精髓，最重要的还是要多想，想想为什么会这样，为什么会那样。当你拿过一张报表，你第一个想法应该是这个报表能给你带来什么样的信息，通过这个信息可以给决策者提供什么样的建议，你自己又有什么解决方法。如果你只是一门心思做会计、做报表，保证准确，不出差错，那很枯燥，而且你始终不能跳出来看看自己做的到底是什么。

专业工作按技术进行分类，按项目进行整合。

行政工作按责权范围进行归类，按周期进行整合。

其实，很多时候不是工作没有技术含量，而是自己还没有察觉。我们不能把工作当任务，而要当项目来研究；对工作的完整流程和细节进行整理研究，将零散的任务归纳成为专业的项目。

有外企技术部门的新人说，研发项目都是国外主导进行，国内就是改改图纸，再发布图纸。虽说在技术部门，但是做的事一点技术含量都没有，就是打杂。其实就是抄，也要学会思考，为什么人家要这样？要善于发现问题，在抄的过程中，可以综合几个产品所长，借鉴好的方面，也会有所创新。有时因为国内配件供应的问题也需要思考一些变动，这些也是学习的一部分。切记，就是打杂也要有项目管理的意识，否则你就永远只能是打杂的人。

项目都是周期化的，你要成为某类项目的运作专家。

创新就是排列组合，但你要找到关键所在，知道和懂得是两回事，只有分解，才能找到过程；只有归纳，才能找到结果。我们要善于从观察中学习，通过对别人的过程和成功案例的分解，找到其中的关键原因，然后重组重定义，按项目建立专业理论框架和服务内容清单。

我做品牌策划时最烦客户问我，一个包装设计多少钱？你以为我给你的只是一个包装呀？那你为什么不去找印刷厂的设计师呢？他们一天要出十款包装，你觉得他们做得不好，那你为什么不想想他们为什么做得不好呢？他们是专业做包装的，而我是做品牌的，我设计一款包装要考虑消费者需求、消费行为模式、品牌识别体系、产品品类调性、产品线规划……你眼中只是一个任务，而我眼中这是一个项目！

我们需要将日常工作中的单个任务进行记录、整理、优化、组合成为项目；而当参与一个项目时，我们更要对项目进行全流程、全细节、全资源的记录，同时搜集同类项目进行比较分析，进行整理、优化、组合，形成系统性，并对现有项目过程中出现的问题进行总结，最终形成项目模式、服务内容清单；更进一步，你要将活动流程形成执行手册。

在这个过程中，你要加深对资源的认识理解，清楚了解推进这类项目需要用到哪些资源，这些资源是什么类型，有哪些层次和指标，如何才能获得，列出项目推进过程中的任务分工、流程安排、阶段划分、时间控制、联系人……

比如说你参与了一次大型赛事活动的项目，这种项目每年都会搞，会有不同档次。比如说本地的、全国一级的、媒体自办的，那你就要想办法搜集到全套的流程文件，包括策划方案、线上线下活动执行方案、宣传方案、招商方案、后期画册、全套物料设计方案、媒体计划、进程表……

通过对项目的研究，你能补充欠缺的专业知识结构，也能加深对资源的认识。比如这类活动需要整合哪些资源，这其中包括由什么政府部门主办、什么类型的企业承办、媒体支持、企业赞助、专业表演团队……甚至通过对这些方案内容的整理对比，你都可以找到更好的内容表述角度、更清晰的逻辑、更简洁准确的措辞，将它们进行汇总整理，你就掌握了全套的项目文件模板。

从项目的角度来建立流程和模式。

在我们工作中，当一个项目完成后，你重新回过头来整理这个项目的流程和变化，这个复盘过程能让你把项目经历转化为项目经验，并从中找到自己的不足，从一个更高的层面来看这个项目。比如：

- 原来是从专业角度，现在试试从行业高度、从资源角度来看问题。
- 原来是从执行角度看，现在从管理角度、从团队与效率角度来看问题。

你想成为什么样的人，你就要去关注他们所关注的事情，而你近期的目标就是要成为可以管理你现在这个岗位和你身边岗位的人！这需要全面掌握资源的调配，培养自己面对市场的灵敏度，提高与员工的沟通能力，积累对下属的培训经验……那么先看清自己要做什么，然后看清身边的人在做什么，上司要做什么，再看别的部门要做什么；最后再看别的公司在做什么，甚至别的行业在做什么，政府在做什么……

第2节　职业成长步骤

谈到职业发展，我们常常会说要“走对线、跟对人”，这只是外职业生涯的规划。那它们的内在本质是什么呢？也就是你如何走对线？你要跟什么人？别人为什么让你跟？这就是内职业规划了，是如何由专业向项目再到资源的转化。

在职业发展中，我们在每一个阶段都会感觉到瓶颈的存在，感觉付出没有回报，甚至开始对原定的目标动摇、猜测、焦虑、心急、否定、绝望、放弃，这就进入了职业困惑期。这种困惑一方面是对过程缺乏清醒的认识，对目标太急于求成；另一方面就是对于不同阶段发展所面临的问题缺乏正确的认识，其实不同阶段所遇到的瓶颈是不同的。

- 初级阶段是执行阶段，瓶颈是不知道怎么做，此时要加强模仿与练习，更要找到专业上的领路人，指导你将专业知识转化为职业技能。
- 中级阶段是管理阶段，瓶颈是专业能力、项目经验、行业经验，不知道还要做什么，此时需要提升专业高度、扩大行业视野、积累人脉资源，争取上层领导在业务上的支持。
- 高级阶段是运营阶段，瓶颈是资源，知道怎么做，但是做不了，此时需要超越专业限制、寻找外部的资源，以及突破现有市场的限制。

如果你是官二代、富二代，那你自然直接就是与资源打交道。而对于普通人，职业发展之路就是“技术—项目—资源”，你只能一步一步由技术到项目，由能力换资源。不同的职业阶段有不同的发展重心，不能随意超越一个阶段而进入下一个不该过早进入的阶段。就像股市里的“跳空高开、逢缺必补”，而对于我们而言，因为人生的阶段性，你如果想直接奔资源，可能你会因为青春的资源或者某些偶然的机遇得到一些东西，但是当时机过去之后，你会发现也许什么都没有了，而这个时候你想再去练能力也来不及了。

职业发展是一个由执行者向管理者再到运营者的转化过程，你要由“看懂他是怎么做事的”，逐步到“看清他是怎么挣钱的”。

你做的事情值多少钱？如果你只是完成工作，那你就只能拿到工时费，这是受控制的人力成本。专业工作，你做得再好也只是个“做事的”，你是被分工的，老板不会考虑

"你能创造什么价值"，而是"这个职位行情大约是多少钱"。你要想办法让自己成为"管事的"，当你能系统全面地解决问题，你能给别人分工，你就成为管理者，你才能获得剩余价值。最后你要让自己的意识达到一个老板的高度，成为一个"整合资源的"，从资源的角度，用经营的思路来工作，考虑空间毛利、费用利润、投入产出、财务报表、统筹方案……比如做财务想晋升，不在于你账做得好不好，而在于你能不能从财务的角度与外部公司谈判，获得更好账期、更高分成、利息优惠，从而为老板省钱甚至挣钱，这才是老板要的东西。

专业提升

对于刚毕业的年轻人，最容易感到迷茫的是不知道自己能做什么，同时又会有很多想法，会在专业外或者专业内的不同细分方向上去杂乱无章地学一些东西，甚至希望通过不同的工作来找到自己未来的方向。结果总是不能静下心来专心地把现有的工作做透，只是完成任务一样地去对待，往往造成的结果就是自己觉得做不下去，老是停留在某一个位置上没有前进。很多人工作几年了，专业都没吃透，只是做些程序性的事务性的事，这其实是自己不用心；还有人是做技术工作，工作中一直要用到的几个公式从未记住，只是简单套用，也不想去了解其原理和意义，这样就只能把自己局限在现有的工作和现有的水平之中，很难发展。

从行业的高度来看待职业发展，从业务的角度来重新定位专业方向。

做事要知其然，更要知其所以然，这就是为什么要从解决问题的角度看待工作。你要将日常工作进行整理，形成全局性和系统性，并理解这样做的原因。如果没有全局性，你对这份工作会很熟悉，但对这个职业还是很陌生。

比如说有毕业生在实习时进了一家企业做业务员，他毕业时想进一家大企业做市场管理方面的工作，但他感觉这份实习工作说白了就是理货的，到处巡巡店、理下货，而且促销方案有申请表，填表就可以了。他只是被动地完成下达的工作，而没去想过为什么要这么做，还要做哪些，也就没能将这些工作经历转化为经验和能力，结果应聘时他都不知道怎样体现出实习工作的价值。

其实，哪怕是在超市当理货员也要去研究超市内部的管理，包括仓储、卖位、成本核算、统筹分析、货品防损、投入产出的基本知识。一个货位放什么货品销量更大？一个通道怎么摆放货架子可以增加单位销售额，怎么计算的？产品与产品之间如何互相拉动销售？之间有什么隐含关系？消费心理学、统筹分析学、打折销售的品种和摆位……这些东西是学校里学不到的，却是一个卖场管理主管必备的知识和技能。

职业与所学专业是不同的，工作只是分工的一部分，而职业是根据特定岗位的多专业的综合，职业中的专业是根据工作要求继续学习获得的，比如说有网友跟我说他的专业是电子，现在在一家做 ERP（企业资源计划）实施的企业中做机要秘书，每天的工作就是一些基础的行政事务，甚至是无所事事，感到很惶恐，不知道该怎么办。其实这很正常，他的这份工作就是他所学专业背景之上的行政管理职业路径，此时他一方面要根据行业的发展趋势和企业的业务方向来重新定位自己未来的专业发展方向，同时还要根据企业所提供的岗位职业路径来进行与岗位相关的知识结构的专业学习和资格考证。

初级工作都是分工之后的简单重复，将它们重新组合起来，就具备了专业性。

初级工作一定要变被动为主动，要对公司的整体有个框架，不能只是别人让你干什么就干什么。要关注领导的工作，多看多想，领会领导每一步的意图在哪儿，操作什么步骤，努力让自己跟上领导的步伐。当遇到问题时，先假设自己是领导应该怎么做，再看领导的具体行动，从而找出差距。

最初的工作往往都是简单的重复，但是你要从中找到可以提升能力并被领导所注意到的方式。比如有人跟我说她做销售跟单，每天都需要跟业务员联系下单的工作，但业务员填单都很不规范，每天她都要花很多时间去整理。我跟她说，你把业务员在报单中常犯的错误做一个汇总，跟营销总监沟通一下，然后以营销总监的名义下个通知，在下一次业务员回公司开会时把这些做一个填单的培训，并设置相应的处罚措施，这样你既不会得罪业务员，以后的工作也会节省很多时间。而这个培训你可以把它上升到“企业标准化”高度，在很多方面都可以展开，这些是公司领导很愿意看到的，他会看到你在工作中的用心，而你也提升了能力，将日常工作形成了一个将来可以写入简历的项目。

职场上大多数人都只是业余选手，绝大多数人都是被动并随意地工作着，你只要多想一点、多做一点，很容易就能超过别人。要想做好工作，光把领导交代的事情做完是不够的，要能让领导不交代就做好才行。为什么有些人提拔得更快一些呢？根本原因是他们在充分完成工作的同时，显示出让领导可以信任的、追加工作的潜质。

餐饮服务人员的晋升

班长都是从优秀服务员中选拔出来的，她们懂得如何礼貌待客，她们了解顾客的心理和心态，她们在不断的错误中总结出成功的经验与教训。和一般服务员比，她们不仅是错误出现率极低的，而且是能够培训服务员如何进行服务的一群人。她们还会在服务之外，开始有意识地去认识和积累客户。

班长当了三年之后，才有可能从众多的班长里面脱颖而出，成为一个楼面或区域的主管。她们能够及时根据需要合理调度服务员，能够及时处理顾客的意见与投诉，能够调动属下员工的积极性，可以根据季节的不同制订合理的营销方案。

在服务行业，在千百名服务员中，至少工作十年以上，才有可能产生一名大堂经理。她们每个人都是从最基层做起，并且比别人能吃苦，比别人肯学习，比别人能承受委屈和打击。她们有的是以服务细节取胜，有的是以及时处理突发性事件的能力立足，有的是以良好的超前意识赢得尊重。

关于行政助理，职位没有高低之分，把琐碎的事做好了也可以成为达人

1. 每周工作日志的电子版必须留存并发给办公室主任（目的：将多样的工作系统化，日志内容体现工作的思路，也便于行政工作人员变动时保证工作的连续性）。

2. 每月办公费用必须详细记录，本月和上月对比，下半年和上半年对比，今年和去年对比（目的：办公费用记录的清晰明确是行政工作中成本控制的关键，可以帮助行政助理在工作中抓住重点，区分易耗和损耗，办公费用分门别类，出入账目清晰）。

3. 会议记录（目的：能快速了解各部门业务情况和协作关系，能在服务与协调中起到良性推动的作用，充分帮助办公室主任领会决策层的核心要求，加大执行力度）。

4. 餐费和员工各项福利必须以员工和企业双赢为目的，天平不能一边倒，办公耗材和收发邮件、传真等要以公司的利益为权衡标准（目的：前者体现企业的人文关怀，以人为本；后者体现行政工作的“管家”作用）。

5. 以上所有的工作需要持之以恒，完成每项工作后要善于总结，凡事不要只去想行不通的部分，多去思考自己是不是可以在原有基础上做得更好。（好记性不如烂笔杆，我们的工作琐碎，要常记录。做完一项划掉一项，否则被提醒后记起显得思路混乱，不提醒又忘记。）

第一项要求的达到能帮助办公室主任察觉到后勤工作中需要提前预见的问题；第二项要求的达到可以为办公室主任在办公费用的计划方面作全面考量，在和上级沟通时打好提前量；第三项要求的达到能帮助办公室主任更好地贯彻执行领导的管理思想方针；第四项要求的达到能利于整个行政部门工作的开展，与人方便自己方便，办公室工作也是公司企业文化的一部分；第五项要求的达到能保证抓住事情的精髓和重点。做一行就要善于发现这行的特点，意识到位，工作才能到位。

在职业成长阶段，我们首先必须在某一个职位或部门中深入发展，先在一个相对狭窄的领域做深，成为这个领域的专家，然后再培养自己广博的知识和全面的技能，才能使自己具备成为高级管理人员的素质。如果做得很杂，尽管这能为你提供较广的视野，但是这无法积累扎实的专业基础与技术实力，实际操作能力会较差，难以面对真正的大项目，职业的长远发展反而失去后劲。其实哪里都是低端的人才泛滥，高端的人才缺乏，只有做到高端，才有竞争力。我们看看下面这个“招聘专家”的招聘广告，你就可以知道原来人力资源中一个细分模块可以做得这么大。

■ **工作职责**

- 研究人员甄选方法论，形成高质量产品并推广运用，指导提升全集团直线及 HR 面试官识人技能；
- 研究、引入业界专业的招聘面试选拔模式、工具、方法，完善公司招聘考核技术、流程并应用评估；
- 建立面试官队伍选拔、培养、考核、激励、淘汰机制；

- 根据集团管理模式下招聘管控及流程优化需要，建设系统化招聘管控平台；
- 优化招聘渠道管理机制，引入、建立招聘渠道体系并管理评估，满足公司人才招聘需求；
- 通过提供指导、培训等方式，提升子公司HR招聘业务能力，建立及实施对子公司招聘工作的日常管理、授权及评估；
- 研究业界招聘组织模式与方法，根据公司发展需要，提供更为完善的招聘解决方案。

■ **任职要求**

- 全日制大学本科及以上学历；
- 三年以上大型企业总部、区域总部或咨询公司工作经验；
- 在招聘理念、方法、工具方面具专业知识，掌握和运用招聘相关技巧；
- 心态开放、积极主动、结果导向；
- 出色的逻辑思维能力、推动影响能力、分析解决问题能力。

■ **挑战与机遇**

- 集团层面的工作视角、平台及实践机会；
- 成为招聘领域的专家；
- 区别于招聘流程实务，从事政策性、平台性招聘管理；
- 参与集团全业务领域的不同招聘挑战。

项目运作

有做风投的朋友跟我说了一句话给我启发很大：你在找出路，其实市面上的钱很多，也都在找出路，只不过，他们要找的不是创意而是人，是真正能把创意执行到位的人。

企业对于中层人员的要求是能做项目、带团队，而这代表了你的组织执行力。如果不是天赋过人，那么技术到了一定程度就面临转型，可以选择管理，也可以选择销售。管理与销售所需要的能力与单纯做技术是不同的，这可以由项目入手来学到整体性的东西。即使是做技术工作，也需要对整个过程进行了解，这样才能从各个环节的配合衔接中真正得到有效的积累，然后才能成为项目负责人。同时，技术只是过程，项目才有成果，这才能得到领导的关注，也只有成功的项目成绩才能建立专业口碑，树立个人品牌。

对于年轻人而言，在职业发展中首先要看重的是项目和平台，而不是职位。

不同类型的公司对职位的评定标准不同，中小企业会启用年轻人，主管会年轻很多，但是不代表他们这个头衔会被大公司所认可。大公司只会认可应聘者在这个专业领域的实际经验，会根据工作年限和具体的工作成绩来判断，而不会因他在以前的公司是主管就给他一个主管的职位。

职位是分工，而项目是整合，是从专业能力提升到跨专业的资源整合，从个人能力到团队能力和外部资源的整合。你所看重的应是高附加值的任务、项目的规模、你在项目中所处的位置（组织者还是执行者），其重点在于你控制什么、你多大程度地整合不同的资源、你擅长操作哪种项目、你在项目中能分得多少利润……

参与大项目对于职业发展至关重要，一年的项目强化工作经验甚至相当于日常普通工作几年的工作经验，能迅速提升你的眼界与能力，而这个项目的成功案例将是你职场资历上的升级标志。通过这些项目，你能积累特定的行业资源，提升相应的专业特长，锻炼管理和决策能力，了解人员、进度、流程、预算、成本控制等各个方面，积累别人对你的信任，最终树立你的个人品牌。

对年轻人而言，求职先是看重专业岗位，其次是看重参与项目。比如说有两家公司，A 公司较小，但是它提供了符合自己职业发展方向的职位，将全程参与公司正在推出的全新项目运作；B 公司较大，所提供的职位与自己的职业方向不完全符合，所做的也只是日常维护工作，那么就应该选择 A 公司。因为通过这个才能具备职业发展所需的项目运作经验，而且专业能力提升更快，由此将来可以以更好的职位进入大公司，或者以职业经理人的身份去进入新的成长中的中小公司。

专业发展看重技术的先进性，而项目发展是由技术向管理的转换。

项目是为了解决问题，在具体运用中看重的并不是技术的先进性，而是成本与产出的效能，此时能整合各方资源、协调各方关系、推动团体合作反而是更重要的。尤其是30岁以后重要的是要从专业提升向项目运作和资源整合发展，不要画地自限于自己的专业技能，不要自得于自己单打独斗的能力，否则过了35岁你又会面对职业瓶颈。

项目都是一环扣一环的，最容易犯的错误是考虑问题不周全，只想自己那一块，不想前后左右。在团队中，先是分工再是合作，但你不是服务于分工而是服务于项目，项目做完才是完成，所以自己的事做完就要主动考虑别人的事，由此一步一步具备方向掌控能力，并能帮助别人成长，由个人的主动性发展到项目的推动力，实现由专业向管理的转化。这种积极主动的心态是非常重要的，对自己要定一个对最终结果负责的目标，你才会不断调整自己，获得别人的支持，整合工作的流程，最终你自然会因为自己的定位而获得别人给你的地位。

在工作中你要分清什么是分内的工作，什么是分外的工作。配合别人的工作就是分内的工作，直接做别人的工作就是分外的工作。特别是你专业之外的工作，你需要了解，需要配合，但不一定要去做。比如有人跟我说，他在市场部做策划，领导要他做一本产品陈列手册给下面的业务员及卖场促销人员看，他会平面设计，但是设计能力不强。我说，你先问问领导这本手册要做成什么档次、什么时候出，然后主动跟领导说，你会把手册的结构和内容都准备好，并找到相应的设计风格范例供选择，但是手册的设计需要平面设计师来做。否则你硬着头皮做了，水平肯定比不上专业设计师做的，最后没做好，时间还耽搁了，那才是大问题。

在项目运作中，有的人侧重跨团队的外部资源整合，着手于人，向团队管理方面发展，成为项目管理专家，向企业高管发展。还有的人侧重跨专业整合，着手于流程控制和高新专业技术，在专注于本专业的同时向相关专业领域拓展，成为项目咨询专家，这些人往往又会由于无法完全发挥个人价值而最终离开组织，成为专业的培训师、咨询师。比如部分企业的CIO选择从甲方走向乙方，从企业进入信息技术和服务提供商的领域，凭借自己丰富的技术和经验提供独立的信息化咨询和服务，帮助其他企业实践最佳方案。

资源整合

为什么我们总感觉付出与回报不成正比？这就是因为还没进入资源整合层面。

费力不挣钱，挣钱不费力，靠能力吃饭总是要受人剥削的，只有进入资源层面，你才能更轻松地获得超额回报。能力只能帮你争取机会，而资源才决定你的能力能获得多大的回报，那么你就要学会从资源的层面来看问题，即使你现在不能掌控全局，但你先要知道全局是什么样子，这样才会给你一个方向、一个目标、一个动力。

你要站在更高的层面上来看待自己的未来。量变到质变，数量级非常关键，超过这个数量级就是另一个竞争模式了，比如不同价格代表不同的消费模式，比如说日常用品和奢侈品。在专业提升和项目运作阶段都还只是以功能满足需求，这只是你的职业定位。你要从专业角度跨专业成为一个能系统化解决问题的人，将自己塑造成为某个领域的专家。比如说，商业地产运营专家是在商家选址、商业规划与运营、商业建筑规划等领域有三年以上经验，能为商业地产项目定位、规划设计、运营管理等提供诊断与优化服务的专业人才。

任何专业工作都要站在比客户更高的高度来思考问题，站在市场需求的角度上去思考问题，不是客户要你做什么你就做什么，而是你要告诉客户他还要做什么，这就是你所创造的独特价值，从而才能获得超额的回报。

从个人角度来说，以上阶段还只是用能力换取机会，由执行者层面进入管理者层面，要想职业再向上高层次发展，你就必须认识到资源与资源之间的关系，用资源交换资源。资源之间是存在关系的，就像金木水火土五行相生相克一样，金克木，水利金，你要找到它们之间的关系，由此你由管理者进入经营者层面。

如果想成为经营者，你就要从行业角度成为能跨行业整合相关资源的人，要认识到“管理模式”和“商业模式”的区别。功夫在诗外，很多时候你根本看不到别人的商业模式，比如高尔夫球场是亏钱的，但周边的地价在涨。

管理模式只是从专业角度如何整合内部资源去解决问题，而商业模式是从行业角度、从外部资源角度找到赢利的交易结构。比如你是做媒体策划的，那你不能只是研究媒体的资源，还要研究自身媒体所定位的细分客户的资源，以及客户行业的资源。也就是说，你要先研究自己的产品和功能，再研究客户的需求，再研究客户的客户。

你不能只想着如何完成客户的要求，而要研究他是从哪方面挣到钱的，你要看清他背后的商业模式。例如旅行社零团费，靠游客购物挣钱；再比如，搜索引擎开始只是工具，等发展出商业模式后就成了行业，由此成就了谷歌在互联网的领导地位，再后来百度又通过竞价排名获得了更多的利润。

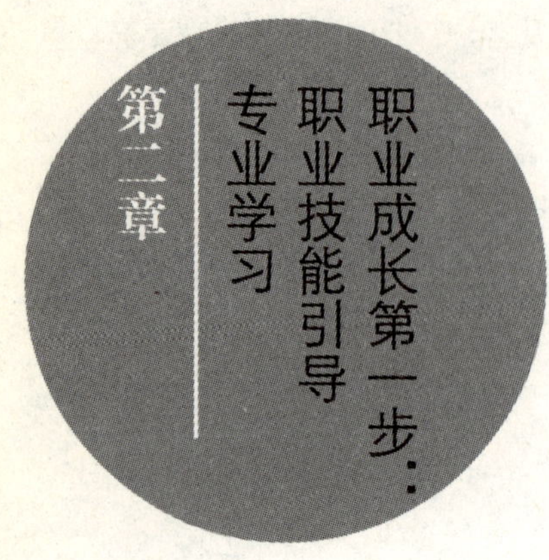

第1节　不可轻视基础技能

一名硕士毕业生在天涯论坛上的帖子：

我是2011年研究生毕业，英语专业，专攻现当代英美文学。生性胆小懦弱。刚进研究生校门，胸怀远大理想，譬如找兼职，积累社会经验，锻炼人际交往能力；或者谈个恋爱，考博。第一次跟导师见面，就被导师吓住了。她罗列了一大摞的书，让我头来自己看，又威胁我说不好好做论文就推迟毕业。再后来，院里的老大直接正面打击了我的热情和乐观，把我推到了悲观的谷底。

我在研究生的三年时间里什么都没有做，只是研究我的论文。一边研究，还一边自我否定：我的论文，花费了我三年的青春，爸妈的心血，我辛苦的家教钱，我写的这篇论文对社会有什么作用和意义吗？我能用我的论文换回一个烧饼或者一份凉皮吗？

我越想越悲观越沮丧……在老师的臭骂下，我很吃力地顺利按时毕业了……

我一直认为是研究生的三年生活戕害了我的人生态度，它告诉我一个事实：读书无用。也许我是一个失败的例子。我学师范的英语教育，我去应聘教师，人家直接说你拿本科学历就可以了，没有必要亮出来你的硕士学历。结果，我也没有考上。我没有教学经验，我应聘了大学、高中的学校，听我试讲的老师们就像观看小丑似的看我在讲台上献丑……他们都感慨：以后研究生、博士生来了，也得先把关试讲，不能放松。同时我像犯人似的被询问，意思就是：你在学校里就没有教学实习过吗？你们学校就没有开教学这门课吗？

如果再给我一次机会，给我100万送我读研读博我都不去。我宁肯早早毕业打工挣钱自食其力，或者孝敬父母……

从个人角度来看大学生就业难的关键原因是什么呢？是缺乏实践经验，没有实用技能。

大学生的就业问题除去产业结构失衡之外，我们也要看到，一方面是毕业生找不到工作，但另一方面企业也在头痛招不到能胜任起点工作的毕业生。第一份工作都是基础工作，而任何工作也都需要大量的基础人员，将主创人员的想法变为现实，此时看重的并不是你的理论知识的深度，而是基础的职业技能与高效的动手能力。

职业技能的认识偏差

学历只是入门的门槛，而能力才是过关的阶梯。教育背景只是初步地决定你能在什么层次上找工作，最后真正能帮你PK掉竞争对手的还是你的经验与技能。你以为是在和比你差的人竞争？错了！公司都是针对岗位招合适的人选，太差的做不了，太好的留不住，都不会要。到最后关头时，你会发现除了关系户之外，对手都和你差不多，比你强的人去竞争更好的工作了，比你差的在海选阶段就被淘汰了。在海选时比的是成绩，比的是谁是好学生；而在决赛时比的是谁不像学生、谁能更好地形成职业化思维方式、谁能更好地把专业知识转化为职业技能。

如果你只是在简历中写你学了什么课程，你在学校社团里做了什么干部，你根本没提一点对方工作中招来就可以用的东西，那也就没有了竞争性。对于毕业生而言，求职比的并不完全是学习成绩，新人招来只是要完成一个初级的具体工作，这个时候企业是用人所长，所以只要你针对企业作了研究，作好自己的岗位定位，将你的过去按应聘岗位的要求进行重组和重定义，发掘和包装好你的核心竞争力，你不是不可能找到一个更好的工作。

大学生常将专业与技能混为一谈，结果面试时HR问他们会什么，他们往往回答的是学什么专业。专业只是指你学业所学的，而技能才是你的职业所用的，比如说“市场营销专业”这只是理论，是专业思维方式，而工作中要掌握的是具体的工作方式，比如说销售技能、市场调查技能、信息数据分析技能……

很多人听说技能上几个月班就会了，于是就等着上班以后再学，可是到找工作时才发现一份有学习机会的工作也是需要去争取才能获得的。机会都是少的，如果你指望对方能先录用你，然后你进去之后再学习，那基本是指望不上了。企业不是学校，招你来要能干活才行。如果你希望企业培养你，那么你只能接受低工资，用你的青春来交学费，但实际情况还不仅于此。

第一，你没有好的准备就找不到好工作，而如果想先找一个差的工作学技能，那你凭的就只能是体力和时间。每天工作十多个小时，上班没时间学习，下班回家都累得不行了，吃完饭洗完澡也许都八九点了，没时间更没精力去学，也看不进书了，生活越来越惯性，越来越没有斗志，更没办法找到好的工作。

第二，具体的工作其实都只是分工，越低级的工作就越只需要低层的技能与知识。你会感觉每天就是不停地重复，被限制在某个具体的重复操作上，甚至是坐在机器的旁边从事着机械的动作，成为机器的一部分，想学也没东西学，感觉看不到任何前途，同时很快麻痹于熟悉的节奏之中，然后开始去混日子，最后既找不到新的机会，甚至都不敢作出改变。

第三，对于企业，给你的工资是一回事，你耽搁的时间又是一回事。你不要幻想工作中真会有人教你东西，每个人都很忙，如果你做不了事，那他们教你的时间还不如自己做了。公司招实习生也是要可以做事的，你们来实习是来学经验的，而不是学技能的。没人愿意免费带徒弟，你能帮他们做事，你才能不打杂，他们才愿意教你更有用的东西。如果你只会打杂，那你能找到的工作也就只是打杂，那别人要的就只是一个打杂的，那你只有打杂，那你还能学什么东西呢？你每天就是混日子，等你混得看不到希望，准备辞职时，你会发现做了几年事什么都没有学到，你甚至不知道自己现在能做什么，该去做什么，这个时候对未来反而会更迷茫。

招聘公司要求应聘者有经验，其实只有中高级职务才需要硬碰硬的行业经验，而初级岗位需要的经验就只是扎实的专业知识与基础职业技能。

现在大多数新人的问题不是缺乏经验，而是基本功太差。比如大部分人都写不好自己的简历，无法用准确的措辞对自己的能力进行准确归纳描述，甚至有明显的错别字和错误的标点符号，排版不美观、格式不正确、软硬回车不分、全半角不分、中英文标点不分……再比如面试中很多人都不具备良好的表达能力，如果让他大声地读一篇文章，读15分钟，很多人会读得不流利，断句不恰当；让他读30分钟，他会读不下去，这些跟经验有关吗？这只能说他没练过。读书时你如果在学校里无所事事地喊无聊，宁愿去上网玩游戏看视频，却不愿意坐下来学习和练习各种实用技能，那么找不到工作其实都只是咎由自取。

具体工作中更多的是重复，但是它们都要求你高效率，特别是在工作的最初阶段，更看重的是职业技能的准确高效运用，这些基础技能在各个岗位都具有一定的通用性。

大学生有很多时间去学习各种职业技能，比如像职业写作、相关软件操作、行为礼仪等等，都是很重要的基础职业技能，但大学生对这些都缺乏正确认识，更多的是对未来充满幻想，却看不起这些基础的职业技能。即使努力的人也是去考研、学英语，还有很多人被社会上商业炒作的职业培训或者资格认证所误导，其实如果没有最基础的、枯燥的基本功练习，那么真正高深的技能你学不了，即使你学了也用不上。

由职业技能引导知识学习的方向。

学历只是一块敲门砖，但如果不是名校毕业，学历并不意味着什么特别的就业价值。如果你准备大学毕业后就工作，那你就必须明白，你毕业后要做什么具体的工作，它需要什么样的专业知识结构，需要什么技能。有一点尤其要注意的是，文科生是失业主力军，这是因为文科专业太笼统，实用性不强，课程博而不专，所以更要根据你未来的就业方向加强职业技能的训练。

职业能力看重的是实际的应用练习，不是对着书本学习。真正有效的学习是以用带学，围绕问题去学。如果没问题，只是单纯的知识学习，那学生都不知道为什么学，学了有什么用，那考完也就丢了。而且现有教育模式下零散的专业课程设置和不完整的教学课时更难以形成学生思维的整体性，知识与信息的无限性反而会分散学习的注意力，而技能技巧与职业工具、工作对象有关，基于知识，又反作用于知识，为学习提供了具体而实在的使用领域与方向，分散的知识就会有一个聚焦的目标领域，这反而能更好地培养学习的兴趣，并帮助他们真正掌握知识。

职业资格的认识误区

从小到大，大人都对我们说“你要好好读书”。

什么才是好好读书呢？这首先要明确我们读书是为了什么？

大二过四级大三过六级大四考研，这是很多认真读书的大学生的规划，其实这只是手段，不是目标。大学与中学不同，读高中的目标是考大学，而读大学的目标可不是为了考研，好好读书只能让你继续读书，而你读书是为了工作。

正是因为很多同学没意识到读大学是为了工作，结果到毕业时无法应对就业，只好又逃避去考研。又或者意识到了要找工作，但并没意识到要找什么样的职业，于是漫无目标地考证，什么热门就学什么，跟风去考证，而根本不把认证考试与自己未来的职业目标相结合，结果被培训机构忽悠，通过死记硬背的方法获得一些对能力毫无提升的证书，既得不到企业的认可，还浪费了精力和学费。

考证更多的是为了职务晋升，而很难帮你职业转型。

大家对于考证有一个严重的误区，很多人为了就业和转行去考证，以为只要考取证书就能找到相关工作，其实如果没有这一行的经验，你考的证没用。如果想转行，那你就要先想办法进去，很多初级职业认证都是没用的，甚至只要是交钱保过的证都不要考，这种证连自己都骗不了，又怎么骗得了 HR ？企业看重的是实践经验与职业技能，这些通过面谈和操作都能了解，而过多过杂的证书反而反映你职业方向不明确。

越是低端的工作，越看重职业技能；越是高端的工作，越看重工作经验。初级证只有对应你所学专业才有用，跨专业的证都不用去考，考得再多，也比不上别人的学历证。比如说媒体上热炒的营养师、心理咨询师，如果真正想找到对口的工作，至少要有相关专业的本科文凭，光是一个几十天的培训毫无价值。而现在学历都没用了，你还想靠证书来找工作？有的同学大学四年拿了十几个证，很多精力都花在考证上了，可是毕业找工作的时候单位根本不认……

高级证则必须以工作经验为前提，比如会计专业，CPA（注册会计师）对于一些职位会比较重要，但是不会起决定作用。真正起决定作用的是你以往工作经验和招聘岗位的匹配度，否则即使过了 CPA 也会因为你的工作经验问题被拒绝。

根据招聘要求进行考证。

大学生最迷茫的是不知道“为什么而学”和“学了这个有什么用”。考一些技能和证书的确会有助于就业，但不要以为学了什么就能做什么，而要搞清楚自己想要从事什么样的职业。常常有人觉得“学了总是有好处的，多尝试一些新的东西不好吗？哪怕是以后工作了还能做个自己喜欢的兼职……”他不明白不是“学了总有好处”，而是“学好了才有用处”。你要先了解这个职业的入门岗位要做什么，企业对这个岗位的具体要求，然后自己就按照那个要求去提高自己，以职业取向来确定自己的技能学习和考证，而不要盲目地学习。否则就像屠龙之术，很多你自己认定的东西企业根本就不需要，或者等学了之后你才发现这份工作你不想做，甚至没有机会让你做。

到底要考什么证呢？你做做企业招聘岗位要求的分析，如果大企业招聘要求有这个证，你就考；如果不要求，就不要考。考证只有一个前提，那就是你决定了要从事这门职业，并且这份工作需要行业法规上的职业资格认证，如教师资格、律师资格、会计师资格、导游资格、报关员等等。其他的证考了也没用，比如对于初级工作来说，人力资源、物流、电子商务、广告师、项目管理、策划、秘书之类的证都不用考，OFFICE 技能也不需要考证；如果不是当老师或者播音员，普通话也不需要考级；计算机二级证在工作中也没有实用价值，如果不是为了进事业单位，也没什么用。

第2节　你需要了解的职业技能

职业通用技能

企业是针对岗位招聘，招来的人要干活，而不会想着先培养你，因此企业很看重新人的实际动手能力。对于新人而言，尽管专业不同，甚至就业的也不一定就是所学专业，但是一些基本职业技能都是相通的，这些都可以看做职业的基本功，包括职业写作、信息搜集与处理、倾听表达、软件操作等方面的技能，这些能形成你的工作适应能力、团队合作能力、沟通能力、学习能力、逻辑分析能力……

知识分解为专业，专业转化为技术，技术训练为技能，技能综合应用强化为能力。也就是说，能力是多种技能的组合，而且通用技能在职业上有它的标准，而不只是我们表面所理解的那么简单，以下是我总结的作为品牌策划人员的一些技能：

- **职业沟通能力**
  - 具备良好的商务写作能力，简洁明了，措辞严谨。
  - 具备出众的项目提案能力和较强的现场反应能力，已形成一定的个人风格。
  - 具有出众的文档管理习惯，及时整理文档，并与客户保持有效的书面沟通。
- **信息搜集与分析能力**
  - 详细的工作记录，具备出众的工作计划与条理性，对工作有良好的预见性。
  - 有良好的信息搜集习惯，并针对项目或客户进行整理分类、归纳归档。
  - 能迅速对一个市场进行案例搜集与分析归纳，并形成标准的作业模块。
- **团队合作能力**
  - 独立工作能力强，熟悉相关岗位的专业，能进行良好的跨部门团队协作。
  - 具备良好的流程优化与协调组织能力，能推动项目的进程。
  - 具备一定的课程开发与培训能力，具备良好的课件制作能力。
- **软件应用能力**
  - 打字 60 字 / 分钟以上，没有错别字，没有错误的标点符号。
  - 精通 PPT，能将概念转化为生动的图像表现，图文影音生动流畅。
  - 精通 Word，文档版式精美、图文表格信息清晰、简洁流畅。
  - 熟练 Excel，具备较强的数据分析处理能力以及图表化说明能力。
  - 熟悉 Photoshop、Adobe Illustrator（矢量插画软件）等设计软件，有一定审美能力，能与设计人员进行沟通配合。

➢ 发掘、使用各种工具小软件……

常用的工作技巧

我们常看到一些具体的技巧方法，比如说销售技巧、谈判技巧、演讲技巧、软件技巧、得体的话术等等。但是我们往往只是看看，只是停留在认识阶段，而并没有主动去练习和应用，其实这些东西对于工作非常重要，而且有效，比如“如何打电话接电话”都值得我们专门反复练习。

一个保安的职业成长

有人会问，OFFICE 软件应用、职业写作对职业真的有价值吗?

那我问，你觉得做保安需要会用电脑、会写作吗?

我身边有个年轻人，读的只是大专，学的是酒店管理专业，也学不到什么东西。他按我的方法进行了学习和训练，重点掌握了 OFFICE 软件、商务写作、信息搜集与分析。

学校在大三时就没课了，他被学校安排进了一家五星级酒店实习，因为个子高，所以把他分到保安部去了，每天都是在太阳下面站岗放哨。有一天，经理问实习生，谁打字打得快，他是按我要求练的五笔，打得又快又准，于是他就去打字了。打完以后，他又把文件重新整理了，修改了措辞，整理了逻辑，排了版。经理很满意，以后就经常叫他写东西，帮助主管做新保安的管理和培训工作，也不用天天站岗放哨了。后来，他很快地转正，年底代表保安部在员工大会上发言，毕业一年后升职成为领班。

当然他不甘心一辈子做保安，其间也有几次动摇，但是我帮他分析了几次以后，他安下心来。和他一起去实习的同学在实习期觉得钱少，全走光了，有的去做了快消的销售，不包吃不包住一个月也就两千多。而他只有大专学历，刚参加工作一年，包吃包住，一年收入四万多块钱，这在他的同学里，除了家里有关系的以外，他算是很好的了。

一个普通的大学生在毕业一年能达到这个程度也证明了职业规划与职业技能的价值，这些决定了你从何起步、如何发展。我总结他的几点原因就是有好的公司平台、在毕业前具备了良好的职业技能、知道自己的能力范围、选择了一个自己有相对竞争优势的岗位、找到了工作中的突破点、坚持了下来。

他现在的目标就是五六年后做到酒店的保安部副经理，由此开始对消防、技控、安保流程进行深入学习，并对酒店运营也开始研究，积累常来酒店的熟客资源，并且用心用钱搞好与同事、领导的关系。当然有人说保安再怎么做，发展也是有限的。其实也不一定，他说他以前的副经理不到30岁，被一家新开的大酒店挖走做经理，年收入能达到20万……你们觉得这对于一名天赋普通、没关系、大专学历、不是很外向的、二线城市的年轻人来说，这个目标够不够？

职业专业技能

专业技能是你能从事这份工作的前提，比如口才很好、善于与人交流，这是通用技能，而你想做培训师，如果你没有掌握某项专业技能、没有对某个行业积累丰富的经验和个人见解，没有一定的培训风格，那你就无法从事这个行业的培训工作。

专业与职业不同，我们必须以外在的岗位为参照物，分解它们的工作内容，找出其知识结构与工作技能，从而逐步由技能向能力转化，由专业向职业发展。

从工作的角度来看，我们所学的很多知识并不会直接应用到工作中，而其中的一部分知识却要求很深入地使用，比如人力资源划分为六大模块，而职业专业技能就包括绩效评价技能、薪酬激励技能、组织设计技能、职业生涯开发技能、沟通协调员工关系技能、构建推广企业文化……《越狱》的男主角文特沃斯·米勒说过：“我发现，学校所教的东西只是从事演员职业所需要的5%。而像是社交、营销、宣传，或者如何在上访谈节目时表现得有趣，这些东西都是演员要学会而学校却不教的。”

当你的职业定位明确后，你应该根据招聘岗位进行自身能力规划。招聘都是根据岗位要求进行筛选，因此我们需要对自己向往的几个工作的岗位要求进行分析。通过对这些要求的归纳与分析，并向专业人士请教这些岗位要求的真正含义，才能真正了解岗位所需要的关键技能、经验、资格认证，以此制订明确的学习计划和实践目标，从而构建合理的知识结构，培养从事相关岗位的基本技能和专业技能。

当你应聘时，你应对照职位招聘要求写简历，但不要只看这一家的要求，而要看更多同类型大公司对这个职位的要求。如果你是在中小城市，你多查查沿海大城市同类型公司对这个职位的要求，你会有更全面、更准确甚至更前沿的认识，从而你才能在简历中使用这些专业化的岗位描述词汇对自己的日常工作进行描述，并转化为工作所需要的技能与资历。

岗位转换意味着能力和观念的转换。不同层次的岗位所对应的技能也不同，比如说初级文员只需要处理接听电话、接待客人、记录考勤、文件收发整理、熟练使用办公软件这些简单的事情；高级秘书则要具备一定的管理能力，懂得按轻重缓急处理事情，掌握基础财务知识和相关法规，能帮老板起草文件、发言稿，对外也要应酬得当；行政经理除了做好自己手上的本职工作，还要对手下的员工负责，需要具备相应的管理技能与经验，懂得部门内的管理与部门外的协调。同时，不同层次的岗位也对工作年资作出相应的要求，比如说招聘财务主管会要求从事财务工作经验五年以上或者从事同等职位一年以上，并且看重你曾经所处的行业。

将技能体现在工具的职业化运用上

“工欲善其事必先利其器。”知识向技能转化，最直接的就是体现在新工具、新软件的使用上。任何专业工作都需要运用相关的设备、仪器、软件，因此毕业前一定要把与工作有关的、能接触到的相关软件、仪器、设备用得很熟练，这些直接反映你的职业技能熟练程度。

工作效率在一定程度上在于你对软件、设备这些工具的熟练程度，很多高手都是专业软件的专家级用户。很多人觉得自己会用某种软件了，其实还只是浮于表面，用到一些简单的功能。软件功能的设置必定有它特定的需要，如果很多功能你还用不到，那就是你需要去钻研和补充的地方，这些功能你不掌握就不会去用它们，而主动用它们，你就会发现更多的发挥空间。

因此，学习软件我们首先要好好地全面研究一下其所有功能，从专业的角度来理解它，跟着功能深入专业，不只是会这样做，而是为什么要这样做、为什么有这个功能和参数、这些功能和参数设置代表什么样的职业工作习惯。进而你将多个功能进行组合就能形成新的技巧，比如说我在Word软件中将“文档结构图＋样式＋格式”组合运用就形成了“成长分子信息整理流程”。

这里尤其要谈到白领工作都会遇到大量的文字和数据处理工作，OFFICE 办公软件操作是至关重要的职业基本技能。如果你想做白领，那你就必须熟练掌握 Word、Excel、PPT 软件，而不能只是熟悉。你必须去买专业书籍，掌握这些软件在职业中的应用标准和使用习惯，先是会用，再是用得够快，再就是用得好看，这是一个由功能的全面掌握到职业习惯、提升效率，再到行文格式职业审美的过程。

我们不要把 OFFICE 当简单的工具来看，而要看它背后所代表的信息处理与数据分析方式。只要能熟练掌握相关功能和技巧，就能提升信息处理效率与逻辑分析能力，甚至一天就可以完成以前一个星期的工作。普通行政人员想进入中高层圈子很难吗？如果你掌握了出众的公文写作能力，能一分钟打到 100 个字以上，能迅速记录与整理发言，你也许就有机会进入中高层例会，从而获得更多的机会。

现在 OFFICE 商业应用的书很多，都有很好的范例，因此可以多买几本书，上网去找职业化的工作技巧，要多看看高手用这软件作出来的成品，看看人家用了什么而你却没用到，他为什么要这么用，从而掌握职业化的使用习惯。

■ 对于 Word，文件不但有特定的行文格式标准，而且还有特定的排版细节要求。一种字体、一种颜色都有它特定的含义。你要搜集各种职业文档，学习它们的排版风格，学会如何规范化、职业化地表达思想，排出符合职业审美要求的格式。

■ 对于 Excel，你要搜集各种工作表格，研究数据信息之间的逻辑结构，如何进行数据分析和公式运算，并制作出符合职业要求的表格和图形。

■ 对于 PPT，你要能将内容转化为主题逻辑，将概念转化为生动的图像表现，掌握各种版式结构、颜色搭配、动画效果，学会如何引导听众和掌控节奏。

除了 OFFICE 软件之外，不同专业岗位都会有相应的专业软件，比如说财务软件有用友、金蝶；平面设计有 Photoshop、CorelDRAW（图形图像软件）、Adobe Illustrator；人事行政有 HRMS（人力资源管理软件）；影视制作有 Premiere Pro（非线性编辑软件）、After Effects（图形视频处理软件）；工程设计有 CAD；硬件设计有 Pro/Engineer（三维软件）等等。软件不是单纯地代替你的手工工作，每一种成熟的软件都是跨专业系统学科的集成，软件功能和参数的设置能带领你从应用的角度、按职业的思维来理解专业理论，能引导你对专业的认识与学习，带你发现未知的领域。而软件功能的组合应用都带有一种职业化的工作模式和职业标准，通过深入研究高手对于软件功能的使用技巧、习惯，你在提升工作效率的同时，更能领会职业化的专业思维模式。

在我们日常工作中还有很多小工具软件，这些都能极大地提升你的工作效率，比如说截图软件、文字繁简替换软件……这些我们都要有所搜集与研究，这些都能极大地提升你的工作质量与效率。

网上有个对 Photoshop 学习的建议，我觉得也是对学习所有软件的建议。

- 先掌握功能，再掌握方法。
- 不要试图掌握 Photoshop 的每一个功能，熟练掌握与你工作相关的部分就可以了。
- 不要问“有没有 ××× 教程”，主动的人会自己打开 Photoshop 尝试。
- 学 Photoshop 并不难，难的是学会怎么用。
- 不要看不起最基本的元素，往往看起来比较复杂的图像就是由基本元素构成的。
- 看到某个图像的教程，请试着用同样方法作出其他的图像。
- 看 5 本书不如自己动脑筋分析一个例子。
- 花 3 个小时做 10 张图，不如花 10 个小时做 3 张图。
- 不要只问不学，不要只学不用。
- 经常总结、吸收自己和其他人的小窍门、技巧。
- 学会用搜索引擎，很多知识在网上可以轻松得到。
- 有了问题先自己想，查看帮助，1 个小时后没有结果再问别人。
- 学 Photoshop 要坚持，要有耐心。

不可小觑的职业写作

中国大学教育很大的一个失误是没有重视中文教育，如果把学习英语的时间抽三分之一给中文，那么大学生的素质肯定会比现在要好很多。中文教育直接关系到我们生活和学习工作中的理解能力与表达能力。首先，如果不能通过资料进行自学，那学习能力也就很差；其次，现在很严重的情况是很多毕业生还写不出一篇像样的文章，这也影响了工作中的沟通效果。

任何专业工作都有其独特性，但是它们都有一个共性，就是总结与归纳。我们在职业上遇到的任何问题首先是一个语文题，然后才是专业题，最后又会是作文题。你首先要能理解这个问题，并将它归纳出来，才能自己解决或者告之他人解决，然后才是专业上的工作。而你专业上的工作做完后，还要进行书面总结，将工作中的成绩和问题用文字表达出来，才能更好地说明结果和说服别人，这个时候就变成了作文题。

学外语是为了与外国人沟通，那怎么和职业人沟通呢？职业写作、公众演讲。从表达的角度来说，很多人理解的“沟通能力”只是口头表达能力，其实书面沟通是职场中更重要的沟通能力。如果你想从事白领的专业工作，哪怕你是做销售，你也必然会面对大量的书面工作，你的想法、创意以及工作过程，都需要对数据资料进行汇总分析，这就需要用书面的形式进行总结与陈述。这要求你能将大量的信息归纳形成简单准确的概念，又能将概念具体生动地表达出来，并从客户角度形成解决问题的方案，第一说清楚，第二说简单，第三说动人。你要用尽可能少的文字，清晰简单、精准完整地传播信息，在此基础上再让读者内心被触动、产生行动的欲望。

经历只有总结出来才是经验，而能将模糊的意识归纳出来，这就是能力。

无论在什么企业，上级都很喜欢善于总结经验教训并形成文字报告的人。这对于新人而言，就是熟悉各种商务应用文体的写作，能在短时间的磨合后，很快地领会上司所说内容的主题，并进一步去搜集资料，整理分析成文。你们先不要说你可以做到，写写短文，玩玩文字游戏，这些对于文艺青年应该不难，但是对于中长篇项目方案来说，没有扎扎实实写过几篇的人是谈不上可以的，甚至错别字这一关很多人都过不了，更谈不上长篇的逻辑与层次结构的把握了。

写作到底有多重要呢？语言理解与表达、逻辑推理、资料分析、数据处理等方面的能力是大企业招聘员工时必测的能力测试；就是你想考公务员，你也要练好写作，申论是拿分和拉开差距的重点，而且对于基层公务员，电脑办公与公文写作也许是你最大的优势；而在高端的销售中也都需要向客户提供量身定制的书面方案，比如说产品说明、策划案、投标书等等。

职业写作就是以上能力的训练方式，通过大量阅读只能提升你的理解能力和想象力，而写作才能提升你的逻辑能力与归纳能力，它们一起帮你理解和运用复杂的概念，形成职业的思维能力。我们常说的逻辑能力、信息搜集能力、归纳能力、分析能力、定力、耐心等基础能力通过大量的写作训练能更快地获得，特别是逻辑能力也只能通过对信息的“理解、归纳、分解、重新定义之后的重组”这四步进行训练。

写作是一个逼着自己去思考的过程，也是一个在痛苦中获得升华的过程。在这个过程中，你能将知识结构融会贯通，举一反三找到关键词的关联性，提升对信息的敏感度，最终能提升你的领悟能力和学习能力，而写作本身也能使你的思路更全面、概念更精确，最终提升你的口头表达能力。

书面形式是团队沟通的工作方式。

在工作中越来越强调团队合作，在小范围与低层次的工作中通过交谈就能完成你所需要的沟通工作，但是在大团队的工作中，你必须能非常有说服力地描述某件事或者阐述具体行动步骤，为减少误会、确保统一指挥，决策和行动也必须用书面形式来确认。

书面形式能改善与提升你的工作方式，帮助你在工作中与其他人更有效、更持久、更明确地相互沟通，确保计划与决策的顺利执行。光有好的想法没用，观点本身并无法说服别人，能说服的是过程。

人们有分歧，一是知识结构不同，二是角度不同。沟通的结果最终都是妥协的产物，如果你直接提出结论和观点，对方会主观地、自我保护地否定，或者希望你能拿出更好的东西。甚至在很多时候，客户都并没有明确他到底是在想什么，这需要你去帮他明确！每个人头脑里都有固化的知识结构，你要想改变对方的想法，不能只靠结论和观点，而必须通过过程，一步一步解释问题、明确问题，从而打破他思维过程中的障碍，最终用他的想法引出你的结论观点，他即使感觉不是最满意的，但是至少是可以接受的。

在工作中，当你从客户那里得到信息以后，回来光是开会或者口头通知是不够的。你需要将这些信息形成书面简报，这就是一个明确问题的过程，这样就将要解决的问题前提、要求有了一定的限制，这样接手的人才能清楚，否则他还要从他听到的、他理解的内容来明确问题，一来一往，就浪费了时间。

书面文件能帮助说服“你见不到的人”，而他却有可能是拥有决定权的人。

大多数人并没有认识到书面沟通的价值，其实你的文章就是你的第二张面孔。口头交谈大多是同一时间，甚至是同一地点的同步沟通，而很多时候，比如说老总很忙，根本没时间和你坐下来聊，那你就只能把事情写成文件，然后发给他。文件就能做到不同时间、不同地点的异步沟通，这才能让更多的人知道你想表达的完整信息，并允许读者按照自己的时间计划去阅读和传播文件。

你知道100%，当你面对面开始说时，因为紧张、因为时间有限、因为表达重点，你能说出来的也许不到80%。但是同样，你的听众因为分心，因为知识结构不对等，他听到的也许只有60%。但当你讲完后，他理解记住的也许只有40%，最后他传达给下一个人的时候，也许就只有20%了，但是又同时加上了其他不正确的20%。

人们往往只能从口头沟通中记住“观点”，但难以记住太多的、用以证明观点的“事实”。而在说服过程中，光有结论和观点是不够的，还需要论据和论证过程，只有书面沟通才能确保信息完整、准确地传达到下一个人手中。如果只是凭口头沟通，你能说服对方接受你的“观点”，但如果对方不善于表达或者只记住了“观点”，那他还是不能帮你说服其他人。

千里马很多，而伯乐很少。表达能力是你的能见度，这能让你要找的资源看见你。在工作中，最初我们往往很难直接见到最终决策人，而且很多事不是一个人就能决定，而你也不一定能见到所有的人，对方也许还要和其他人沟通才能最终决定你所提出的方案。我们刚工作时都是小人物，我们很难见到门背后的门背后的门背后的那个真正负责的人，同样他们也看不到我们，甚至不知道我们的存在。而书面文件就能让你见不到的人看见你的成绩与努力，能将你所要表述的观点和事实完整地传播出去，并避免在传话过程中信息的改变。

在与客户的交流中，即使是第一次去了解客户意愿，也需要有一份文件让客户知道你想从哪几方面了解他。销售就是帮客户作决定，如果你不帮客户限定思维，那对你自己来说将来的工作更难以完成。所以，每次我去见客户都会把要谈的内容写成一个详细的方案，面谈时也许只会谈几个重点，但是谈完后我把方案留给他，他就还能更全面地看。回去之后，我会把今天谈的方案里没考虑到的和新发现的问题重新写一份补充方案，第二天再发给对方。

不可不练的公众演讲

公众演讲是一种高端的职业沟通能力，常常用于主持、培训、客户提案。

在职业沟通中，最初是通过文字进行逻辑表述，然后是通过图表来表达事务之间的复杂关系，再后来是职业化的话术。在话术之后，还有你的表达形式，包括你的语气、声调、表情、衣着、情绪、肢体语言，进一步还有你的道具，这些综合到一起，才最终形成你的演讲风格，达到好的沟通效果。

我们常常看到一些培训师的精彩讲座，他的基本功包括公众表达能力、倾听发现问题的能力、出色的写作能力、PPT 制作能力，这些都是我们可以一步一步训练出来的。面对公众发言，只有高手才能“临场应变”，而对于新人只能是“条件反射”，也就是你要提前考虑好可能会面对的情况，然后进行大量模拟练习。

1. 过生理心理关

很多人觉得自己很内向，做不到在公众场合发言，其实这是一个误区，你没有表达的欲望并不代表你没有表达的能力。当我们面对很多人发言时，会不由自主地紧张，嗓子发紧，此时说话甚至达不到平常的状态。而且当我们长时间大声说话时，你还会发现自己体能不够，这些都是因为平时缺乏训练，因此演讲先是从生理上的训练开始，你不要指望很快就有明显的效果，这是一个循序渐进、从量变到质变的过程。

首先是锻炼口腔肌肉，先找本你喜欢的书，每天大声朗读一个小时，7 天之内你会感觉到口腔酸痛、舌头打结、说话都不利落。坚持下来，15 天左右你会发现不痛了，然后渐渐地发现自己可以说得很好了，这个过程也要加入绕口令的练习。平时每天也要保证半小时的大声朗读训练，这能保持你的口腔肌肉活力。

然后你再大声跟读电视新闻，把电视声音开大点，主播说一句你说一句，尽量跟上，每天一小时。先跟正规的新闻，再跟娱乐新闻，再跟解说体育比赛的名嘴学讲解，最后跟电视购物学忽悠。然后，再渐渐地对主播的话由一句话到大段话进行复述，把自己放入相应的场景去感觉，慢慢培养语境、语感、注意力、记忆力，以及掌握长段话语的节奏与语意断句。

在练习中，我们慢慢体会说话的节奏。刚开始时，慢下来，低下去，把握好句子的重音，注意断句。学会把复杂的意思，简单、清晰、重点突出地表达出来。不一定要精彩，不一定要面面俱到，但一定要够简洁、够清楚，从容地表达内容。

我们要学会与各阶层的人交往、沟通，主动表达自己的意见。在练习达到一定程度以后，你要开始尝试在陌生的环境、面对陌生人进行表达。比如可以通过去做促销员逼自己直接与陌生人打交道，通过话术与对方沟通和说服。进一步，要去寻找在正式场合面向公众发表演讲的机会，寻找高端场合向大人物提问的机会。通过这样的训练，我们才能将表达的技能转化为表达的能力，否则真到现场，你之前精心准备的内容都讲不出来，更不用说临场应变的机智。

这里有两种训练方法：一种是公交车演讲，这种突破性训练将帮你战胜心理上的胆怯。比如说你可以先说："大家好，我是一名大学生，为了能提高胆量和演讲能力，今天我在这里给大家讲几个小故事，如果我讲得好，你们就举起双手给我点掌声，好吗？"另一种是专家讲座现场的主动提问，要在事前做好功课，现场逼自己在每次演讲后都举手提问，这种训练能使你日后不论在什么样的场合和面对什么级别的人物，都可以准确地归纳观点，从容地沟通。

2. 学习和模仿演讲

在你的专业或兴趣内去找一个专业人士的讲座视频进行模仿，把他所说的每一句话都录入电脑打出来，做讲座的整体分析，从而深入专业之中，并吃透讲座的逻辑与知识结构。建议大家去认真分析一下《2010 年老罗全国巡演完结篇——海淀剧院》，会有非常大的收获。

认真研究一些讲座，掌握经典的开场白、过渡转换、结尾的话术和句型，积累合适的口语词汇，模仿职业化说话的方式与语气，分解出几个经典的肢体语言动作，然后充满热情地重复练习，形成习惯。

你可以找几个人合作来准备一个演讲主题，互为参照，互为补充，互为借鉴。先从短的演讲开始，先练5分钟，再练15分钟，一点一点找到感觉。你先把要说的东西用最简练的文字写出来，将书面语言改为口语，包括语气词都写上，不要太多口头禅，尤其要准备好PPT换页的过渡衔接话术。根据演讲效果和节奏，重复修改PPT、演讲稿，重复试讲，一步步由说明白到说简单，再到说生动，学会如何说故事，如何吸引人。

切记，面对观众进行全过程模拟练习是最重要的，否则自己一个人再练也只是技巧，始终找不到现场感。想办法找到相应的空间场合，先把凳子当观众，将来就可以把观众当凳子，先可以对着PPT或讲稿，然后就是什么都不看，10分钟完全脱稿演讲，慢慢延长脱稿时间。紧张都是因为平时没练习，之前没准备。只要你对想表达的东西从内容到表述准备充分，重复练习，你就会自信，而不是头脑里一片空白。这是一个掌握技巧、重复练习、形成互动的过程，最后渐渐地你就过了心理脱敏期，在现场你才能在条件反射的基础上进而随机应变、临场发挥。

口头表达也是形成思维模式的强化训练方式。对一个问题的了解不能只是知道，而是你能进行讲解。将复杂的事情说清楚，这需要你完全地消化，否则陈述时，你可能一时都找不到恰当的词。所以你觉得明白了一个问题时，可以试着讲给别人听，如果你不能用很简单的语言把这个问题讲清楚，那就说明你没有真正理解，这就是厚积薄发。而你通过大声的演讲，可以调动你全部的注意力去反应、表述、联结所有概念和观点，从而形成思维，这个过程其实是先模仿后理解，通过积累应用逐步领悟贯通。

3. 演讲的逻辑结构和技巧

我们常常使用PPT准备客户提案，推介我们的服务或产品。此时我们要搞清产品对客户的价值是什么？这样的价值可以从几个方面来展开？每个方面的关键词是什么？这样的关键词能抓住客户的眼球和心理吗？我们使用什么样的逻辑结构来进行演示？以下是我常用的一套客户提案的结构：

A. 自我介绍：首先是打招呼，接着用一句话做自我介绍，然后是对公司和现场团队的简单介绍。

B. 提出问题：开门见山，用提问的方式引出本提案的价值点，吸引听众注意。

C. 明确问题，解释问题：对问题进行解释，明确现存的问题。

D. 解决方法：提出解决问题的方法和思路。

E. 成功案例：举出已经成功的案例。

F. 解决客户问题：针对客户现存的问题提出解决方法，比如说产品包装设计的效果图。

G. 关键问题集中重现：就客户提出的问题进行回答。在演示完毕后，很多人在PPT的最后一页放上"谢谢"两字。结果大家就盯着这个"谢谢"开始谈，或者在不同的页面之间翻来翻去，很不方便。此时应该将之前针对客户问题的解决答案或者提案的价值点汇总成一张图放在PPT的最后。

H. 合作建议：提出下一步的合作建议。

演讲技巧

- 要有精彩的开场白，开门见山，引发兴趣，清楚明白，简单有力。
- 发言的时候先表明自己的观点，再明确表示自己将从三个或者五个方面来展开论述。每一个方面的细节不要太多，重点一定要说清楚，要保证一条清晰的观点主线，而不能层层深入。否则会陷入细节，使听众思路混乱。
- 要使用简单易懂的语言，写好提案讲稿之后，抛开现有稿子，自己慢慢说一遍，站在一个听众的角度来看，会发现书面逻辑与口头逻辑的差异，然后再作修改。
- 先要有意思，其次才要有意义。我们要认真考虑听众的需求、层次，用故事、案例来引发听众的兴趣，甚至把讲座内容包装成一个主题故事。
- 使用合适的道具和PPT图片，吸引听众的注意力。用新的形式、新的逻辑结构，打破对方过去的经验体系，从而接受新的信息。

4.PPT制作

PPT是公众演讲常用的道具。相比Word，PPT才是一个复杂的软件，它不只是复杂在功能上，更是复杂在信息的组合和逻辑引导上，它是一个"观点逻辑+视觉审美+演讲节奏"的综合体。

PPT因为要配合口头表达，所以它在逻辑上与写作的结构不同，它只能是一条主线大多数人都是普通人，那什么事才是不普通的呢？难道只有名校毕业、当过学生会主席、组织过什么大型的学生活动？不一定。对于企业来说，初级岗位需要的也只是脚踏实地的普通人，而能在普通的工作中作出不普通的成绩，反而是更有价值的地方。比如说最牛的食堂收碗工，比如说去专柜不顾销售人员的不耐烦而试用过所有产品，如数家珍般地讲出它的所有产品及特点，比如说你通过什么方法千辛万苦地打动某位名人来你学校做讲座……只要你能表现出你的主动、热情、坚持、创造力，越是小的事情反而越是有价值的东西。

到陌生的地方认识自己，到害怕的地方找回自己，到熟悉的地方胜过自己。

我们在心比天高的同时又画地自限，很多时候不是你能与不能，而是你为与不为、敢与不敢。人生不怕错了，就怕错过。见到喜欢的女孩子，去追求她，被拒绝是常态，但是你不会后悔。没行动才后悔，而且为下次找到借口，在胆小中越来越胆小。我们都通过犯错误学习，很多成功人士都曾犯过触目惊心的错误。为什么会这样？因为他们在尝试做大事，每犯下一次错误，他们就会获得一些进步，并且离优秀更近一步。

挑战是做从来不敢做的事，突破是做从来没做过的事。主动即自由，很多时候不是别人限制了你，而是你限制了你自己。什么叫主动？主动就是对自己、对工作负起你应该负的责任。机会是不能等着它来了以后再去抓的，而是要靠自己每时每刻抢先一步抢来的，是靠不断地认真积累换来的。人之所以逐步拉开差距不在于智商，而在于凡事你是不是都努力去争取最好的位置，把自己放在没有退路的场所，比如坐前排就会更认真听课，而主动提问和回答就会逼自己更集中注意力。

获得工作需要的是经验，而追求梦想需要的是勇气，这需要我们从现在就开始训练，越是害怕的东西越是要去主动面对，主动去做自己感觉害怕的事。获取经验有一个捷径，那就是主动和冒险。主动是一种习惯，只要你主动去让自己处于被关注、被监督的环境下，在压力下就会养成保持较高水准的习惯，并渐渐习惯这种场合，勇于承担压力，从而被别人所信任，而这最终形成你的领导力，这样更容易获得成功的机会。而冒险就是不管什么样的事，只要需要的就去做，脸皮要厚，胆子要大，面子放下，不要怕低三下四，不要怕丢人，你现在不丢人，什么时候丢人！

你要跳出身边的圈子，从更大的范围内去看同龄人的佼佼者，看他在做什么、他是怎么做的。你要有目的地去参与、设计一些活动，选择对你未来职业有关的事，认真把它做成、做好、做得艺术，并且按项目的形式进行总结，形成你的项目经验与业绩指标。

对于职场新人而言，企业初级岗位看重的是你的技能，而你也很难有什么突出的成绩，因此你要用项目经历来对应技能要求，这是外部对你的能力的认可，而且这比单纯的描述掌握哪些技能更具体、更生动。

比如某企业招聘公关部实习生的要求：

- 熟悉网络 BBS（网络论坛）及 SNS（社交网站）应用及管理；
- 耐心细致，熟悉 Excel 的应用；
- 文字功底好，能够撰写简单的网络文章及新闻稿；
- 英文基础好，能够阅读并应用简单的英文邮件，并撰写英文报告。
- 暑假全职实习。

一名应聘者用“项目经历”对应以上招聘的技能要求，从而获得了这个机会。

- 2 年 ×× 论坛网站版主
- 学校 ×× 项目数据分析员
- 校记者团记者
- 校英语角负责人
- 学校离公司 30 分钟车程，绝不会迟到早退。

重组你的职业技能

简历写作是对你的专业、工作经历进行归纳、分解、重组、重定义的过程。

求职就是销售自己，而招聘是以公司需求为中心，此时不在于你想卖什么，而在于顾客想买什么。企业关心的是你过去的经历对这份工作有没有用，以及你稳不稳定，所以无关的经历说多了反而不好。你要考虑能说什么、不能说什么、怎么说。尽管你的经历只有一种，但也看你怎样去突出和强调，你要将自己的优势与招聘方的需要巧妙地对接起来。

简历要先求同，你不要根据你有什么，而要根据招聘公司需要什么来组织简历内容，通过技能和经历重组，形成岗位定制。然后是求异，你的技能、经历，用具体项目成绩引起 HR 的注意与记忆，证明你在这个专业上的能力和行业的资源积累。

企业很看重应聘者的相关经验和业绩，但真正有突出业绩、鲜明的闪光点、特别技能的员工并不多，甚至你的专业也并不直接对应职业、经验也并不直接对应岗位。此时，你要按岗位要求从现有专业中或工作中分解出所需要的技能与经历，通过项目的形式重新组合，从而实现职业定制，然后进一步搜集资料，充实这方面的知识结构，尽量使自己在面试的时候能应对提问。

专业工作按项目进行整合，日常工作按周期进行整合。

比如说，你要应聘行政助理之类的初级岗位，你重点就是要对工作过程进行分解和重组，然后具体到你的职业技能应用效果，这样才能真正让人信服。特别是在转岗和转行中，你需要对原有工作进行职能分解，将原有的工作经历换个角度描述，将能力进行概念化表达和针对性重组，比如说你想由企业培训师转入销售部门，那你就要将你原有的培训能力转化为对客户的方案制作与提案能力。

为了形成你差异化的价值，你要从工作中分解提炼出可以增值的专业技能，比如说从市场开发中分解出“项目招商经验”，招商中分解出“会议主持能力”与“招商政策制定经验”。

如果你原来待过几个不同的部门，岗位职责差异很大，看起来很散乱，此时要根据应聘的岗位，将以往工作中相关的地方分解重组成一条连贯的工作流程，并对原有的职务头衔作一个重新定义，从而化弱势为优势。

通过经历重组实现岗位定制

针对特定行业或岗位应聘时，你需要对过去的重要经历进行分解，找出背后所包含的技能与资源，再重新组合，从而定制你的职业能力。这个技能重组的过程，也就是你由专业化到行业化的过程。比如有一名师范类中文专业的同学应聘公关策划岗位，她有带队参加模特礼仪走秀商演的社会实践，也参与策划了几场其他类型的大型竞赛活动，掌握了相应流程；并积累了一定的模特礼仪团队资源，那么她的专业和实践可以分解归纳如下：

- ■ 知识结构：中文、教育
- ■ 专业技能：写作、宣传、培训
- ■ 通用技能：主持、表演、组织、沟通、协调
- ■ 实践经验：礼仪、会展、路演
- ■ 社会资源：模特礼仪团队

由此，她的职业能力可以组合为项目方案写作、新闻写作、活动组织策划，而这些就是公关活动策划的岗位要求，既能做到活动的组织实施，又能完成活动的方案策划与新闻报道，再加上一定的模特礼仪团队资源，这就形成了她独特的职业竞争能力。另外，她也有在中学担任语文老师的实习经历，这与公关策划无关，那么就没必要列出来。同时对她的经历也要进行重新定义，不要突出自己的模特走秀经历，而是要突出反映管理能力的模特队领队经历。

由此，我将她的通用技能、专业技能和自我管理技能以及资源结合在一起进行展示，进而再通过具体量化，从而形成针对岗位的定制。这不是你做过什么事，而是怎么做的这些事。

- ■ 能生动地策划路演活动主题方案，撰写新闻通稿，并周密地制订 300 人现场的活动执行方案。
- ■ 能有效控制成本，管理 30 人左右的礼仪团队，进行前期准备和现场统筹工作。

第3节　基本功需要刻意练习

经验的不可通用性，与基本功的可通用性

年轻人只看到了经验的重要性，却对基本功认识不够。

经验，不是指你对某事物的重复体验，而是指你在过去的实践经历中多次获得的知识和技能的总和。你不自觉地受到你整个经历的引导或者局限，你所得到的结果受限于你现有的知识结构与思维模式，有可能对，也有可能错。正如美国前国防部长盖茨在退休前所说的“我必须离开的原因之一是，太多的经验让我变得过于谨慎”。

经验有其特定性，经验是建立在过去经历的环境基础之上的，更多的是用来避免犯同样的错误，但是面对未来变化了的环境，就存在着画地自限的局限，而且会受所处环境的影响，这里能用并不代表其他地方也能用。

基本功则不会受环境局限，甚至它能决定你经验的发挥与转化。没经验你不知道如何应对变化，但没有基本功你甚至无法应用所学技能。职业在初级阶段要像练武功一样先修炼扎实的基本功，太过于强调创新就会忽略很多基础工作。日常工作70%以上都是重复的，对创新的要求并不高，更多的是要求执行的质量与效率，而这些都是由基础的职业技能所决定的。

基本功是“专业知识的深入研究”和“技能的基本动作分解强化练习”。

学习，一是积累，二是练习，三是反馈。没有积累你看不懂，没有练习你做不到，没有反馈你甚至会失去学习的热情。如果你真的想把某个方向当成你的职业，那你就不能只是当成爱好，不能只是看、只是学，而必须当成研究，大量地搜集整理资料，进行对比，重复练习。

专业基础知识非常重要，当你把基础知识融会贯通的时候，很多问题就迎刃而解了。而技能就需要重复进行练习，就像乔丹每天要练习运球和投篮，刘翔每天要练习跨栏，下棋要反复研究定式，曲艺要练习说学逗唱，这些都是技术动作的分解重复练习。其实基本功训练的并不只是技能，而是通过对过程的重复逐步领悟细节的变化，从而形成专

业的感觉，就像做设计如果你没有手绘基本功的训练，那你即使在脑海里有一些模糊的图像，你也根本无法在现实中从细节上把它表现出来。

- 策划人员的基本功是扎实的文字功底和信息分析能力，这需要通过大量的写作与资料分析才能获得。
- 设计人员的基本功是手绘，这些需要你用时间去磨。Photoshop、3D 软件仅仅是工具，软件学习只要几个月，美术功底和审美判断力的培养却要十年时间。
- 程序人员的基本功是逻辑思维和算法基础，这需要编写几十万行代码才能获得。

基本功表面上看来是很简单的动作或者基础的理论，但这些是所有复杂技能的基础，甚至是使用技巧的前提，比如说体能。没有基本功，你即使学到很多高级技巧，你也用不出，比如说魔术的秘密没什么了不起，当你费尽心机发现了魔术的秘密时，也许它简单得让你失望，但你仍无法做到魔术师的纯熟手法和高超控场能力。

找到主攻方向

基础学习和技能应用挂钩，先是模仿而不是创新。

专业学习和行业信息挂钩，先是整合而不是细分。

有网友跟我说，他最近对某方面感兴趣，就看了很多这方面的书，计算机、经济、供应、营销，结果反而迷失了方向。光看书没用，你只是从字面上去知道一些概念，记住零散的观点，无法形成思维模式。只有围绕一个具体的项目作研究，这样学才有用，否则单纯学理论你根本找不到感觉。只有用了才知道学这个有什么用，应该如何去学，其他还要学什么。如果不将你学的东西用出来，不知道自己所学的能解决什么问题，那你毕业时甚至都不知道自己学了些什么东西，又能做些什么工作。

大家常说“学以致用”，其实这是不够正确的，正确的应该是“以用带学”。我们都缺乏方向，最开始时我们真的很难知道什么才是最重要的，但职业中的学习都是以实际应用为目的，所以要想有效学习，那么在掌握一些基本的东西后，就要开始实践。在实践中才会知道什么东西有用，什么东西没用，这样才会有学的动力和兴趣；进而在应用的过程中发现问题，解决问题，你才能找到感觉，才能真正融会贯通地掌握。就像一个新人设计师在参与了实际的工作之后感觉到了自己的快速成长，学会了调图、修图，统一调性；学会了跟着调性走下去；学会了找跟调性符合的素材和参考资料……

你只要找到一个感兴趣的东西，然后抓住一条线，一环套一环，最终你会找到你真正要认真去学的东西。所以你对什么感兴趣，就去找一个任务，在用的过程中去学，开始去系统地、全面地分析问题，你才知道要学什么。假如你想做一个报社记者，那你就应该选定一个感兴趣的新闻类型，再找到相应的几种报纸的同类栏目进行深入比较研究，了解题材选取、行文风格，开始写稿投稿，并争取实习机会。

怎样才能学好一样东西？你要给自己找到压力。

有人问怎样才能学好打台球，别人回答他说，你去和人赌钱，有了输赢，你自然会用心去学，花时间去练，认真去研究。如果你一点压力都没有，你也就只是玩玩罢了。你不能只是学，而是要用它，强迫自己用好它。就像书上有很多词我们都认识，但我们从来不用它，所以不会用。只有主动用了，它才成为你的能力。

年轻人对很多东西都会有热情，不过这只是表面的热情，结果问过没学过，学过没练过，练过没用过，用过没想过。光学没用，光练也没用，最重要的是要实践，是以用带学，获得即时的反馈，从而知道你学了什么，你还要学什么。这不只是行为的问题，到了现场还要比心理状态，随机应变的能力只能在事发现场才能学到。优秀的选手都是在大赛中成长起来的，就好像练一年套路比不上打一年沙袋，打一年沙袋又比不上打一年架。

因此，学习是先敢后能，我们必须大胆地去找到应用的对象，找到现场感，通过对方的反馈来调整我们的行为。比如我们都不知道如何对陌生人微笑，我开始也不会笑，于是我对着镜子练习，可笑来笑去还是感觉皮笑肉不笑。后来我有一次去街上发传单，面对别人的拒绝去笑，慢慢有了互动，有了眼神的交流，发了两小时，慢慢地沉下心来，心态改变，从心里笑出一朵花来。特别是像大多数人都害怕的公众演讲，真的没捷径，就是多练，然后不要脸地站在台上去讲，否则私底下练得再多，当面对几百人时，你的头脑照样一片空白。

由单一任务入手深入学习。

贪多嚼不烂，但牵一发而动全身，刚开始时把一件事做通做透很重要，由一个点深入下去，逐步展开，反而比看很多高深的理论有效果。

起始阶段重复做些在你看来很简单的事情是必要的，比如说整理一个你喜欢的专业讲座视频，将专家的发言录入文档，研究讲座主题的拟定、内容的组织结构、观点的展开、背后的知识结构、起承转合的过渡、肢体的语言、PPT 背景的风格，并重复模仿练习。

这一是可以学到专业知识与练习职业技能；二是培养你由点及面深入学习的能力与方法；三是可以培养你的定力与注意力。很多东西都是触类旁通的，当你深入掌握一种技能时，你掌握其他技能的速度也就快了。

刻意练习

作为一名品牌策划人，我应该算不错的，很多人觉得很难的东西，我觉得很好玩。以前公司的老总说我的能力不是培养出来的，是天赋。但是我自己知道，我是通过刻意练习找到自己的天赋并得以保存，进而转化，才最终兑现。

没有天才，只有天赋，天才都是学习和练习的结果！天赋只跟能不能做有关，跟做得好不好没太大的关系，因为做好需要付出足够的努力，所以很多人做不到。最开始的时候，我们是在和别人比天赋，但比到最后，你会发现你还是在和同样天赋的人比勤奋和坚持。

人这么多，你再优秀，只要找到圈子，你就会发现，原来和你一样的人很多。你越是有天赋，你越需要付出比别人更加倍的努力，因为你会遇到来自更大范围更高端的竞争者。我们看选秀，在海选阶段是审丑，但是到了十强的阶段，选手的差距都不大了，输赢看状态和机会把握，以及差异化的个性审美。

正如“一万小时法则”所说的，研究显示，灵感和天分固然重要，但练习时间才是区分天才与庸才的决定因素。当你的技能跨越基本门槛以后，你是否能出人头地，成为一方专家，只有一个因素最重要：练习，不停练习。完美掌握某项复杂技能存在一个练习最小临界量：一万小时——10 年内，每周练习 20 小时，大概每天 3 小时。

改变容易，改进难。我们学东西都是开始时学得很快，然后减慢，最后完全停滞了。但少数人却能继续提高，最终达到卓越。这是为什么？这是因为“刻意练习”。安德斯·爱立信（Anders Ericsson，佛罗里达大学心理学家）从技术角度研究了从职业运动员、艺术家到程序员差不多所有需要天赋的领域，结论是所有顶级高手都是练出来的，但是关键在于怎么练，光苦练是没用的，你需要的是“刻意练习”。

刻意练习就是力求改善成绩，即时对结果作出反馈，由此进行更高难度重复练习。举个例子说，大多数高尔夫球爱好者的水平无法提高，这是因为仅仅打出一桶高尔夫球不叫刻意练习，用 8 号铁杆击球 300 次，力争将球打到距旗杆 20 英尺以内的成功率达到 80%，并不断观察和作出相应调整，每次都思想高度集中练上几个小时，这才是刻意练习，这就与那些例行公事或者带娱乐色彩的练习完全不同，而持之以恒则是能力提升的最终关键。

加大练习的技术复杂程度和难度。

心理学家把人的知识和技能分为层层嵌套的三个圆形区域：最内一层是“舒适区”，是我们已经熟练掌握的各种技能；最外一层是“恐慌区”，是我们暂时无法学会的技能，二者中间则是“学习区”。有效的练习任务必须精确地在受训者的“学习区”内进行，具有高度的针对性。普通爱好者打高尔夫球纯粹是为了享受打球的乐趣，而职业选手则集中练习在各种极端不舒服的位置打不好打的球。因此，刻意练习不是为了完成运动量，不是为了熟练，而是要加大技术难度，持续地做自己能做但还做不好的事。

坚持大量的重复练习，提升训练强度。

人是逼出来的，兴趣只是学业阶段的老师，而职业是分工，看重的是重复训练所达到的效率与质量。掌握的是技术，熟练的是技能，精通的才是能力。知道和掌握是两回事，见过猪跑和吃过猪肉完全是两回事。很多人的问题在于把理论知识当做技能，学了就认为自己知道了、理解了、能运用了。其实知识转化为技能重点在于熟练，仅仅熟悉是很难用来谋生的。年轻人往往随便练几下，掌握了功能就以为自己熟练了，其实这些只是熟悉，在职业人士眼中还没有达到真正的熟练程度。

很多简单的技能能在短时间内学会，那为什么还要大量重复练习呢？有人也许会说，这点时间我去学一些更有用的东西不更好吗？很多年轻人想学高级阶段的知识与技巧，以为学了就能做高级的工作。其实能力不是靠学的，而是靠练的。最基础的才是最重要的，复杂的东西都是由简单的东西组合出来的，进而通过这个练习过程领悟出来的，只看你对简单的应用是不是融会贯通了。

往往在新人阶段，很多东西学是学了，但是其实并没真正掌握，反而是那些简单、重复的练习对自己的提升更有帮助。这个过程，对于每个人都是一个由量变到质变、由领悟到融会贯通的过程，这个过程远远高于高深知识的简单积累。就像一个专业的模特要经过长时间的职业训练，每天要面对镜子站几个小时，才能做到一走上台就能吸引所有人的注目。

师傅领进门，修行在个人，你可以学到技能，但你学不到能力。很多技巧是只可意会不可言传，只能通过“练习”的过程才能达到“领悟”的地步。什么是“悟”？悟就是“融会贯通”。领悟不是源于知道，而是源于重复。书上写出来的都是标准化的技术、概念化的知识，你只有在重复练习中才能领悟那些文字所无法表述的内涵与变化。真正决定你水平的不是老师教了你什么，而是事后的练习。

老师教你的东西，事后做一遍和做一百遍的效果是不一样的。最奥妙的东西不是学来的，而是在大量练习过程中，自己体会细节变化，最后用心领悟到的。这不是简单重复，而是你调动你过去所有的知识结构、所有的体会，一点一点从细节中反馈调整而得到，就好像教练所教每个动作要领不能只是机械地套用，而要在多次练习中仔细地领悟，感受肌肉的变化和动作的协调，才能熟练地掌握。

很多人都愿意学，但没多少人能够坚持练习下去。这是因为学习会充满新奇与趣味，但练习却非常枯燥乏味。但欲速则不达，世上没有所谓的捷径，按部就班就是捷径。艰苦无聊的练习是无法省略的过程，只有练习你才能真正掌握，才会主动地、条件反射地去运用。我教别人东西，都是教完之后，你给我重复做十遍，做得烦你也要做。用心，耐住性子，看完做笔记，关键的地方做十遍，做到条件反射。直到你能用最快的速度作出来，你才记住了。否则，你现在学了，明天也就忘记了。而有些阶段我们需要强化训练，就像烧水，如果火力不够，你烧十年也烧不开，而如果集中火力的话，就很容易烧开。能力只来自于持续不断的严酷练习，甚至是几年十几年不断地“由简入繁，由繁化简，再入繁再从简”的过程，最后由量变到质变，功到自然成。

思想高度集中，持续获得有效的反馈，并不断寻求改进。

刻意练习不但要花时间练技能，更重要的是要花心思，精神高度集中去练习。你要给每项任务制定一个新目标，不要仅满足于完成，而要设法做得更好。刻意练习是以纠错为中心的练习，看不到结果的练习等于没有练习。你必须对每次训练都有非常具体的小目标，要对每一次训练的结果进行反馈并不断寻求改进。这一方面依靠自己的体验与思考，另一方面很大程度上要有一个好老师。

名师出高徒，其实看重的并不是他能教你什么绝世奇功，而是他有一套正确的训练方法，而这就是我们所说的秘诀。在过了培养兴趣的入门阶段之后，我们已经具备了一定的自学能力，此时老师的角色转化为教练的角色，他最重要的作用是发现我们需要改进的地方，提供非常具体的即时反馈与具体指导。如果在没有指导的情况下练习，你会陷于困境，看不到练习结果的对错，也找不到改进的方向，继而失去坚持下去的动力。有了名师的指导，就好比师傅教拳，他随时对你的动作进行纠正，免得你把错误动作形成习惯。反馈还需要你保持与同行的密切交流，别人怎么做的，你这么做人家怎么评价等等。此时你会发现在一个高手众多的环境中工作和互相切磋有多重要，这才能帮你迅速地提升。

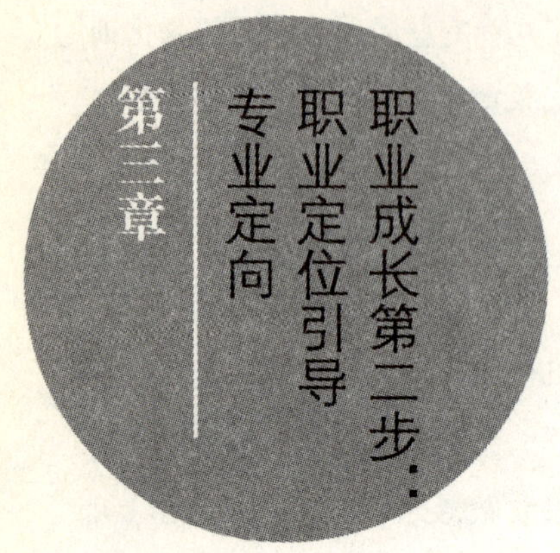

第1节　教育背景定位起步平台

学历重要还是能力重要？

现在在大学有两种忽悠：一种是好好读书去考研，另一种是多练交际去创业。结果前者不好找工作，后者大多只能去跑低端的业务。有人说拥有大学文凭也只是给别人打工，而没有大学文凭不好找工作，就只能逼迫自己创业当老板。其实对于大多数人来说，如果连工作都找不到，那就只能用青春和体力去打零工了。

那到底是学历重要还是能力重要呢？其实都重要，但这是两个阶段的问题。真正好的工作，没有学历你根本进不去，而没有能力你也留不下来。一个人所受的教育程度和水平，直接影响职业选择方向和获取喜欢职业的概率。在职业的起步阶段，学历给了你一个更高的平台去跟别人竞争。现在产业分工越来越细化，底层和高层在收入和地位上的差距越来越大，而真正能从底层走向高层的又有几个呢？有年轻人说只要有发展，愿意从最底层做起、愿意吃苦，可很多真正好的工作根本不可能从底层走上高层，比如说金融业看上去很热门，但绝大多数只是销售职位，而主管类、分析师类都要有极高的学历，根本没有底层可言。反而越是底层的工作，可替代性越高，人与人之间的竞争越激烈，就像你在人才市场会看到的越是底层岗位的招聘台前人越多。

很多人说大学所学知识在工作中用不了多少，五年后 70% 的人都是从事非本专业的工作，可是找工作时你会发现，找专业对口的工作比找不对口的容易得多。而且学生的本分就是学习，学习成绩也能证明你的学习能力和学习态度，真正的大公司都是看重教育背景的，甚至要求要获得较高等级的奖学金。

企业招聘应届生，如果完全不看重专业背景，只有两种可能：一种是门槛很低的缺乏专业性的工作，比如普通销售、文员助理等；要么是门槛非常高，对应聘者的综合素质要求非常高，而且应聘者本身所学专业也非常出色，已经具备出色的学习能力、逻辑思维能力、分析能力，比如说大型咨询公司。

对于大部分没有什么关系的普通人，你的专业是你毕业时唯一的依靠，否则等毕业时你会很悲剧地发现，除了最低端的销售，其他什么都干不了，而这份工作做久了，你会发现自己的人生就定型了。就像一个网友跟我说，他毕业后在某著名饮料公司干了九个月销售，每天接触的都是小店老板，感觉个人的眼界经验和能力被局限在一个很低的层面，整天想的就是怎么能找机会串货赚点外快、怎么完成业绩获得奖金，客户熟了以后每天就是混日子，慢慢地自己就变成跟那些老业务员一样的业务油子……

学历不等于能力，但你不要把社交能力当成专业能力。

很多大学生觉得在学校里学不到东西，每天很迷茫，感觉是在混日子，一些努力的学生不想这样，所以也会想着去参加学生会、社团，或者在外面做兼职、做促销，希望能通过这些增加社会经验，其实天天玩是混日子，而无目的地参与社团活动、缺乏专业方向地做兼职同样也是在混日子！

社会实践可以增加你的社交能力，但职业是一个建立在专业知识结构上的系统工作，其他的创业能力、为人处世的方法、沟通技巧，等等，都是依附在这个基础之上，具体工作只能为你的专业锦上添花，而不可能无中生有。

能力的培养在于职业方向，你将来要做什么专业工作，你才要去重点培养什么能力。如果你对所学专业不感兴趣，不想做本专业的工作，那么你就要去找到你感兴趣又有就业机会的专业方向，进行相关专业知识和职业技能的学习。其他的能力，比如说团队领导、沟通表达这些只是赠品，买东西当然是奔着自己需求去的，赠品再好，而产品本身达不到你的要求，你也不会买。就好像招程序员看重的是编程能力，进外企首先要过外语门槛，而不会是所谓的创业能力、领导能力、演讲能力。

如果你平时没学好专业，那你毕业后再能说会道、再有社交能力也很难找到专业性的工作，那个时候你就只能靠青春、体力去做那些低端的销售工作或者服务工作。哪怕只是销售工作，销售本身只是技巧，同样需要你对专业的认识与对行业的了解，只要是专业公司，做销售或采购也要看重专业背景。

其实做销售也是分层次的，高端的是专业技术型销售，低端的就是些搬运工。要做好一个技术型销售，那你就必须了解客户是如何利用你的产品解决问题的。一是要了解产品，二是要了解客户的业务，三是要了解你的产品和客户业务的关系。光有销售技巧是没用的，任何技巧都是放大器，你必须有东西才能放大。

在一个知识密集型的组织中做管理职位，也需要扎实的技术功底和一定的技术背景，以及足够的行业经验，否则你根本管不了别人。而在专业性较高的企业中，如果你不是这个专业出身，你最后也很难升到老总那一级，比如说房地产企业的老总大多数是建筑专业出身。

一份工作有没有发展前途，首先要看它有没有技术含量。

如果工作内容没技术含量，那这个岗位也就没有门槛，没有门槛的岗位收入也别想太高。因此，职业所需的专业知识结构才是硬实力，是你职业生涯起步的平台。

- 技术是你知道要做什么，与专业知识对应，要根据工作业务方向进行重新定位。
- 技能是你知道要怎么做，与工具功能对应，重点在于软件、设备的掌握应用和现场经验。
- 技巧是你知道如何做得更好，与工作对象对应，重点在于效率与细节效果。

专业技术对应职业发展，职业技能对应岗位要求，工作技巧对应具体任务。技能和技巧是实际应用，但它们都是以技术为基础的，这才能帮你把事情做对。很多时候年轻人会看重技能和技巧的实用性，但如果你没有真正领悟技术，那就只能机械地应用，而难以举一反三。对于一个人的职业发展，知识比技能、技巧更重要，别说理论知识无用而强调实践经验和能力，真正的高手是理论知识和实践经验都很丰富的人。

技术是指某一领域的专业理论知识，对应未来职业发展。

技能和实际操作有关，只对应目标岗位的具体工作要求。

专业岗位都需要技术背景，比如说专业部门的助理岗位也要从日常行政工作做起，也需要具备文秘的职业技能，但这个岗位不会从文秘专业招聘，而只能从相关专业中招聘，因为文秘专业的毕业生看不懂本部门的专业资料。

技能只是实现技术的手段，技术则取决于知识结构，而职业思维方式更是建立在专业知识结构之上，没有专业知识结构，谈不上什么思维方式。知识结构是知其所以然，是要做什么、为什么这么做；而技能是知其然，是怎么做。光有技能，没有知识结构与行业积累，就像巧妇难为无米之炊一样，你还是不知道要做什么。

现在初级阶段的工作中，技能越来越工具化，结果给人以错误的认识，以为掌握某种工具或者学了某种技能就能从事某种工作。比如说，很多人以为设计就是会操作设计软件，其实软件只是一个工具罢了，如果没有空间构成、平面构成、色彩构成这些美术基础，真正要你去做个作品时，你会发现都不知道从何下手，有想法也无从表达，就是抄都抄不像，总感觉少了点什么，但是不知道差在哪里，这时就算软件再熟练也是英雄无用武之地，这样只能从事平面制作，而不能从事平面设计工作。

我们都受限于现有的知识结构与思维模式，往往对新东西不能理解，不是因为智商，而是因为知识结构。教育是通过改变你的知识结构来改变你的思维模式，而职业培训只是通过训练你的技能来改变你的行为模式。大学课程虽然大部分是理论知识，但却是技能学习与扩展的基础，大学知识体系的系统性、全面性使得你在职业上有更大的选择性，帮助你掌握更复杂的技能；而工作的复杂程度越高，你的不可替代价值越高，收入也就越高。如果只是单一的专业技能，即使再精深，最后也会局限你的职业发展，甚至你有可能一叶障目不见森林，被局限在低层次的技能层面中，得不到更高的发展。

知识结构左右职业发展

工作是简单重复，学校教育也许在实际工作中能直接用到的很少，但是知识结构能决定你在什么层次去重复，可应用的知识与技术的复杂程度决定你未来能发展的平台。

大学阶段的专业知识结构只关系到你看世界的角度，而职业阶段的行业知识结构才决定你所在世界的位置。刚毕业时求职看重的是专业知识结构转化的职业能力和思维模式，而高薪职业看重的是基于行业化的跨专业知识结构所掌控的资源。

知识结构是“T”字形的，一横代表知识的广度，一竖代表知识的深度。合理的知识结构是既有精深的专门知识，又有广博的知识面，并具有职业发展实际需要的最合理、最优化的知识体系。职业就是一场开卷考试，很多东西你不一定必须记得，但是你得知道在哪里能找到；而你对所从事的工作必须具备相应的深度，这就是你的职业定位。就像做销售与客户聊天，不只是一个沟通表达能力的问题，还是一个知识面的广度与深度的问题，闲聊时你要能接得上茬，专业中你必须能有所深入，这样才能既被人喜欢，又被人信任。

大学课程设置已经具备一定的知识结构，但这个知识结构并不能满足特定职业的需要。大学中很多教材已经落伍了，我们不能只是学习老师讲的那点东西，而要从职业的角度来定位专业课，这将形成你职业所需的专业知识结构，这才是你未来职业的基础。而职业更需要跨专业的知识结构，这需要你从行业的角度来补足相应的知识结构，比如包装设计除了设计之外，还需要了解市场、消费心理、结构材料、印刷工艺等相关知识。

在工作中，专业与行业的知识结构才是基础，而技能只是手段。技能好教，知识结构难教，这只能靠自己积累和发散性的融会贯通。比如我教会新人如何写方案的技巧后，他能从结构与逻辑的角度对一篇方案进行很好地修改，但是他还没有掌握品牌理论专业体系，对客户行业资源也缺乏认识，那他还是无法写策划方案，因为他不知道要写什么。专才是针对特定行业和职业而言的，单纯一个方面的能力成就不了专才，你看那些专家的专栏、社论，背后都有丰富的公共管理、社会学、法理学等方面的理论基础。

第2节　专业究竟是什么?

专业划分

教育都是分专业的，我们学的语文、数学、物理、化学、音乐、美术……只是向我们解释这个世界，却很少教我们如何解决问题。就好像教育中我们把设计界定分割为平面、空间、建筑、服装……但这只是终点，而不是起点。设计需要完成特定目标，也就是说设计的起点是“为何设计”，而不是“如何设计”。

就教育而言，专业的划分只是为了便于知识的传授与学习，只有对世界进行分解分类才能系统地一步一步由浅入深地进行知识传授。而最终标准化的考核对这种分解的知识教育模式又更进一步地割裂，由知识变为知识点，由知识点变为考点，然后考点又变成60分万岁……结果很多人把专业理解成了所看到的世界的一部分，导致了就业时对专业的过分看重。其实就大学阶段而言，所学的专业知识只是职业的基础知识，专业只不过是培养了我们看世界的角度，新闻专业会用新闻的眼睛去看待这个世界，法律专业会用法律的眼光去看待世界，而理工科会用理工的方式去看待世界……

专业并不是你看到的世界的一部分，而是你看世界的不同角度。

物理学研究到了尽头就是哲学，哲学研究到了尽头就是宗教……黄金分割将艺术通过科学的量化数值0.618展示出世界至善与至美的两面一体。真正的发现之旅，不在于寻找新天地，而在于拥有新眼光。横看成岭侧成峰，所谓全新的视角不过是不同专业或专业高度带给你的不同角度，不同知识结构就会有不同想法，就像有的人看到“贾君鹏”什么也不明白，有的人就会想到魔兽，有的人看到了就会去抢注商标……

专业并不完全决定就业方向，同一个专业可以面向不同行业就业。行业的选择才是职业选择中至关重要的因素，这直接关系到就业者在更长时间段内经验与资源的积累，关系到就业者职业生涯的稳定。但目前大学生都对行业缺乏清醒的认识，而且对自身能力与天赋也缺乏足够的了解，结果导致在职业选择上的迷茫与错误。

大学教育从根本上来说是培养一种体系化的专业思维方式，而我们未来的职业往往并不是由所学专业决定，而是我们在工作过程中根据环境对天赋的重新认识，以及环境资源所导向的。职业中的专业知识更多地是在工作中根据所处行业和岗位继续学习和慢慢积累的，很多人甚至完全离开原来的专业。

专业是细分，行业是整合。

■ 专业是一种思维方式，是分解知识，从技术角度解释问题。

■ 行业是一种思维模式，是整合专业，从资源角度解决问题。

专业不是一般的通用性的知识，而是专门一个领域的知识，它包含一些特定的基础知识、方法、技能，这些都将形成你特定的思维方式。从事某一行，要先系统学习相关专业知识与理论，理论基础对于职业发展非常重要，这能让你带着框架去看问题，如果没有理论指导，你很难有意识地去注意一些东西。

专业是向你解释问题，我们对事物的认识限于自己的知识结构之内，会在自己的知识结构内去对所看到的事物进行解释，所以我们往往受到所学专业知识的局限。中文系毕业可以写小说，甚至魔幻小说，但是无法写出科幻小说，因为他不具备相应的科学理论知识结构。即使是理科专业毕业，又有出色的文笔，写作科幻小说还需要哲学的思想深度。仰望星空，你应该感觉到人类的渺小与孤独。

职业对你的要求是如何解决问题，这些仅仅通过单一专业是做不到的。专业只是一个点，而行业是一个体系。任何具体的工作都是多专业的交叉，除了你所学专业之外，你还必须了解与你工作相关的专业，这才能形成整体思路，并有利于工作中的团队合作。

比如说，品牌策划的业务流程是“策划拿单，设计收钱”，策划师作不了设计，但仍要对设计有所了解，否则策划师天马行空给客户想出的方案超出了与其配合的设计师所能作出的设计水平，最后做不到，还是收不到钱。而设计师不做印刷，但仍要对印刷工艺和材质有所了解，否则你设计出来的东西无法印刷。

最终，职业都要从行业资源的角度来看问题。就像学院派与市场派的区别，学院专家只是从理论上来进行解释推理，而市场行家则是基于资源作出评估预测。比如任志强一直说房价要涨，而很多专家说会跌，结果当时没买房的后来都买不起房了。

五大专业类型

工具型专业

专业只是一种工具，比如说像语言类专业、管理类专业，对于此类专业最关键的是选择行业。此类专业有两条发展路径：一条是更加专业化，比如英语专业的成为老师、翻译；中文方面的成为学者或者作家。但学好也要看天赋，市场需求也有限，因此只能是少数人的选择。另一条是找到应用的领域，进入一个行业或者职能部门，比如利用英语优势进入外贸行业或者进外企做人力资源，等等，这才是大多数人的选择。

工具类的专业非常看重天赋，就像学英语专业，如果你过不了专八，口语又不流利，那真的就只有做文员了。能学好一门语言就很不错了，搞笑的是外语专业都要再学一门二外，对大多数人都是太大的挑战。其实这个时候，重要的是要再学一门与行业有关的专业才好帮你入行。

职能型专业

专业是技术型的，针对企业的职能而设定的，比如财务、人力资源、营销专业。对于此类专业，要尽可能地选择一定规模的企业，这样专业才能够发挥作用，个人的发展空间才会大。

小企业各种工作都会比较初级，也许只有一个出纳，一个会计，甚至会一岗多能，什么都做，这既可满足公司现有规模下的需要，而他们也无须支付“行政+财务+人事”的工资。而你因为很杂，会失去了某一项的精，而这些杂并不能让你获得升职的可能。而在大公司里，部门分工明确，你得以不断加强本职能领域的相关技能和经验；同时又有足够的发展空间，你的外职业生涯也会沿着既定职业路径发展，比如出纳—会计—会计主管—财务经理—财务总监—财务副总裁。

此类专业因为是根据岗位的职能设置，因此有些专业更看重实践操作，比如说国际贸易专业。在校期间学不到太多实用的东西，结果很多英语专业的借助语言优势，经过几个月的实践就进入了外贸行业中，而真正学国际贸易的因为英语的劣势而大部分去做了货代。因此，你在选择职业方向时，一定要看清楚你就业时入门的岗位要求是什么，按那个要求去强化基础能力。

行业型专业

此类专业既是技术型的，同时也直接对应相关行业，比如石油、化工、印刷、通讯等等。还有些专业是技术型的，比如电子、机械，可以进入不同的行业。此时首先是选择行业，其次进入这些行业后你还可以选择研发、生产、销售这些不同的岗位，你的外职业生涯发展方向就是行业专家或高级管理者。

研究型专业

像数学、物理、哲学此类专业属于研究型专业，还有些基础科学类的专业，比如说生物科技专业。此类专业一方面是太过于理论，另一方面是缺乏足够的就业机会，因此本科阶段很难找到对口的工作。如果你在这方面真有天赋，又喜欢，那你就读研读博作研究，向学术型发展。否则就要通过考研，寻找本专业的应用方向，比如说数学专业考软件开发的研究生，这反而是优势。

边缘型专业

教育产业化后，大学纷纷追逐社会热点开设各种新兴专业，但这些往往都是些边缘型专业。结果一方面是专业课程杂而不专，另一方面是师资力量无法跟上，导致课程太泛，形同没有专业，学生反而缺乏就业优势。比如说广告学专业包括了市场、品牌、媒介、设计等课程，其实这些课程是对应文案、媒介、设计等不同的专业岗位，在实际工作中，它们的知识结构和所需技能并不同，对学生来说学习所需要的天赋都是不同的，结果做文案比不上中文专业，做设计比不上设计专业，做媒介甚至比不上统计专业。什么都学，结果什么都不精，最后“万金油”专业变成“打酱油”专业。

第3节　将专业向职业转化

专业与职业不对口的尴尬

谈到就业，就不能不谈到“专业对口”这个问题。很多毕业生因为对职业缺乏认识，在毕业时很自然地就是去找专业对口的工作，但很多专业并不会直接与某个职业对口，而完全对口的职业可能又缺乏足够的就业机会；同时也常常因为缺乏对职业的认识，所以对岗位缺乏准备，即使有这样的机会，也难以通过面试，这也就是常说的“没经验”。

在现实中，由于就业机会和个人情况，比如冷门专业社会需求比较小，或者对所学的专业不感兴趣，还有些是女生学了一些不适合女性就业的工科专业，这种情况下就不得不面对跨专业就业的问题。这个时候，他们往往只知道自己不想做这类工作，可除了这个不知道能干什么，而一旦放弃所学的专业，又感觉缺乏竞争力，结果很多人甚至觉得只有通过“考研换专业”才能改变自己的职业路径。

教育中的“专业”是对自然科学或社会科学的一个细分，但因为教育与市场的脱节，结果“专业设置”相对于“职业要求”存在“专业不够细分，行业不够深入”的情况，这个问题并不只存在于文科专业上，理科专业同样如此。

比如有学“电子信息科学与技术”的毕业生在网上抱怨，他的课程包括高等数学、线性代数、概率论与数理统计、应用数学、大学物理、电路分析、数字电路、模拟电路、信号系统、通信原理、光纤、微波、网络通信、程控交换、JAVA、SQL 数据库、C 语言、单片机、微机原理、嵌入式技术（基于 ARM）、EDA 技术、电子测量技术……结果什么都学，学的几乎都是纯理论的东西，而且涉及好几个大方面，都只学了个大概，什么都不精，又缺乏实践经历，反而找不到好的工作。其实，他只要在 JAVA、数字电路、C 语言、单片机中深入钻研一门，然后根据行业的发展趋势去学习特定的技术，都能找到不错的工作。

技术和专业相挂钩，而业务要和行业相关联。

从职业角度来看，你所学专业只是某个方向的知识结构，只是帮你理解职业，而职业是根据资源确定的，是跨专业的综合。学校专业很难完全对应你未来的职业，职业中的专业是工作以后学习出来的，你前三年的工作将是你未来职业中专业方向的定位期，同时也是行业资源积累的三年，错过这三年，你想再回头可能都很难了。

大多数工作都是专业复合型的，比如财经记者既要懂经济又要懂新闻，而驻外记者更要求精通所在地的语言和文化。行业才是你职业定位的基础，越专业的职业越带有“行业”的性质，有的表面上对口的专业反而无法对应企业的要求，比如说专业性强的行业招销售，都喜欢招有特定专业背景的，而非单纯学营销出身的学生。再比如说专业出版社招聘编辑，并不一定要编辑专业的学生，而会根据本社的行业定位要求应聘者具备相应专业学科背景，比如说电子专业硕士以上的毕业生。

特别是一些基础理论专业和冷门专业在就业中会遇到一些困难，这个时候就必须从市场的角度来找结合点。如果将专业学习过程中所训练出来的能力与特定行业的应用相结合，就有可能找到未来职业的新出路。比如《宽客人生》中说的是一个做了 17 年理论物理研究的物理学家在华尔街高盛工作的经历，因为那些银行家发现这些研究物理的人是最好的分析衍生品价值的人，他们所受到的专业训练是独一无二的。

跨专业就业并不可怕，你要从行业的角度来看待你的专业，而不是从岗位的角度来看待专业。

年轻人需要知道如何将学业转化为职业，在一个行业中总会有适合你的工作岗位，除去一些专业岗位对于专业技能的要求很高、要求专业对口的人才之外，其他大多数岗位都是可以跨专业就业的。如四大会计师事务所，以前只招经济管理类人才，但现在法律、物理、数学系的毕业生都有。

如果说高考是人生的第一次选择，那么在校期间你从行业角度对专业的重新认识与辅修专业的学习就是人生的第二次选择，而不是想着毕业后去考研！现在学什么专业和未来做什么职业是两回事，很多你最初能从事的工作是不能作为终身职业的，而很多你看到的热门职业，你刚毕业时还从事不了。大学里终究只是基础教育，职业中的专业方向都是工作之后再逐步确定的，甚至由此重新找到你的天分方向。

很多人觉得所学专业很空，感觉什么都可以做，但又好像什么都做不了。要想解决这个问题，我们就必须对“专业对口”有新的认识，不要光想着自己学的是什么专业，真实的工作岗位不是为学校所教专业量身打造，相反，你要多上招聘网站看看公司都需要什么职位，要求有什么能力，尽量明确自己未来的职业方向，要根据社会需求和职业发展去调整自己的专业学习，而不只是从拓展个人知识面的角度去杂乱地学习。

年轻人的迷茫还在于想学习东西，却不知道要学什么。其实未来的方向受限于所学专业，但更多的是取决于未来要从事的职业和要进入的行业。如果专业前景不好，或者你不喜欢，或者缺乏就业资源，那么你就要通过行业分析找到可行的职业方向，以之进行对口学习，并想办法找相关的实习工作。千万不要等学完了才发现自己不喜欢这个专业，那时候你会发现除了所学专业之外，没有任何别的技能和专长。

在专业内就业，要从现有专业中找到细分的就业方向，了解自己进入职业最初岗位的要求，根据企业的实际需要去进行对口专业学习，并针对行业补充相应知识结构，在学习相关专业课程的同时，着重于把专业知识转化为专业技能，再转化为特定岗位的职业技能。

在跨专业就业时，要找到目标职业所对应的专业，要通过辅修专业与主修专业的重新组合，满足职业需要，并通过专业交叉形成新的竞争优势。比如说李小龙是功夫，成龙是喜剧功夫，李连杰是中国功夫，甄子丹是真功夫。

技能对应岗位，技术对应业务。

从就业的角度来说，你选择的是职业，而你进入的只是岗位，这看重的是岗位所需要的技能，但是你不能将自己局限在技能内。比如说，有网友跟我说他工作几年，就是运用 3DMAX 和 Photoshop 等软件做装修的效果图，重点是从事效果图中的渲染，一直钻研 VRay 渲染器方面的研究，但是做得越久，越被分工限制，得不到发展，而且现在技术发展太快，不出几年，单纯的绘图很快就会被新人赶超。

职业发展看重技术含量，这就需要从业务的角度来重新定位你的专业方向。大学所开设的工具型专业通常只能算是职业技能，你必须从未来要进入的行业角度去重新定位你的专业方向；而行业型、研究型专业则是技术，但你必须从产业或职能的角度去重新定位你的细分专业方向。

在职业发展中，行业和环境资源都是比所学专业更重要的东西，大学专业并不对应未来职业，职业中的专业是在毕业后的工作中逐步确定和发展的。如果所学专业在所处环境无用武之地，那就只是屠龙之术了。你就必须尽快找到新的专业方向，或者进一步细化到现实的职业方向。

根据岗位学技能，根据行业和业务学技术。

技能和技术不同，比如中文专业毕业可以做广告文案，也可以做编辑，看上去都是写东西，其实它们的岗位技能和专业技术都有不同。在岗位技能上，两者接触的工作软件会有不同；而在专业技术上，广告文案要学习品牌专业理论体系，编辑要学习新闻专业理论体系。这两者不管是专业理论，还是职业思维模式，都存在很大差异。

我见过有天分的年轻人来应聘文案岗位，他平时喜欢写点小东西，也觉得这是自己想要的职业方向，因此想从网络新闻编辑转到创意文案这个岗位上来。从他带来的东西上，我确实看到了一些灵气，但是他对于品牌理论一无所知，对于商务写作毫无认识，甚至对于 OFFICE 软件非常生疏。这要我怎么请他？招聘都是针对岗位来的，要看你的职业天赋，更要看你的专业知识与职业技能，如果你来了一点事都做不了，我招你做什么？

我们在从专业向职业转化的过程中，要考虑以下三个方面：

- 专业和专长是不同的，你学什么专业其实和你擅长什么是两回事。专业只是通过知识结构的学习向你解释某个职业，而专长才是你将进入什么岗位从事什么具体的工作，这就涉及你的天赋与性格。你要看所学专业可以从事哪些岗位，比如学化学专业进化工行业是专业对口，如果你擅长与数据打交道就去选择研发，如果擅长与机器打交道就去选择生产，如果擅长与人打交道就可以选择销售。
- 就业机会是与资源相关的，你要看你可从事的职业中哪些工作是有机会做的，比如说法律专业可以做律师、法官，但这样的工作机会也许不多，那你还可以做知识产权代理、公司法务。
- 在做你向往的岗位之前要经历哪些岗位？很多专业岗位不是刚毕业就能从事的，比如策划岗位，策划不是点子大师，而是对资源的整合。毕业生只能先做文案，逐步掌握跨专业的知识结构，深入了解特定行业资源后，才能从事策划工作，这些需要数年深入行业的工作经验。

考研的取舍

很多人因为对职业缺乏认识，结果被名校情结、学历情结、老师忽悠而选择考研，特别是在很多底层的本科院校里，学校狂热地鼓励考研，结果误导了一些没有自己看法的学生，似乎考研才是最崇高的选择，以为知识能改变命运，结果毕业时大好的青春已经逝去一半，命运反而被教育改变了。

如果是因为找不到方向、找不到工作，那千万不要去读研究生，因为就业凭的是技能和经验，而不是知识。读研反而影响你本科知识向技能的转化。读研只是推迟了你的失业压力，但这浪费了你最宝贵的青春，等你研究生毕业时都二十五六岁了，反而失去了年龄的优势，甚至是失去在真实职业环境中重新选择职业方向的机会。

学习要围绕你的职业发展目标，很多人考研根本就没有想清楚自己是否需要、是否适合、毕业后有什么出路。大学毕业找不到工作，就应该对现有的教育体系产生怀疑，应该汲取教训了，那为什么还去继续考研呢？很多人属于“被考研”，他们根本就没想过考研的真正目的是什么，甚至有一些人因为成绩因素被调剂到并不喜欢的专业和不入流的学校，结果高学历对就业并没有什么帮助，而相对研究生，企业反而觉得本科生更好用！

读书只是手段，就业才是目的。考不考研、考什么专业，最终取决于就业。

没有目标的学习是没有动力的，其实也是无用的。大学毕业直接去读研的这三年，与工作之后知道自己缺少什么需要什么之后再回去读研的三年相比，效益可以说是 1∶3。如果已经混了四年本科，再混三年研究生也很容易，这个混并不只是指你不好好学习，而是指你无法从职业角度来学习真正需要的东西。

读书也有两个误区：一个是叶公好龙，没搞清楚自己想的是不是自己真正喜欢的，结果学了以后才发现自己不喜欢，而自己又没有培养别的能力；另一个是屠龙之技，学完才发现自己没机会做，或者企业也不看重。就像你如果想考研，那你就要去了解一下他们的课程，否则也许你会发现这些课程与你未来的职业目标一点关系都没有。

中国的研究生教育是学术训练，而中国的产业结构决定很多工作并不需要那么高的学术水平，这反而影响你本科知识向技能的转化，浪费你的时间。特别是扩招以后，研究生教育质量也有问题，我看了不少文科研究生的简历，发现他们在专业上并不突出，甚至没有深入去研究与完成一个跟他未来职业相关的学术项目与社会实践，结果他们除了学历以外，其他和本科生并没有多少区别，而学历过高还影响了他们的就业心态，企业也担心大材小用，最后反而增加了应聘的难度，既浪费了极高的时间和金钱成本，又把自己弄到高不成低不就的局面。

你不要只看所学专业对应什么职业，还要看提供这些职业的组织又是怎么看待你的教育背景的。

考研从职业路径上来讲，考的是名校的背景、知名导师的资源、同学的人脉。如果你只是为了拿个学历而读研，结果进了一个冷门专业，或者只是考一个一般学校一般专业，将来出来就业还是一样难。一般企业根本不需要研究生，而大企业招聘专业岗位的研究生不但看重研究生是不是名校毕业，还看重第一学历是不是本专业。如果你本科所在的学校只是一般，你本科专业与研究生专业没有任何关系，那你光靠考研已经解决不了学历歧视，你更应该通过本科阶段的辅修专业和与未来职业相关的实习经历来证明自己。

很多人以为读研读博能让自己有更多的选择，其实研究生阶段已经开始进入职业阶段，是你外职业生涯规划的一部分，是专业化的行业化。如果说企业对于本科生还不太在意专业的话，那么对于硕士就非常看重专业对口了，这只会导致你就业的选择面变窄，如果你又鬼使神差地读了博士，那时候你会发现人生已经没有太多选择了。

本科阶段是系统地学习专业基础知识，而读研则是专业与行业的深入，是在你具体工作中遇到理论体系需要提升时才去考虑的问题，甚至很多专业人士读 MBA 读的是人脉资源，希望在现有职业阅历之外得到提升，也许能够突破现有的职业瓶颈。很多人就是因为找不到自己的职业方向，又对职业发展模式缺乏正确的认识，结果把学业的深入当做了职业的晋升，最终走投无路。

考研最重要的原因应该是你下一个人生目标需要你这样做，你要明确考研是你所要达到的职业目标真正需要的和职业通路真正承认的，要知道自己找什么工作需要读这个研，所学专业对高学历的人需求有多大，该专业在你未来生活的城市发展怎样，这个专业还有没有足够的就业机会和发展空间，否则等研究生毕业了，你会对未来更加迷茫。你感觉现在硕士毕业能获得的就业机会并不代表你现在去考研，三年后还能获得这样的机会。你应该明确考研带来的结果是一定要优于本科毕业后直接就业的，就好像跳槽不该仅仅因为现在的工作不够好，而应该因为新工作是你更满意的。

研究生一定要有与就业相关的具体研究方向，进行相应项目研究，并参与社会实践。

只有那些对专业有兴趣、有热情，并有一定天分的，真正清楚并明确了自己未来职业方向的人，并且已经了解了研究生阶段的课程是职业发展所需要的、这个研究生学历是实现职业目标所必需的、未来也有这样的就业机会的情况下，才适合考研。

读研，你一定要清楚你所学专业对应什么职业方向，进行相应技能训练与项目实习，否则导师给你的研究方向往往只是你的论文方向而非就业方向，甚至有些专业都是导师为了创教学点而开设的，如果你本身缺乏必要的就业资源，就根本找不到对口工作。

其实只有科研基础型的专业学科才需要考研，其他与看重实际经验的工作相关的专业都不应该直接读研。尤其要注意，应用型专业如市场、工商管理、广告、新闻、法学等，毕业直接读研对实际工作毫无帮助。比如说只有 MBA 学历，而没有什么行业经验、领导经历，HR 基本都把 MBA 忽略不计，可你想从基层做起，HR 又嫌你学历高了。

对于毕业生而言，考研、考 MBA 是为了职业的加速发展，而不是为了解决职业方向的问题，如果没有明确自己的方向，那考上了也很难解决，甚至更加困惑。

而对于工作几年以后的人来说，转专业考研和考证一样，只能帮你晋升，而基本上是不能帮你转行的。因为到了年纪，别人看重的是你的经验，你也很难再从低做起了，别人也不给你机会了。真正想提升学历，那你更应该先进入相关行业工作一段时间，对行业有了深入了解，积累了相当的经验之后再去考研、留学，或者读一个在职学位，特别是跨专业的学习更要基于业务发展的需要。比如，律师为了做证券业务去学习会计、考注册会计师，否则缺少行业基础，学习无的放矢，学了反而没用。

第4节 塑造核心竞争力

什么是核心竞争力

为什么有的人闲着还能拿钱，而你累得要死，钱还不多？这是因为他能做的你不能做，而你能做的很多人都能做。

一招鲜，吃遍天，技能不在多而在精，在于核心。这就是你的核心竞争力，是能使公司为客户带来特殊利益的一种独有能力，是你的不可替代性，是你能做而别人不能做的，而不是他不愿意做的事情。你不能说你做事细心、认真或爱岗敬业、对人很真诚和有爱心等，这些只能算是个人特点，只是完成工作的本分。

核心竞争力具有五个必要条件：稀有、可用、难以模仿、耐用和不可替代性。因此，培养核心竞争力不是你会做，我也会做，而且努力比你做得更好；而是不管我做得好不好，也只有我能做到，你们所有人都做不到。

竞争力的四个发展层面

第一个叫知识，第二个叫技能，第三个叫能力，第四个叫本事。

知识层面只是基于学习能力，单纯的知识学习很容易被人复制和跨越，所以这个层面的竞争是非常低级的，不可能形成核心竞争力。就像有网友跟我说“今天重新写简历，忽然一阵心酸，大学毕业前我的简历上都是同学羡慕的数据，仅仅八个月过后，现在写简历，忽然觉得一点竞争力都没有了。”特别是名校毕业生，在毕业后尽量不要给人说起你是哪里毕业的，最好也尽量忘掉自己是哪里毕业的，否则总是和别人比学历，你就永远只是活在过去。

技能层面是基于模仿能力，是从工具角度出发，将知识转化为技能，从而满足工作的特定需要，这只是你的执行力。面对就业的压力，很多人会想学一技之长，但有没有可以吃一辈子的技能呢？在不同阶段，竞争是不同的，技能是能被模仿和超越的，技术本身也是更新换代速度很快的，除非特别牛，否则在 30 岁的时候也会面临转型，因此你不能把核心竞争力仅仅建立在技能层面上。

能力层面是基于创造能力，它与你所工作的专业和行业知识相关，重点是从职业发展相关的业务角度出发。你能有所创新，将各种知识与技能按特定目标融会贯通地运用，知道怎么做，这只是技能；而知道要做什么，如何解决问题，这才是能力。解决一个问题，难的是怎样在资金、资源都不足的情况下解决问题，如何在最短的时间找到最合理、最经济的解决办法。能力就是用同样的资源做更多的事，或者做同样的事用更少的资源，比如说会下棋是技能，而能让子是能力。

本事层面是基于资源整合能力，是你能找到外部资源掌控全局。通过最初的优胜劣汰之后，剩下来的人都是很能干的，是否能够更上一层楼，单单提升自己的个人能力远远不够，越来越看重整合别人的资源。只有资源才具有垄断性，技术活做到最后也是体力活，到了年纪，能力、经验都没用，有用的是资源，比如说人脉、团队、平台。因此核心竞争力除了天赋基础上的能力之外，更看重外部资源的积累。

就像做培训师，内容很容易复制，这只是知识阶段；而如果你能做很好的 PPT，能互动，会控场，你就进入了技能阶段；最后当你对某个专业领域有独到的见解，能主导现场、营造气氛、形成个人的风格，这就进入了能力阶段。进而，你还能开发新的课程、培养讲师队伍、通过媒体打造自己的个人品牌，形成在这个领域的影响力，这就进入了资源阶段。

核心竞争力的定位

为什么要定位？这是因为个人的时间和精力都是有限的，而你所面对的环境也是有限的。我们只能将自己有限的天分和时间聚焦到一点上，坚持下去。如果你什么都想得到，那么也许你什么也得不到。

在我们最初的工作中常常只是打杂，很多岗位也是交叉的，这个时候往往我们希望通过职业技能的提升来获得突破，于是很多人会因为工作而去学其他专业岗位的初级技能，比如说文案学设计软件。这确实能方便你的工作，但你要清楚是为什么而学，这只能是为了协作，而不能是为了去做对方的工作。对于职业发展，重要的是提升专业技术水平与建立职业思维模式，而不是学习跨专业的初级技能，否则反而把你限定在了低级的技能层面。

核心竞争力是基于自身天赋和外部环境资源。你不可能每样都很强，所以塑造核心竞争力的前提是客观看待自己的优势与劣势，发现自己独特的一面，清楚自己最有创造力的天赋在哪个方面；更重要的是要看清外部环境，就像王宝强自身条件很一般，但在科班出身都不一定能演到戏的影视圈都能红，这说明你要找到所处环境所需要的差异性和稀缺性。你不同，你才存在，这就是你的定位。你要认识到外部环境对你有什么需要，从而知道自己未来的提升区域在哪里，需要补充哪些能力，以及知道自己的缺陷在哪里，哪些地方是一定要躲开的。

天赋是有差异和层次之分的，你可能觉得自己很优秀，但是人这么多，你再优秀，只要你找到了圈子，你就会发现原来和你一样的人很多，甚至发现比你更牛的人也很多。因此你要清楚自己的核心竞争力是在一个什么样的层次和圈子里，以保持相对的竞争优势。比如成都有一家大排档很有名，几个招牌菜口味不错，价格也不贵，于是一直有人想投资做大，但老板一直拒绝。这是因为一是他不想改变现有生活方式，挣足够的钱就够了，生活更安逸；二是一旦做大，他将进入另一个竞争层次，进入高档场所、高档菜系、多菜系的竞争中，那反而失去现在的独特个性和价格优势。

网站也一样，当一种营利模式出现后，会有很多人进入，很多只有几个人的小网站只服务很小的地域范围，懂得自己能做什么行业的交易、能做多大的规模，成本控制得很好，很快就可以开始赢利。而有些网站想做大，反而要在全国范围内面对更多的竞争者，结果很快在把启动资金烧完之后就倒闭了。

对于职业也是如此，如果你进入的是你能力范围之外的领域，压力会增加太多，干不好反而会被干掉。特别是当你进入看重工作稳定的人生阶段时，你一定不能因为某个机会比眼前的工资高就随意跳槽，而要选择你能成为技术骨干的公司或部门，才能确保你的不可替代性。否则资历越老，工资越高，一旦遇到公司战略性裁员，自然你就首当其冲了。

你可能会看到很多好的机会，但机会好不好，不在于你能看到，而在于你能掌控。资源决定能力，你能掌控的外部资源在哪里你就去哪里，就像是各省卫视最红的主持人都不会被别的电视台高薪挖走，也很少会想去央视，尽管那里的舞台似乎更大。因为他知道他的相对优势在哪里，以及谁才会真正捧他。

核心竞争力讲究专业化，这个专业化也是建立在资源的基础上，你要看清你所拥有的资源是什么。大企业是基于核心技术上的多元化，而小企业往往是基于区域资源的多元化。比如说在快速消费品行业中，全国性品牌往往是基于生产技术和产地资源，推出的都是同一类的产品；而区域性品牌更多是基于渠道资源优势，进行多元化发展，渠道要什么，它就跟风全国性专业品牌推出什么产品，产品种类很杂，凭借相对成本优势，收益反而比只做单一专业产品的区域性品牌要好很多。

建立核心竞争力

- 找到自己的天赋，确定职业方向，选择有机会发挥特长的岗位。
- 找到自己的天赋层次，明确职业定位，保证所处领域内的相对竞争优势。
- 找到外部资源。任何技术都是可以替代的，但是团队角色往往无法替代。很多事不是谁能做的问题，而是让谁做的问题，这就是信任。外部资源被别人所掌握，所以首先要有靠山，领导必须赏识和提拔你；其次要有团队，群众基础要好。
- 寻找不同资源的优化组合，要将自己的核心竞争力与企业的核心业务对应起来。纯技术能力提升到一定程度后，空间就有限了，此时根据客户需要提供其他服务，可以让自己的综合能力有较大的提升空间。比如说，做技术的工程师要去了解所在领域的采购、产品成本和价格、零部件供应商、外包服务、人力资源、人力成本、运营成本等行业信息，一定要意识到这些信息和资源的重要性，要采取各种手段去刺探、了解，同时逐步提升自己的管理能力、沟通能力、控制能力。

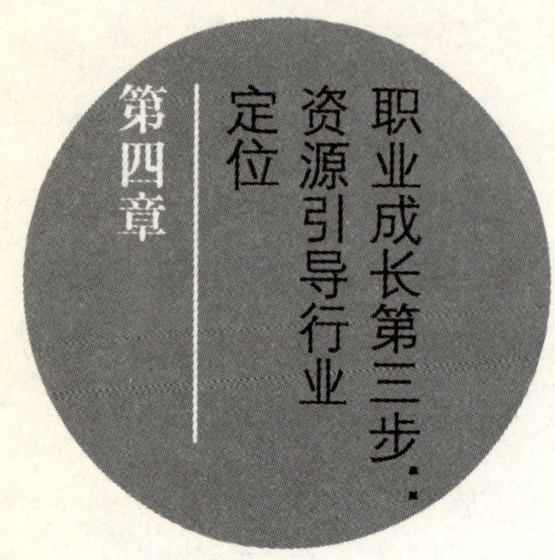

第1节　认清行业化发展

专业的同质化与行业的差异化

为什么有的人发展得很快？这是因为他找到了一个发展很快、自己具有相对优势的行业或公司。不同行业未来的发展完全不同，这是市场供需所决定的，专业化只能让你成长，而行业化才能让你成功。资源决定能力，最终是行业决定了你未来的职业方向和发展空间，在你毕业时是看专业对不对口，而等你再跳槽时就是看你行业对不对口了，因此行业是职业发展中首要的选择因素。

大学教育能让你知识专业化，但知识是同质化的，同一专业能选择不同的职业，进入不同的行业。最终是你在专业基础上针对特定岗位的学习和实践使你职业化，从而形成你与别人的差异化和竞争力。

同一专业不同岗位的技能是不同的，就好像设计师的工作首先是向工具转化，由手绘转化为设计软件，然后是跟着传播媒介的改变而改变，比如原来是平面设计师，现在做网络设计，这不但有工作所使用软件的不同，更要考虑网络视觉的表现方式和网络媒介所能提供的资源。

新人找工作比职业人士有更广的选择面，因为只需要你专业基础知识与技能过关，是看你能否完成工作。而企业对职业人士看重的是行业经验和资源，是你能否解决问题。就好像哪怕是财务工作，不同行业也会有相当大的差异。专业知识结构决定你从哪个角度来分析问题，但解决问题看重的是你对特定行业资源的认识。

对于毕业生而言，专业差距只是在两三年的大学专业课的知识结构学习中形成的专业思维方式和专业技能；而对于职业人而言，行业差距则是几年十几年与工作相关的多个专业的知识结构融会贯通形成的行业思维模式和职业技能，以及在不同层次平台上特定行业资源的积累。比如企业要招一个金属件的采购员，其实就是给供应商下订单，即使你以前就是专职下订单的，但下的订单是塑料件，这都不行，因为行业差距太大。

专业是工具，只是对应岗位；行业是资源，才真正对应职业。

专业知识结构决定你从哪个角度来分析问题，但解决问题最终都要从行业资源出发，就好像说做管理咨询，那你是做企业运营，还是市场渠道？是财务管理，还是人力资源？每一块都有相应的专业知识结构与特定行业的资源要求。快速消费品与房产不同；劳动密集型产业与知识密集型产业、资本密集型产业都不同。

专业很大，行业很小

学校所学的只是从事具体工作所需要的基础专业知识，使你的知识结构“专业化”。但从“专业”向“职业”的转化必然面临由“专业知识”到“专业技能”，再到“职业能力”，最后到“行业资源”的转化。比如说软件开发、营销、设计是专业，而IT、房产、金融是行业。

专业存在各自的专业体系，行业之间也存在不同的行业壁垒。中文系毕业可以做新闻记者，也可以做广告文案，而新闻根据报道内容可以分为时政、政法、民生、财经、体育、娱乐……广告根据客户行业可以分为消费品、汽车、房产、工业、金融业……

社会分工越来越细，使得“专业”具有“通用性”，你的专业技能可以在很多行业中运用；而“行业”具有“特殊性”，你的专业只是完成某一具体工作的技能部分，而完成工作需要的经验和资源必须与行业特定要求相结合。

任何专业失去行业背景，价值都会大打折扣，比如快速消费品与工业品的销售模式完全不同，快消品广告与房产广告的做法也不相同，饮料的模式也不可能运用到奢侈品的品牌策略上。就像同样是从事销售工作，我们从招聘广告上可以看到“需要有两年以上本行业销售经验”。比如产品可以分为工业品和消费品，而消费品市场根据消费周期又可细分为耐用消费品（如大家电）和快速消费品（如酒水食品），等等；根据消费行为还可分为日常用品与奢侈品；根据功能又可细分为日化、服装、酒水……它们的销售渠道与销售方式都有不同。

更重要的是，它们之间的差异不只在于工作方式，更在于工作所积累的资源，也就是长期在某个行业所积累的关系与渠道，比如同样是通过渠道销售，但在大型超市中食品与日化的采购人员也是不同的，你所积累的经验与渠道不是一下就能转化的。公司更希望应聘者能利用他原有的关系迅速为公司开拓业务创造更多利润，因此公司会希望应聘者有相应的行业背景。

职业成长通常都是由“（能力）专业化成长”到“（项目）管理化成熟”，再到“（行业）资源化成功”的发展历程。职场竞争力在不同阶段会有不同要求，职场新人看重技能，职业人看重项目经验和职业素质，资深人士看重拥有的行业关键资源。

专业与行业的交集就是你的职业方向

专业涉及工作中的能力定位，行业涉及职业中的资源定位。

外行看热闹，内行看门道。专业只是让你摸到钥匙，但你还没摸到门，门就是行业，是对资源的认识。专业能力只有与行业资源相结合才能成为真正的职业能力，最终你所选择的“特定行业的专业发展方向”决定了你一生的职业定位。比如你选择了传媒方向，从媒体角度可以选择电视、电台、杂志、报纸、网络……选择了记者职业，又可以分为时政、经济、娱乐、体育……再比如在广告公司，不同行业的客户，文案都可以做，但策划做不了，这是因为文案只是专业能力，而策划要深入行业资源；能力只是帮你完成工作，但资源才能帮你解决问题。

从职业发展角度来看，大学所学专业并不重要，重要的是行业。我们职业中的专业方向是行业化的专业，工作第一年你会对行业有更深入的认识，从而在这个基础上，找到专业与行业的交集，对自己的专业进行重新定位。同时，你也不要被所在公司的业务、岗位职能、行业要求所局限，而要从更大的科技发展趋势、产业发展模式来进行研究，否则当公司或行业发生变化时，你就危险了。

专业就是你的定向，行业是你的定位，而职业就是你的定型。

职业发展是延续性的，在行业和职业的选择上，我们要保证内在的连续性，即使做不到两者都保持连续，也要做到“换行不换岗，换岗不换行”。职业之路是越走越窄的，在职业刚开始时感觉不喜欢还可以换行，但转行必然涉及知识结构的转化与现有资源的取舍。任何一个行业对初级岗位都是有年龄限制的，到了30岁时，如果你不能进入中级岗位，那你的职业又会遇到问题。因此即使改行，你也要保证以前积累的资源如经验、技能、人脉等等能够不断地得到延续和强化。比如可以沿着行业的价值链转换，原来做建筑施工的到房地产公司作工程管理，原来在国际物流企业去做贸易，做采购转做供应链咨询。

对于个人职业，在现实的世界中根本就没有什么“纯粹的专业工作”，比如说“策划”可以分为营销策划、品牌策划、公关策划、媒体策划，而根据所服务的行业又可分为快速消费品、奢侈品、房地产等，将策划专业与行业资源相结合才是你的职业能力，比如说房地产品牌策划。再比如说“管理”，真正的管理工作都是具体的，管理工作必须与某一专业和行业的具体业务相结合。从专业的角度来说，管理意味着具体的销售管理、财务管理、人事管理、生产管理、技术管理等；从行业的角度来说，管理更要具体到房地产行业的销售管理、外贸行业的财务管理、家电零售行业的人事管理、工业行业的生产管理，以及IT行业的技术管理，等等。

专业的职业化是跨专业的融合，而专业的行业化是资源的整合。

大学生所具备的专业知识结构并不一定就满足特定工作的需要，很多工作是由多个相关的专业岗位共同完成的，比如说广告公司中“文案”和“设计”在教育体系中是两个不同的教育专业，但它们共同完成广告的创作过程。一个好的文案或者一个好的设计，他们在职业技能上无法互相取代，但是他们对彼此的专业知识结构都会有所学习，从而相互配合与互相启发。

专业可以应用于多个不同行业之中，但职业发展更看重经验与资源的积累，单一专业的发展是有限度的，对个人而言就是天赋的限制，而对外就是资源的瓶颈。如果你进入的是专业公司，那就要去研究行业，如果你进的是行业公司，那也要找到深入钻研的专业。

- 在学业向专业的转化中，专业要做减法，先要深入某一个专业知识结构，在一个专业方向上去全面提升技能，形成核心竞争力，从而实现岗位定制，找到工作。
- 在专业向职业的转化中，根据岗位的要求，专业要做加法，形成基于核心竞争力的综合素质的提升，从而由完成工作向解决问题转化。比如说律师要做证券业务就要学会计，考注册会计师。同时，在专业的基础上进一步定位行业，行业要做减法，逐步地明确，越来越深入某个行业，获得职务晋升，得到高薪。
- 在职业向事业的转化中，专业要做加法，在你所能达到的行业资源层面上扩展相关的专业知识和专业技能，形成专业化基础上的多元化，从你所能找到的客户群里发掘更多需求，从而获得更多回报。这就像家电卖场推出的集售前、售中、售后三大环节于一体的全套家装电器整体解决服务方案，从消费者家装环节中的各项需求出发，旨在为消费者打造出一站式家装电器选购配置的解决方案。个人的职业发展同样如此，比如说“办公家具设计师”可以转化为“办公室空间设计专家”，帮助客户如何最有效率地利用办公室空间。

第2节　通过行业分析探索职业方向

资源的不平等直接反映于信息的不对称

知识只是一种资源，以前说“知识改变命运”，那是在大多数人无法获得知识的前提下。在大学成为普及化教育之后，同质化的知识已经不可能改变命运。现在能改变命运的是你眼界的宽度和境界的高度，这决定了你所能找到和运用的资源。你作最初选择的时候，视野一定要开阔，一定要放得高一点，要知道你所做的工作在行业里所处的位置和这个行业的框架和格局，如果完全没有认识就会画地为牢。

在信息社会你需要掌握迅速搜集、整理、分析、运用信息的能力，而这决定了你的选择范围与判断能力。年轻人对职业有许多认知是片面甚至错误的，只有对不同的职业有了深入了解，才能用更准确的印象取代那些错误的信息，而这个搜集分析职业信息的过程贯穿了我们职业生涯的各个阶段。

世界是公平的，信息是相对透明的，但是搜集和处理信息的能力是不平等的。

很多时候，我们会后悔，如果当时抓住那个机会就好了。其实很多机会并不是当时你没看到，而是你没看懂，所以你不去做，甚至是不敢做。在不同年纪看同一本书，我们会有不同的收获；不同人看同一件事，也会有不同的角度；同一件事，不同的态度，也会有不同的结果。现在的你和当时的你是两个人，就像两个人对同一事物的看法出现分歧是因为信息的不对等，这里的信息不只是包括眼前的信息，还包括从你出生到现在所接受的所有信息，以及信息处理过程中所形成的思维模式，这些最终决定了你看问题的态度与角度。

在面临选择时，我们常会使用SWOT（企业战略分析方法）分析，通过罗列S（strengths，优势）、W（weaknesses，劣势）、O（opportunities，机遇）、T（threats，威胁）的各种表现，以此为依据作出判断。但我们都会受到自己的局限，我们所看到的往往只是自己想看的东西罢了，而那些目前我们还不知道的东西，我们是看不到的。我们只是在自己看到的情况里作SWOT分析，而且并不客观，我们并不只是用眼前的信息作判断，而是先入为主地根据自己过去的知识结构、经验范畴、思维模式对自己所看到的现象作出解释，都带着个人的情感色彩及认知偏差。因为成见，对于同样的信息，特定的思维模式就会导致特定的思维结果，就好像投资者和投机者对市场的看法和对政策的理解完全不同。

“看不到出路”的根源其实正是你受限于既有的知识与思想方法，因此你不能只用现有的知识结构和信息来源分析未来，而要跳出现有的圈子去搜集信息，要去接触许多你原来从没见过没听说过的新鲜事物。你需要接受前辈的指导，调整你的思维模式，否则你的选择往往只会是按你的潜意识去作，而这个潜意识与事实真相无关，最终SWOT分析只会变成一个自己说服自己的过程。

行业分析是职业探索的基础

最开始我们往往不知道自己喜欢什么，或者不知道自己想要的东西实质上是什么，结果你不知道你现在所喜欢的，是不是真的就是你所看到的、所理解的、所想象的样子，是不是真正适合你。

- ■ 你喜欢什么不重要，重要的是你为什么喜欢它。
- ■ 你想做什么工作不是问题，问题是你要知道想做的工作到底是什么。
- ■ 你将来想找什么样的工作重要的不是你有什么，而是企业要什么。你具不具备它需要的能力与资源？你要怎样才能获得？它在哪里？

很多东西在外面看和里面看是完全不同的，我们看到的往往只是与日常生活有关的表象兴趣，而很多职业并不直接与我们的日常生活直接相关，甚至职业的表象和内在也不同。就像培训行业最难的是招生，而不是培训本身，培训师入行最重要的不是专业，而是能讲，甚至是能讲笑话，五分钟要有一个段子。

我在哪里？我去哪里？怎么去？因为不了解自己、不了解社会，我们在高考时无法将兴趣与专业对接，在就业时也无法将专业与职业对接。因此，我们需要通过职业探索了解所看到的和真实的职业有多大差异。你对未来的要求要明确，不只是“可以学到东西，我感兴趣的、有发展前景的工作”，而应是“我为什么对这个感兴趣？它对应什么职业和行业？它需要哪些能力与资源？有什么机会？我要如何准备”？

现行职业规划提到自我反思、职业测评、生涯访问、企业实习这些探索方法，当你实际应用时，你会发现这些都说起来太轻松、太简单、太容易，但做起来很难。

- ■ 认识自我绝不是坐那里想几天就可以想出来的，你的过去是同质化的，你的天分甚至受到现有教育的束缚，限于你的阅历和思维模式，你现在还很难对过去作出正确的归纳，更看不清过去事件背后的本质，对未来也很难作出正确的思考。
- ■ 职业测评缺乏明确的指向性，甚至如果没有进行社会实践，你都区分不了性格与职业性格、价值观与职业价值观之间的区别。

- 没有人脉，你很难找到合适的生涯访问对象，而如果你没作好准备，你也访谈不出什么有价值的东西。
- 好的实习机会很少，没有能力你找不到，即使找到也还是被局限在特定的岗位、重复的工作中。你能获得对工作状态的体验，但仍无法看清职业全局；而且通过一次次实践寻找太浪费时间了，何况现实中也不可能有那么多机会让你去尝试。总的来说，以上这些探索方式只是印证你想法的过程，如果你连想法都没有，你拿什么来印证呢？

行业分析看上去很难，其实是最容易做到的方法。

对于未来，你在选择职业时会注意职业与自我意识的匹配，但你现在的自我意识并不一定就准确。就好像你想凭对自己的简单描述就请前辈帮你作职业规划，但你怎么能保证你说的自己就是真实的自己？你所想出来的东西，你没有证明过的东西，甚至都只是你的想象。

年轻人要多尝试才能找到自己的方向，那是不是非得亲身经历之后才能找到未来的路呢？只怕那时已经没有机会了。人不可能尝试每条路，事实上，通过信息的搜集，参照别人的经验能有所借鉴，没必要自己全部亲身经历，你也无法亲身经历。

对未来的思考不能只是光想，未来往往是你现在还不知道的东西，光想只是在已有的信息上去找出路，那么很多东西都是行不通的，只会越想越迷茫。此时作行业分析，也许是你最开始时最有可能的尝试方式，这至少能告诉你该先从哪里入手，以及如何入手。通过行业分析，你可以更全面、更深入的思考，并且以之为参照，也能有效地认识自己，并获得一定的能力。

行业分析相对于需要外部资源的生涯访问、实习机会，你不需要求人，你只需要有一台电脑，能上网，买相应的专业报刊，只要坐下来，坚持下来就能做到。职业测评就像西医，只能帮你将影响职业选择的因素进行分解，向你解释这个问题。当你第一次面临职业选择时，你会发现要选择的并不是抽象的天分、兴趣、性格、价值观，而是具体的组织、行业、岗位、地域。你会发现你根本无法分开来谈，甚至因为信息的缺乏，你难以判断选择的优先次序。而行业分析就像中医，是整体对整体，从综合的角度来分析，从你能找到的东西中寻找平衡、作出取舍，这才能真正地解决问题。

行业分析强调的是对外部信息进行搜集与分析，而不是对自己过去的反省。

你真的了解自己吗？你怎样才能了解自己？很多时候找不到方向正是由于你身陷其中，而没有抬头跳出来从全局性上来看路，从而无从选择与舍弃。

我们常常面临选择，选 A，还是选 B？你受什么影响，你选择什么方向？作完行业分析之后，你会发现这些原因和答案都有可能在选项之外。职业规划不是一个“因为、所以”的问题，你的现在绝不是某一个因素的原因，而是多个因素导致的结果。当你深入去作行业分析时，你会发现影响你选择的因素不仅现在所想到的这几个，而你能作出的选择也不仅自己已有的那几个。

你不能死盯着用你所学专业来解释世界，而要从外部资源来看待你有机会做什么。专业如果不站在行业的角度来看，你根本看不懂专业，也找不到努力的方向。所学专业只是被你过去的资源决定的，而择业是为了找到你未来的资源。行业分析就是以外部职业为参照物来分析自己，你要将兴趣要求与整体的世界进行对接，这样你就不会画地自限于所学的专业。

我们的思维往往会被所处的环境局限，一是范围，二是高度。反省只能让你知道你现在不喜欢的原因，而不会让你知道未来喜欢什么。行业分析正是通过对企业业务圈、产业价值链、专业上下游的分析，让你从全局进行综合宏观思考，平衡你对事物的评判标准，更全面、客观地看待问题，从而排除主观的、片面的、错误的偏见，逐步明确个人需要，找到自己的优势与发展的重点，从而找到自己的职业发展方向。

行业分析能帮你找到职业拓展的可能性，尽管有些东西不深入其中是很难了解的，以你现在的眼光或者能力搜集来的资料还不能保证你能正确地选择职业方向，但这至少为你寻找实习方向和生涯访谈作好了准备。

行业分析将伴随你整个职业发展历程。

在我们的职业生涯中，随着个人职业阶段和外部环境资源的变化，我们都将面临职业转型问题和行业转换的可能。因此，面对未来必然出现的变化，我们必须站在更高的层面对行业做长期的信息搜集分析整理工作，并进行长期资源积累。如果你不去有意识地、站在这个高度去作这些准备，等人生和职业的转折阶段来临的时候，你将重新迷茫，而那个时候因为青春资源的失去，你会迅速陷入恐慌中，这个做不了了，你还能做什么呢？

学设计同学的职业迷茫

同学：我现在很愁，我不知道以后做什么。

成长：你想做什么呢？

同学：我想做自己喜欢的事情，我喜欢摄影，但是我又觉得自己没能力。

成长：你在摄影方面开始进行专业化学习了吗？

同学：已经学了，课程都结束了，而且我一直在自学。

成长：你现在拍了些什么？

同学：旅游拍一拍，有时候拍点写真，跟同学一起。

成长：你有没有上专业的摄影论坛去搜集整理，加一些前辈的联系方式，跟他们请教？

同学：上了。

成长：那整理了吗？不能光看，要整理他们拍摄的相片，技术参数、设备、主题……

同学：还没有。

成长：你现在还只是爱好，如果真喜欢，就别只当爱好拍着玩，只对结果感兴趣，而是要对过程进行研究，搜集整理对比重复做。

同学：好的，我马上做。

成长：然后，你觉得你现在研究摄影，将来的职业方向是什么？

同学：我也不知道，杂志拍摄、书籍照片……但是我觉得需要这方面人的单位很少。

成长：中国，或者广州，女摄影师有名的有多少？

同学：我不知道。

成长：为什么不搜一搜呢？性别在职业中同样重要，同性别才有可能成为你的职业标杆。其实，女性做摄影师的很少，摄影只是她们专业工作之外个人风格的一个展示方式。

同学：我想得比较少，不够全面……

成长：去搜集吧，不全面，就会片面地看自己的现在，高估自己的未来。你现在是在学设计，摄影只是方式，基本功却是平面。你先学好平面，然后你可以去研究现在广州那些本地画报的主题图片，比如说西关的系列相片。你拍照，不只是拍一张，而是如何拍一套，研究它的主题性。同时，广州也是广告片制作基地，你可以去研究，甚至也可以找到资源，找到老师，你将来也可以往影视方面发展。你可以强化自己的手绘能力，你看现在大片的制作人员名单中都会有分镜头手绘师，而广告片的制作也需要先向客户提供手绘脚本，你也可以从这个角度进入这个行业。摄影作为一项单一的技能可以，作为职业方向太危险。你才大二，你现在还是要全面地去学，有方向地加强，等待造化给你的机会。

由行业定位职业

天赋只决定你最适合做什么，而外部资源决定你最终能做什么、能选择什么、什么回报最大。行业方向最终决定了你职业的知识结构与资源层面，因此职业的选择先不要管自己学的是什么专业，而先要看行业发展趋势，选择进入哪个行业，这需要你对所处的外部环境资源进行全面分析。

行业分析的切入口

很多人会疑惑如果不知道对哪个行业感兴趣，或者感兴趣的行业太多了，该怎么作行业分析呢？不可能一个个都分析了吧？所以，行业分析首先是要找到切入口，这有两种方式：

如果你喜欢所学专业，那你就从专业角度出发，看专业对应哪些行业，再结合你就业区域的产业结构政策，看哪个行业发展最快，然后从行业的上中下游研究企业的产品结构和业务类型，看有哪些性质的企业、有哪些部门、有哪些岗位，比如食品行业可以分析：

- 上游企业：粮食加工类企业、食品添加剂企业、食品机械……
- 中游企业：食品制造企业，例如饮料类、零食类、主食副食类……
- 下游企业：营销策划公司、终端渠道销售企业……

如果你不喜欢所学专业，或者这个专业完全没什么就业机会，那你就不要受限于专业了，而要从身边的资源入手，所处区域的产业发展政策是什么，什么资源最丰富，你最有可能把握。此时的重点就是根据这个资源，重新定位你的专业方向，由岗位入手进行专业上分析。

行业分析的具体操作方式

- 对就业区域的招聘广告进行一段时间搜集整理，筛选出其中的大企业，进行公司分类与行业分析，很直观地知道所在区域不同行业的产业群规模，再结合所在区域的产业发展政策，通过比较选择行业方向，并积累企业招聘信息。
- 根据社会的科技发展趋势和各地的产业政策进行行业分析，选择产业集群的区域，具体指标可以搜集风险投资公司的投资方向，以之作参照物更为准确。
- 从产业链的角度来对行业上下游进行分析，寻找自己最有比较优势的行业和企业，找到细分行业中的机会。

行业分析要看重科技发展对行业发展的影响。

你要分析所学专业能对接哪些行业，哪些是现在已经比较成熟的传统行业，哪些行业又是未来科技的发展方向，他们有没有交叉出未来5～10年将要快速发展的细分领域？业内都有哪些企业？这些企业都在做什么业务？最核心的产品是什么？现在主推的产品是什么……传统行业与新兴科技的交叉形成新兴的行业，比如旅游行业和互联网的交叉形成旅游网站，旅行与商务活动的交叉形成商旅度假产品。

行业分析要落实在你所在区域的产业发展趋势与资源优势上。

行业的兴衰受到产业政策的影响，个人有内在的人生阶段，而职业也受到所在区域产业经济的影响，比如说当劳动密集型企业由沿海向内陆转移时，你怎么办？你不提前作好准备，你以为你想变就能变？

你试试从所处地域资源、产业结构、人脉关系上，看看你现有的专业方向能对应哪些行业，然后从这里面去分析哪些岗位是你感兴趣的，是你可以做的，哪些有机会做，然后针对岗位进行专业重组与职业技能学习……行业是很具体的选择，这在于你身边有什么资源，以及你对这些资源如何判断，你需要先作行业分析，然后在自己身边去找前辈，他们能更具体地从资源的角度来帮你分析。

你要长期地搜集分析本行业领导公司的业务方向以及本专业的招聘岗位，这就是你的技术发展路径。即使你已经进入某一行业，你也不要限于公司业务模式，而要看社会和行业的发展趋势。公司会受自身客户要求和自身资源的限制，而你个人未来的发展要看行业的变化。比如说，如果你进了报社做记者，可报纸媒体在不断萎缩，而网络才是未来的发展方向，因此从专业上，你不要将自己定位于做报纸的，而要针对网络新闻的传播方式进行研究；而从资源上，你要研究你所对接的社会资源，比如政经新闻会关系到政府人脉，财经新闻会关系到商界人脉，哪怕你做民生新闻，你也会和很多政府部门打交道……

由公司定位岗位

职业选择中最难的是在不同类型的两家差不多的组织之间进行取舍，比如说进事业单位还是进外企民企。因此你在作行业分析时就应该以此为分析对象，并想办法进行实践，这样才能了解真实的职业环境，以及自己的职业性格和价值观是不是适合这种职业环境，从而当面临多种选择时才能作出正确的判断。

对于职业定位，招聘岗位的分析非常重要。你要搜集就业区域的招聘广告，看看本专业对应哪些岗位，看有哪些相关行业需要这些专业，哪些公司又有相关的部门，这些部门有哪些岗位，岗位之间的职业路径是什么，由此你知道有哪几个可能的起点，以及它们将来能达到什么样的目标。

越是热门的公司，竞争越激烈，你需要通过大量的行业分析和市场调查研究自己想进入的公司，以及它竞争对手的情况。你要知道它们的过去和现在，你要关注公司和竞争对手的产品，进行行业分析。在这个基础上，你需要更进一步模拟去做一些企业现在正在做的东西，而这个经历、这个结果就是在向对方证明你对这个行业的关注与对这个公司的热爱，这就是你与其他竞争者的不同之处。

比如有人跟我说他是非科班出身，写过一本小说、两个剧本，想进湖南卫视，想拿剧本去应聘。我说这是不够的，先不说湖南卫视有没有专职的编剧岗位，或者他们对这个岗位有哪些学历和专业的要求，而是如果真有这样的岗位，那能进到最后的应聘者肯定都是带了剧本的。那么，首先你要知道是哪个部门负责电视剧的拍摄，他们的剧本是自己编的还是外面买的，或者又有哪些栏目会拍摄栏目剧；然后你要研究他们现在拍的电视剧的模式、栏目剧的演员特色、剧情类型，然后为他们量身定制写两集，这样他们才看得出你的能力，来了是不是马上能用，否则你没什么差异。

由职业定位专业，由岗位定位技能

你想找的爱人是什么样子？而他又想找什么样的人，你想过没有？

一些年轻人缺乏对自身的了解，也不清楚自己适合做什么，自己将来的目标是什么，在找工作时表现出盲目性。比如说分不清销售部与市场部之间的区别，分不清广告与公关之间的区别……说句好笑的话，你甚至都不知道工作长什么样，你又怎么能找到它呢？

求职不能是自己想要什么、自己能做什么，而应是有什么样的招聘机会，他们有什么样的要求。通过对招聘岗位的分析与研究能帮你对未来作出规划，由此有意识地去获得需要的那些经验、资格，接触那些人群，掌握那些工作技能，积累那些工作资源……

你要真正明白你所应聘的岗位到底是做什么事、怎么做的，对工作内容和工作流程要形成清晰的概念，并且要针对工作中具体面对的问题进行准备和练习，这些在面试时会被提到。你可以根据行业找到相关企业，通过产品了解他们到底从事什么业务，然后通过招聘广告了解他们有哪些部门和职位，通过“岗位职责”了解工作内容，这就是做什么；通过“任职资格”了解需具备的知识结构与技能，这就是怎么做，由此你才能选择正确的职业路径，在你能进喜欢的岗位之前你要进什么岗位、之后将向什么岗位晋升。

专业知识并不能完全对应职业能力，而且任何岗位都有它特定的知识结构。比如说我常常见到有喜欢写东西的年轻人来应聘文案工作，我问他，将来想做什么工作，他说想做与文字有关的工作，比如说文案、编辑，然后又拿出他写的小说给我看。我问他，你没做过广告，那你有没有去学广告方面的专业知识和技能，有没有自己模拟做过方案？他说没有，但是自己的学习能力很强，会很快学好的……他不知道企业不是让你来学习的，而是要你来做事的，你不是实习生了，这个时候不是看你的个人素质，而是看你的职业能力，如果你连基础的都没准备好，那只好等你学好再说了。

作岗位分析，你要在全国范围内搜岗位，在目标区域搜公司。

通过整理不同公司同类岗位的任职要求，你可以更全面地了解职位的名称、职责、工作内容，以及该工作需要具备的知识结构、学历、资历、能力、身体条件，以及职业发展路径。

很多时候年轻人对职业的了解仅限于职业的名称，而非其工作内容和具体的工作情况。此时不能简单地通过招聘岗位的职位描述和职责说明，了解岗位所需要的工作经验与职业技能，而要通过具体的业务类型去了解岗位。

你如果对什么工作感兴趣，那你就要先去找到相关的企业，了解他们到底是从事什么业务，此时你会发现有一些相同的岗位会出现在不同的部门里，所要承担的工作内容也就会有变化，所需的专业知识与职业技能也不同。比如策划在不同的行业会分为营销策划、品牌策划、公关策划、媒介策划、活动策划，它们的专业知识结构不同，而根据服务行业又会有不同的资源积累，甚至因为区域的不同，模式也不同，比如一线城市和三线城市的房地产策划就差别很大。

越是大公司越会有细分的岗位存在，比如人力资源部门会有专门的招聘经理，看重专业技能的深度与项目的经验，以及你在特定方向的资源。而越是小的公司，一个岗位会有更多的技能要求，甚至有些技能是跨专业的，比如招聘策划，却要求能做设计，而这完全是两个不同的专业领域。如果他只是需要这个岗位与广告公司进行对接，那你是学中文的，认真学学设计软件就可以了，而如果他是想省了请广告公司的费用，那没办法，学中文的没戏，只能是学设计的再去学习写文案。

很多时候，我们还会对岗位所需知识结构、能力产生理解偏差。比如说有设计师想向策划发展，于是跟我说，她准备从文学开始学习。其实这是她对策划岗位的误解，做文案才需要扎实的文学修养，还很看重写作的灵气；而做策划是作资源整合，并不需要太强的文学修养，只需要清晰简洁的写作逻辑，它更看重的是发散性思维的能力，而这必须基于对行业资源的深入认识。

因此，要想真正清楚职业和岗位的要求，你必须分析项目案例、职业杂志和专业论坛中职业人士的经历，与工作相关的文件、表格、话术，了解细节中所带出的职业场景和工作技巧，从而准确地了解你所想进入的岗位有哪些日常的工作，又有哪些关键任务，一些具体的工作应该如何处理。

我们来看看一个软件公司的“需求分析师”的招聘广告：

岗位职责：负责孵化工具产品的设计、需求分析和运营跟踪

任职资格：

1. 计算机相关专业，三年以上工作经验。
2. 一年以上软件产品设计和需求分析经验。
3. 熟悉动漫行业和相关图形、动画等多媒体制作软件的使用经验。
4. 熟练的文字处理能力和一定的策划创意能力。

根据岗位职责，你可以以这个公司所在的软件细分行业、孵化工具产品名称作为关键词进行信息搜索，然后深入分析产品功能、市场需求、客户范围、开发流程、应用案例等方面，从而形成对行业的具体了解，并形成行业思维模式。

根据该任职资格，你可以对自己的职业能力作一个规划：

- 第一点是专业知识结构：它没要求你过去的工作经验完全对口，只需要与计算机专业相关，学业上具备相关专业知识结构，并在工作中已经形成相应的职业思维模式。
- 第二点是业务知识和职业能力：这是对你的岗位经验要求，熟悉工作流程，参

与过某类产品的功能设计，以及了解客户需求类型。这需要你从业务角度对你的专业能力进行重新定位，形成职业上的专业能力。

- 第三点是行业知识和岗位技能：这是对你的行业经验和岗位技能的要求，你需要从企业所处的细分行业领域出发，通过行业信息的搜集整理对行业常识性知识与资源整合有深入了解，从而了解行业发展趋势。同时，你要根据目标岗位要求，精通相关的设计软件和多媒体制作软件。
- 第四点是业务能力：方案写作对于 IT 工作来说不是专业能力，但却是你职业发展所需要的通用能力。这是因为你需要通过文字方案与团队、与客户进行沟通，这需要你掌握方案写作的思维模式、方案结构、行文格式，由此知道如何做策划案，如何做提案说明，这将形成你完成具体任务所需要的营销业务与管理组织能力。

HR 不能决定录用你，但是他可以淘汰你。

简历是由 HR 初选，专业上的东西他也不是很懂，简历又很多，所以初选简历往往只有 10 ~ 20 秒时间。此时他的工作就是卡硬指标，也就是“职位相关信息”，预先排除那些不合适的应聘者。HR 没有时间帮你总结归纳他所需要的信息，如果找不到，你就被淘汰了。

简历不只是对你过去的总结，它更是你寻找未来的开始，而对任职资格的分析就是你针对应聘企业量身定制简历的第一步。每个企业和岗位的要求都不尽相同，要想能获得面试机会，你必须保证简历中有招聘方所列岗位要求中所包含的“关键字”和“支撑这个关键字的项目经历”，并用招聘广告中出现的专业词汇和术语来描述你的技能或经历。你不能仅凭一份简历包打天下，而要根据不同公司、不同的职位进行相应修改，将个人经历中的闪光点与应聘职位相关的地方清晰明了、重点突出地展示出来，让 HR 一眼就能抓住关键词。

我们要从同一类公司的招聘广告中作出行业分析，与业内人士沟通，了解岗位要求背后的真实含义，从行业的角度来解释这个岗位的专业定义，从而在简历中描述岗位所需要的具体专业技能、经验，即使不能像业绩一样量化，这也能让 HR 看出这是懂行的人说出来的行话。

比如下面我帮一名皮具设计师从招聘岗位分析入手，对她过去的工作经历进行分解与重组，从而从招聘广告岗位要求中分析归纳出有竞争力的职业总结。

■ **甲公司**

- 有从事真皮皮具相关行业设计工作三年以上经验，精通皮具工艺制作流程。（行业）
- 有敏锐的市场洞察能力，较强的灵感捕捉能力，能独立开发新品，有成功作品者优先。（岗位经验）
- 绘图能力强，并能熟练掌握电脑绘图软件。沟通能力强，有上进心。（基本功技能）
- 了解国内中高档真皮女包市场的相应定位，能根据品牌文化设计相应的产品。（行业）
- 了解皮料及五金等辅料、配件市场。（行业资源）

■ **乙公司**

- 服装设计相关专业大专以上学历。（专业）
- 三年以上知名服装品牌同等职位工作经验。（行业）
- 能独立设计、开发不同用途和款式的产品，编写工艺制作流程，选择和鉴定皮具生产所需原辅材料，实施及改进生产工艺，以及对生产加工进行技术指导，保证产品的质量。（行业）
- 对流行的趋势和时尚元素有很强的感悟力和敏锐度，有很强的市场意识，悟性高。（行业）
- 心态积极，好学上进，能主动承担工作压力，工作责任心强。（职业态度）

■ **丙公司**

- 艺术设计相关专业大专以上学历。（专业）
- 熟练运用CorelDRAW、Photoshop等电脑设计软件。（基本功技能）
- 两至三年以上行业同等职务工作经验。（行业）

- 了解女式手袋工艺结构，对面料有一定认知，并有创新意识。（行业）
- 能承受工作压力，有品牌工作经验优先。（行业）

职业总结

- **五年真皮皮具女包设计行业经验。（行业经验和资源）**
  - 了解国内中高档真皮女包市场的相应定位，能较好把握品牌的风格、定位，根据品牌文化进行系统的产品档次、价位、风格布局，以及季节产品组合。
  - 熟悉国际时尚风格，对市场时尚和流行趋势有敏锐的洞察能力，具备较强的时尚元素采集、运用与创新能力，独立完成某品牌2007年某产品系列设计。
  - 了解某地皮、料及五金等辅料、配件市场，具备皮具生产所需原辅材料鉴定能力。
- **精通皮具设计、开发流程及各项工艺知识。（职业技能）**
  - 有独特的设计理念和配套技巧，擅长五金、色彩、纹理、材料搭配运用。
  - 具备良好的沟通协调能力，擅长工艺匹配、成本控制，曾编写《工艺制作流程》，能主导实施及改进生产工艺，以及对生产加工进行技术指导，确保成品完美呈现。
- **四年服装设计专业训练，具备良好的手绘功底，熟练CAD、Photoshop操作。（专业技能）**

行业分析报告

常常有网友问我，行业分析报告要搜集哪些信息，是什么样的结构?

行业分析不是分析理论，而是通过对行业进行海量信息搜集分析，通过各种零散资料的合并汇总，深入理解资源，从而形成职业思维模式，并了解就业机会、岗位要求。越是长远的职业规划会受到越多因素的影响，最开始你可能只是从专业的角度作岗位的要求分析，但进一步你就要分析所在地域的产业发展，作重点行业和重点企业的情况分析，更深一步，如果你想有更大的未来，你甚至要去看国家的产业发展趋势。

行业分析为什么要形成报告的形式?

学习知识不在于知道，而在于掌握，这就需要你将知识融会贯通，建立自己的思维体系。通过写报告的形式，你就不只是简单地进行信息归类，而是将信息进行归纳、分解、重组、重定义。

有网友跟我说“我在谷歌里搜了一下物流行业分析，有些初步印象了”。这不是行业分析，你光看没用，你要自己做，海量的信息只有归纳才能去芜存精，只有分解才能看清本质，只有重组才能建立模式，只有重定义才能为你所用。作行业分析重要的是过程，过程才能形成你的思路，你亲手做过才能真正领悟。你必须把自己的想法形成文字，从中提出问题，对资料进行归纳，在这个过程中学会分辨一个信息的重要性和相关性。

编写行业报告不只是按照一定的逻辑和框架直接复制粘贴，光整理是没用的，还需要用自己的语言围绕一定的目的进行表述，并根据目标对这些信息进行排序，形成内在的逻辑框架，这才是真正的消化。信息处理能力是职业工作中至关重要的能力，这也只能从海量的信息分析处理中得来。你越不分析资料，你的分析能力越差；你越分析资料，你分析的速度越快，对信息的敏感度也越高，判断力也越准确。

行业分析的过程同时也是基本功的训练过程，通过这个过程你能形成系统化、结构化的思维方式，你可以学会如何将自己的想法简练准确地表达出来。在这个过程中，你搜索分析信息的能力、概念的理解与归纳能力、逻辑思维能力、书面表达能力、电脑应用能力都会得到有效提升。

行业分析的内容与角度

行业分析报告的结构接近于研究生的毕业论文，只不过毕业论文是从项目入手，而行业分析报告是从行业发展和企业需求入手，最后根据你的职业发展路径要落实到职业的专业定位与岗位的技能定位。

最初你实在找不到感觉，你可以看看郎咸平教授的《本质Ⅰ——破解时尚产业战略突围之道》、《本质Ⅱ——破解娱乐传媒产业以小搏大之谜》、《蓝海大溃败——本质Ⅲ：本质论 VS 蓝海战略》、《你想到的都是错的——本质Ⅳ：你的想法要符合行业本质》，这些书既给了你行业分析报告的结构，又能帮助你去理解行业分析的角度。

我们来看一个软件行业的"行业咨询策划师"岗位要求：

- 工作经验：四年以上，具备系统分析和设计规划两年以上经验，具备良好的系统化、结构化思维，具备良好的沟通能力及文字表达能力。
- 特殊技能要求：了解电信、移动、联通、卫生、教育、交通、政务等其中的一行或者多行业务知识。
- 其他要求：了解 GIS（地理信息系统）、云计算、物联网、无线城市等新技术者优先。

从这三方面，我们可以看出行业分析的三个部分：

- "工作经验"是作为"咨询策划师"所应具备的软件行业的思维模式与职业技能。
- "特殊技能要求"是本岗位所服务的客户行业的业务知识与资源结构。
- "其他要求"是本公司所处的软件行业的专业技术发展趋势。

行业分析报告是研究你想进入的行业和将从事的职业，包括四个部分：

- 本行业分析：通过资源分析，明确将进入的行业的资源、岗位设置、就业机会。
- 客户行业分析：通过市场分析，明确本行业所服务的客户行业的需求与功能应用。
- 职业分析：通过案例分析，形成与职业有关的跨专业的理论框架与职业思维模式。
- 岗位分析：由招聘广告入手，了解相应知识结构与职业技能要求，以及职业发展路径。

以下是作行业分析需要去搜集的信息内容：

- **行业内的细分发展趋势：**关注行业经济科技趋势、行业领袖新观点、业内重点企业、业内大事件、业内新产品，等等，了解行业竞争程度及上下游价值链。
- **区域内的产业发展方向、产业政策、区域资源**
  - 根据你的专业方向，了解相关区域的产业集群、竞争程度，确定就业区域。

- 根据你将去的区域，研究当地的支柱产业、产业发展方向、重点企业。

■ **企业情况**

- 企业规模、业务范围、产品结构、市场份额、竞争情况。
- 企业文化、商业模式、组织结构、人员素质、薪资福利。
- 新产品、新生产线、新市场的开发。

■ **岗位情况**

- 工作平台：工作环境、薪资水平、部门在企业的位置、发展空间与职业路径。
- 岗位职责：工作程序、工作对象、工作内容、工作方式。
- 任职资格：学历、身体条件、年龄、经验资历、知识结构、职业技能、所用设备仪器。

■ **专业分析**

- 哪些行业需要这个专业？以企业为中心，从产业链角度对他们上下游的相关行业作一个分析和研究。
- 这个专业能对应哪些岗位？研究这个行业里大公司的业务，招聘广告中有哪些与你专业相关的岗位，哪些岗位是自己目前阶段能做的。
- 你想从事的岗位主要负责哪些工作，除了你所学专业之外，其他还有哪些专业要求，有哪些具体的职业技能要求，用到哪些专业工具，需要什么样的职业认证。
- 进入专业论坛和职业论坛，搜集相关岗位的职业人士写的工作经历帖子，总结他们的职业经历、项目过程、职场情况。

■ **案例分析**

- 你想进入的行业、从事的岗位有什么样的项目，对项目进行分类，然后搜集相关案例情况，通过多个案例进行汇总分析，找到需要的资源、思路、流程、分工、职业技巧。

■ 应聘技巧：搜集网上前辈写的相关公司面试经历帖，好好搜集整理，并进行练习。

通过行业分析形成职业思维模式

专业是一种思维方式，是分解知识，从技术角度解释问题。

行业是一种思维模式，是整合专业，从资源角度解决问题。

一个工作一年的设计师跟我说她遇到的问题，她说现在工作中遇到了瓶颈，自己感觉作品总是出现细节上的不精细，她以为这些可以通过大量临摹与练习来改善；但是她感觉自己现在不像刚开始作设计时那样有感觉，像被什么蒙住，常常脑中一片空白，自己不知道该怎么想。如果像主管那样说的去思考，感觉自己的思想被束缚；如果不按照那么去想，自己想出来的设计却又不实用，无法与企业相关联……其实这就是职业发展的第二个阶段，在度过最初的职业技能阶段后，我们会面临由专业向行业跨越的思维瓶颈。

理论对应专业，流程对应工作，模式对应行业。

专业技术只是帮你完成任务，而解决问题需要你对行业的了解。职业化不仅仅是掌握技能和工具，更看重的是形成职业化的思维模式。模式与资源有关，职业思维的关键在于对资源的深入认识，是为什么这么做、如何解决问题，而不只是完成工作。就好像虽然eBay是一家互联网公司，其实并不应该放在高科技公司的队伍里面，eBay的成功是对商务的理解，而不是对技术的掌握，而淘宝打败eBay是基于他对中国市场的了解。

行业对应资源，而不同层面对资源的认识不同，每一个层面都要用那个层面的手段去解决问题。你要想进入那个层面，你就要知道这个层面的人在想什么，他为什么这么想，需要的是你对资源的理解，而不是对专业的学习。所以，对职业的认识只能从资源中来，到资源中去，而不能空对空地去学专业。而这个认识资源、理解资源、整合资源的过程，将引导你专业的学习方向。

职业思维模式

通过海量信息的综合汇总分析，我们找到信息之间的关系，获得对资源的理解，由此形成有效的数据结构意识，找到其内在的规律，最终形成职业化的思维模式。就像赌球的专业赌客都会建立详细的比赛与球员数据库，其实重要的不是这些记录的结果，而是积累数据的过程，面对同一份数据，他的理解会比一般球迷深刻得多。

这个过程使我们知道如何系统化、结构化地进行思考，而行业信息的积累也使我们知道从哪些方面、哪些角度进行判断。这就好像古人教学生读书并不讲解其中字词的意思，而只是要求把书熟读背出，全部装在脑子里。学生刚开始时对内容完全不懂，但突然有一天豁然贯通，不懂的全懂了，而且是“立体的懂”。这是因为一个字的解释在不同的句子中往往因上下文的关系而有变化，一个字在不同的结构里会有不同的用法，记住了一个字的解释和一种用法只是“点线的懂”，如果碰到这个字的用法有变化时反而不懂了。

“立体的懂”就是知道与领悟的差别，学习不在于你知道了什么，而在于你发现了什么，将分散的信息建立关系，自己通过过程找到其中的规律。领悟相比模仿来说，尽管看上去效果很慢，但是一旦你领悟，你在这个上面就会出现飞跃，这个时刻就是通常所说的“开窍”了。这是你自己发现了某种事物的规律，即使你发现的这个规律是别人早就发现了的东西，但这意味着你真正明白了什么，这才是真正的学习，是你创造力的开始。

就像有一名学服装设计的大二学生跟我说，他们的毕业设计一般都是晚礼服。我说那你就不要只去看晚礼服的书，而要去关注某几个一线女星，她们在这一年内参加了哪些大型的活动，在什么场合穿什么礼服、什么款式、什么颜色，是什么品牌的。这个品牌的同款系列是什么，模特穿是什么感觉，女星穿是什么感觉，这个主题是什么，杂志对她们的评价是什么……由此，你从真实的应用中，从横向、纵向的对比中，你会全面了解其中的变化，慢慢地突然有一天你就全部懂了，而且是真正的懂！不只是对书上的几个概念、几个名词的理解。你要知道，你的毕业设计不是从这里那里抄几个局部，然后凑成一套你所谓的设计，而是想清下一步应该是什么流行趋势，什么人在什么场合适合什么风格……

基本功决定效率，而思维模式决定效能。

专业基本和职业技能只是帮你“如何正确地做事”，这只是完成任务的效率；而职业思维模式是帮你“如何做正确的事”，这才是解决问题的效能，这就是对行业资源的深刻认识。效能比效率重要，“正确地做事”是以“做正确的事”为前提的，如果你做错了事，你做得越好，你错得越多。比如说“设计”是为了完成特定目标，也就是说设计的起点是“为何设计”，而不是“如何设计”，真正的设计师大部分时间不是花在完稿工作上，而是花在观念的形成、市场的调查、设计战略的组织上。熟练的职业技能对工作效率很重要，但就像作设计，出稿速度快和软件熟练程度没有绝对的关系，此时看重的是你是否已经形成了职业思维模式，积累了足够的资源素材，有成熟的模板，这才能提升效能。

人们喜欢炫耀自己的成果，而过程一直都是秘密，行业分析正是来帮你看清这个过程。行业分析最重要的价值不在结果，而是过程，在过程中形成对信息的敏感性，并通过逻辑整理形成思维模式。虽然限于你现有的知识结构和信息量导致结论并不全面，但行业分析是通过对海量信息的分析归纳、分解重组，用案例解释专业，能让你更深入地理解专业，进而跨专业融会贯通，从解决问题的角度来重组理论框架，从实际工作中总结经验数值结构和工作流程，从资源整合的角度形成职业思维模式，最终通过对资源的深入认识找到资源之间的关系，从而训练你的全局观和行业的宏观把控能力。

建立工作模板

太阳底下没有新鲜事，你会发现新闻大都是重复，只不过同一件事换为不同的人、不同的地方、不同的时间发生罢了。我们的工作也如此，比如说“工作汇报”，每个月工作过程都是大同小异，只是结果有所区别。而“广告方案”中，推论过程更是差不多，只是针对不同客户会有不同的侧重点。甚至包括我们日常工作中的谈话，比如做销售要积累客户的常见问题，都要形成有效的、标准的回答。就像推销员有一句名言“要致富，背话术”。

灵感需要厚积薄发，而表达则需要话术和模板。职业工作都具有周期性，很多职业文件都是大同小异的，所以为了提高工作效率，你需要建立工作模板。工作模板就是现有工作流程中所形成的阶段性文件，你需要对工作及时进行分解、归纳、总结，形成标准化的模块，并最终以此建立标准化的工作流程。

我们要养成在重复工作中积累、分析和总结的习惯，如果你不具备书面总结的能力，那么你只是凭感觉做事，你的能力和效率就难以持续提高，而你的经验也就难以形成团队的共识并分享。工作中得到的体会与心得都是零散的，必须通过文字形成体系化的总结，而一旦建立体系，就形成了解决问题的流程模块。在日常工作中，你试试把所有的工作环节都录入电脑，然后分类归纳、排序，就形成你以后的工作流程结构。下次同类工作，只需要把结构复制，就可以保证你不会遗漏任何细节。

在每个项目工作完成后，记得作总结，把所有过程的文件，包括提案 PPT、提交方案、任务分工清单、管理表格，等等，按工作流程进行整理汇总，把过程中所有的错误、经验、教训都加进去，以之形成此类工作的模板。这既是工作的流程，也会形成一套成熟的工作文件，当你以后再处理同类客户时，就不需要再临时去想，去选择措辞。

商务写作最开始都是用理论框架和行文格式建立你的写作模板，然后根据客户的情况作出修改。比如“SWOT 分析”就可以看做一种模式化的思维逻辑结构，指导你的推论过程。当你针对目的写作时，模板中的固定结构都会被隐藏，此时只有逻辑可循，这个逻辑不是按你所能提供的功能进行说明，而是按对方关心的结果进行说明。特别是在方案中，我们甚至要用生动具体的案例阐述或者故事讲述来取代枯燥的理论推导过程。

专业和技术挂钩，而业务总是和行业知识相关联。对于新人而言，建立模板的过程就是形成工作流程和职业思维模式的过程。理论都是苍白的，直到看到别人作出的具体应用，你才能真正明白。你要从项目的角度去作行业分析，去搜集分析具体的应用方案，你会看到专业在跨行业中的具体应用、资源在应用中的作用，从而融会贯通地深入理解理论，并补齐相应的理论缺口，然后将这些理论形成一个框架模板，这就是你的职业思维模式。当面对新的工作时，你自然就会按部就班地系统地进行准备，去安排细节或者搜索资料。

职业思维开始是依照过程解释问题，最终是针对目的解决问题。

孙思邈说：“读方三年，便谓天下无病可治；及治病三年，乃知天下无方可用。”这并不是说读方没用，而是说“法无定法，方无定方”。学我者生，像我者死。模板是最初起步阶段用的，给你以思考的框架，但这往往是针对特定环境、特定条件下的东西，不能生搬硬套。就像我在面试时，很多新人也会拿着他们的方案给我看，但是我发现他们最大的问题就在于只是照着网上、书上的模板去生搬硬套地填空，而没有自己通过资料进行归类归纳重组重定义的过程，结果写的东西文不对题，缺乏内在的逻辑性。

刚开始学习方案写作可以照格式模板来写，但是当你真正入行后，你会发现写作没有模板可依，这也就是“无招胜有招”。没有格式模板，只有思维模式和资源导向，现有的模板会随着你知识结构的改变和思维模式的发展而被打破，重新建立新的模板。

最终你要通过模板将自己的操作模式很好地展现出来，建立你自己的系统、知识体系，甚至提炼出核心部分，成为专属于自己的内容，带有明显的个人标签。就像别的职业规划师谈职业规划会说“职业测评、社会实践、生涯访谈”，而成长分子的个人标签则是“基于专业的基本功刻意练习与基于行业的思维模式行业分析”。

提案模板很重要

如果你的工作需要向不同的客户进行说明、引导、说服，比如策划师、咨询师，那么你就需要建立一套专属于你自己的提案模板。

我 24 岁开始正式进入广告行业，也是第一次接触 PPT，我发现前辈都有一套不错的 PPT 提案模板，所以也开始学习。生搬硬套没用，每个人的模板都只适合他个人的风格以及针对特定的行业。当时我对品牌策划也缺乏理论框架，于是我开始根据我能够找到的客户行业进行成功案例收集，将收集到的品牌策划案例进行归类、归纳、分解、重组，进而重组重定义，建立了一套基于客户需求的提案理论框架模板，以及针对不同行业的服务内容清单和经典案例库。

在这个过程中，我通过不同案例的分解整理，找到其中的关系，形成了相对完整的品牌策划全案思路，逐步建立了自己的品牌操作模式。这样通过案例说明、理论洗脑、案例图片的视觉冲击，形成了一套有效的品牌策划提案模板。更进一步，在我对客户的实际服务过程中，对客户的产品开发和营销模式有了深入了解，特别是帮一个客户写完 MBA 论文后，跨越了原有广告公司单纯从品牌出发的策划模式，提出一套以“产品线划分 + 品牌识别 + 主题互动”为核心的品牌操作模式，取得了非常好的效果。

第3节　通过专业实习进行职业定位

行业分析定向，社会实践定位

读万卷书不如行万里路，行万里路不如阅人无数。行业分析能帮你探索职业方向和训练职业思维模式，但并不能让你认识真实的职业状态、培养正确的职业心态。如果没有实习，你不知道想象与现实的差距有多大。我们在最初选择的时候会看到某个行业或职业的很多好处，比如说发展前途、工作光鲜、待遇丰厚，但你只有落实到一个具体的工作岗位上，才能尽可能准确地了解真实的工作内容与职业环境，从而知道这种职业状态和生活方式是不是你想要的、工作究竟如何开展、岗位需要什么技能、工作状态如何、面临哪些压力与痛苦，以及应该如何去改变自己……比如说有毕业生需要在中学老师和出版社编辑之间选择，但由于没进行实习，对这些职业缺乏自己的亲身体验，结果无从选择。

主观判断和客观事实相差很大，正是在职业实践的过程中，你加深了对社会的了解，通过不同的工作环境、不同的工作经历发现和发展出清晰的自我形象，从而明确自己的兴趣、天赋、性格、价值观，最终确定了自己今后的职业方向。特别是应用类专业的学生，要尽量早点去实习，不要说自己专业能力不够，你哪怕是去跑腿都行。只有在实习的过程中，才有机会深入接触职业前辈，从而有机会知道行业未来的趋势，公司未来的项目发展，哪块业务正在快速成长，未来几个月的招聘岗位有哪些，需要什么样的人才等，这些都是自己未来发展的机会。

哪怕你准备考研，你也要进行实习，最好的情况是你读研时都保持着和本科阶段实习单位的联系，时不时还去帮忙做一两个项目，这既是实际工作经验的积累，又是职场人脉的积累。最怕的是考研没考上才决定找工作，此时才发现，因为时间全花在考研上了，结果没有多少跟专业有关的实习经历，要出去找工作却没有东西拿得出手，结果更找不到合适的工作，反而有可能影响你的一生。

切莫混淆实习和兼职的区别

很多同学从大一开始就会在外面寻找兼职的机会，挣点零花钱，体验一下社会。但兼职是一份工作，更多的是用你的青春资源和体力去换取一份报酬，这只是廉价劳动力，最多用来磨炼磨炼意志，尝试尝试。而实习是你认识自身能力水平、探索未来的职业方向，为未来积累专业上的能力与资源，这完全是两回事。毕业生如果只是用你的青春资源来找工作，那找个一两千元的工作不难，但是两三千元的工作就需要看专业能力了，而且前者是在吃老本，后者是在帮你积累新的本钱。

兼职能马上挣到钱，而实习在过去是要向企业交钱的，这是为了帮助你在毕业时获得更大的回报，因此你要分清轻重。即使你有了一定的职业能力，你此时要想的也不是用这些能力找个兼职工作挣点钱，而是要想如何用这个能力进入一个更高的职业平台去实习，去获得对职业的真实认识，从而在毕业时作出更好的选择，以及在未来获得更大的发展。因此，大一可以利用节假日发发传单、做做促销、练练胆量，大二后则要利用寒暑假实习拓展眼界，大三实习就要与所学专业和就业方向接近了，大四则是向行业深入的具体执行阶段。

企业很关注毕业生与专业对口的实践经历，关心的是你的经验和能力是否适合你要应聘的岗位，而不是你的兴趣有多广泛。你不要去做不能写在简历上的实习，如果仅仅是在快餐店打工、发传单、家教、促销员、迎宾，除非你毕业想做销售，否则那对于你的就业没有什么帮助。除非是生活困难，否则不要以挣钱为目的去打工。父母为你花了这么多钱来读书不是让你来做兼职的，你现在就是挣钱也只是用你的青春和体力去挣点小钱，等你毕业后还要花时间花钱去找工作，还不一定能找到好的工作，甚至要零工资就业，错过一生的起步平台，那才是得不偿失。

对于大学阶段，实习重点是职业技能的转化与项目的参与程度。如果是硕士以后的阶段，则要侧重于科研与具体课题的研究。通过实习经历，你可以归纳出相关的职业技能，进而重组出项目形式来让你脱颖而出，甚至突破专业不对口带给你的就业限制。

做过没用，做好才有用，实践一定要有成绩，否则就没有价值。经历不代表能力，你不要蜻蜓点水什么都做，而是要深入地做成功一件事，这才是真正拿得出手的社会工作经历。不要去做那些纯粹出卖体力的兼职，不要加入太多的社团，选最有用的，然后认真做完全过程，作出成绩，这才能证明你的能力。否则你只不过是在低层次打杂罢了，牺牲了大量的时间和精力后，你会沮丧地发现自己很忙却不知道在忙什么，没有学到什么东西，还耽误了学习。哪怕是兼职，你也不能只是想着完成任务，而必须思考如何解决问题。就像很多给售楼部发传单的同学，只是想着怎么把手上的传单发完，挣这几十块钱一天的工资，而有同学想办法进一步与客人沟通，争取把客人带回售楼部，并学习主管如何向客人介绍与推销房产。

职业是一个建立在特定知识结构上的系统性工作，要想办法做一些有创造性和最能增加附加值的实践，并对过程和结果有详细的总结。比如你参加了什么社团，你可以试试去写一本社团运营手册；或者想从事营销工作，那就去自己开个小店，雇人、销售、开发市场。

第4节　通过专业圈子积累职业人脉

不要在周围圈子里舞蹈

职业规划的传统思维是让你去找身边熟悉你的人，听听他们的意见，使你认清现实情况。实际上，这些人在你规划自己未来的过程中，反而有可能阻碍你，而不是帮助你。每个父母都想把孩子培养成为一个出色的、成功的人，但是大多数人仍是平凡的普通人，这一方面是天赋，另一方面也是父母的能力、眼界所限，以及方法不当。在过去的这几十年里，社会的变化、行业的发展甚至超出了大多数父母的职业经验范围，他们也许可以告诉你不去做什么，而对于你该做什么很难提出建设性的意见，就像当年考大学时，他们都不一定能帮你作出正确的专业选择一样。

物以类聚，人以群分，你和你身边的人属于同一个圈子。就好像你不吸毒，你感觉你身边没什么吸毒的人，但是如果你吸毒，你会发现你身边有很多吸毒的人。这就是“圈子”，和你不一样的人很难和你在一个圈子里。圈子不同，标准也不同。在同一个圈子里往往会有同样的视野，而这个视野也许就有同样的盲区。很多人跟身边的人讨论未来，发现身边都是跟自己一样迷茫的人，他们也需要别人告诉自己往哪个方向发展，甚至当你想超越现有的生活时，身边的人囿于他们的认知，更多的是劝阻你。

就业找活干，职业人看专业，老板看行业，政府看产业，不同层次的人考虑和解决问题的方式都不同。登到哪一层山看到哪一层的景，只有在更高的层面上，你才能看到自己从未看到的问题，自己从未接触的东西，看明白自己原来看不懂的东西。因此，要想有所突破，我们必须跳出平时的生活圈子，去接触新的交际网络，比如相关专业人士、专业社群、业余爱好圈子，这些与你所期盼的职业相近、环境相似、收入相当的人才有可能帮助你认识你与未来之间的差距。他们经历过的，才是你将有可能面对的，他们才知道如何解决你将要面对的问题，甚至有可能为你提供一些机会。如果你只是跟那些和你一样迷茫的人在一起，那么你们只会一起抱怨、一起逃避。

你是什么人，取决于你和什么人交往。你可以从校友、同学、同乡、同好、同行、兼职实习中去建立你的人脉，也可以通过导师找到已经工作的同门学长，还可以主动去认识一下那些工作后再回过头来读书的研究生学长。80% 的资源掌握在 20% 的人手中，所以你要找到关键人物。你可以做一些助教工作，比如学校的 MBA 课程助教，这样可以认识 MBA 班级里面各个行业的职业人士；也可以争取以志愿者身份参与各种重要活动，如成功人士讲座、校外会展等。只要你积极主动地接触别人，用心付出，你总能得到别人的认可和帮助。

争取生涯人物访谈的机会

有效的职业规划并不只是基于你的个人天赋为你指出方向，或者对一个热门行业、职业作一个反推，它更看重对行业资源的认识与对职业能力的训练。因此，有效的职业规划需要行业里的前辈来给你指导，他必须了解你未来有可能从事的行业和职业，否则很难给你指出正确的道路，或者给出正确的成长方式。即使不同人的回答会有冲突的地方，也远比和身边一样的人交流得到的建议更准确，也比单纯找职业规划师指导要更具体。

年轻人总会有一些不成熟的、理想化的、草率的想法，也会有因为自己的阅历与思维模式所局限而产生的迷惑，这时需要听取过来人的指点，他们才能结合自己的背景、阅历和职业价值观来帮你分析原因和找到方向。我们可以通过与相关行业中资深人士的深入交流来检验和印证以前我们通过行业分析获得的信息，这可以帮助你更快、更正确地了解这个行业和特定公司，了解该职业岗位的实际工作情况，获取相关职业领域的潜在入职标准、核心素质要求、晋升路径和工作者的内心感受等内在信息，以及个人在这个行业里面应该怎样发展，进而判断你是否真的对该工作感兴趣。

不同的人、不同的阶段、不同的职务对同一行业或职业的认识是不同的，因此你要根据未来可能从事的几个职业，然后在每个职业领域寻找三位以上的在职人士进行访谈，既有初入职场的人士，也有工作了一定年限的中高层人士，这才能避免某一个人的主观意见，并且进一步对交流结果进行对比验证。

找到合适的并愿意接受访谈的人是很困难的一件事，这在于你过去的人脉积累。你可以通过自己所在院系老师的推荐，同学及学长的推荐，父母亲戚及他们的朋友，各种职业QQ群，各种专业论坛、博客和网站等，甚至你可以通过应聘实习生的方式去寻找，哪怕面试没通过，你也可以向对方咨询一些问题。很多时候，我们会没有信心联系受访对象，觉得素不相识的受访对象不会帮助自己，其实如果你不尝试一下怎么知道呢？找人就像找工作一样，你把这当做找工作的预演，只要你用心去找、去争取，总能找到，哪怕只是这个过程，都能帮你在毕业时胜过别人。

往往因为你与被访人不熟悉或者太突然，他难以给出比较全面真实的明确回答。因此你需要根据已经获得的信息，准备好一些你职业上的具体问题，最好能提前交给他们，使他们有一定的思考时间。你要准备充分再去问，不要太多开放性的问题，先是选择题或者判断题，你只是通过他的回答进行印证与排除，用来核实你已经搜集到的资料与现实之间的差距，只有这样你才能理解对方回答的真实含义。并且在这个基础上，他才能更明确地给你回答，才能逐步展开回答你下面的问答题，否则只会是差不多的大道理，或是给你个“条条路上蛇咬人”的答案。每个人对行业的看法都不同，更有效的方式是：你不是咨询方向，而只是咨询方法，比如在这个领域内，有什么具体要求，怎样才能做得更好。

职业访谈过程要表现出足够的礼貌、诚意，要让被访者感到被崇拜，要准备一点表示心意的小礼物。有了这些，他既有兴趣跟你谈，也知道跟你谈什么。这个咨询的过程同时就是你向他展示你对他的崇拜、你对这个行业的认识、你的热情的过程；不要太拘束，可以有学生腔，但是不要有孩子气，要表现得热情、积极、向上。如果你准备充分，也是你展示自己能力的机会，如果能得到他的肯定，他也许还能给你提供一定的机会。

你可以参照以下内容准备访谈提纲：

■ 怎么入行，之前从事什么工作？这对入行有什么帮助？

■ 您如何看待这个行业？如果不做这个行业，您会选哪个行业？为什么？

■ 您是怎样决定选择这个行业和这份职业的？

■ 这个职业您喜欢什么、不喜欢什么？这份工作对生活有怎样的影响？

■ 这份工作的主要职责是什么？岗位日常具体要做哪些事？

■ 这个职业/行业未来有哪些发展空间？又会受到哪些限制？

■ 以我目前的状况如果想从事这个职业，您有什么建议？

■ 这份工作需要什么样的技能、经验、教育背景？哪些实践是企业看重的？

■ 这份工作的岗位职责、流程、时间、地点、环境、形象要求？

■ 这个行业中本地最大的企业有哪几家？它们各自的竞争优势是什么？

■ 这个行业同类岗位的起薪和平均工资水平是多少？通常有哪些福利？

■ 所学哪些课程对这个行业比较有帮助？什么证书对这份工作是必要的？

■ 你能否推荐一些学习资料、专业书籍、职业杂志、行业网站、专家博客？

■ 就您知道的情况而言，我所学的专业可以进入哪些领域工作？

■ 这份职业先从什么工作岗位做起能学到最多的知识，最有利益于发展？

■ 怎样的性格和能力对这份工作来讲是最重要的？

■ 该职位的晋升路线是什么？一般要多长时间？

第5节　通过拜师迅速向职业转化

你为什么要拜师

新人总喜欢问公司能提供什么培训，其实集体培训效果不大，大多只是入门的技能和企业文化培训。真正有效的是你在工作中发现问题以后进行研究和找到前辈请教，否则在你没遇到问题或者没有认识到问题的重要性时，给你培训，你也没兴趣听。

要说怎样成长最快，那当然是跟对人，这决定你能得到的机会与资源。大部分人其实是资质平庸的，遇到名师就会出头，遇不到就被埋没了，因此初入职场最重要的就是要找到一个好师傅，他能让你迅速进入角色，事半功倍地成长。

职业是跨专业的，而且看重技能与经验，很多东西都是课堂上和书本中学不到的，也不存在无师自通，这是因为细节很难描述，一些概念也很难理解。外行看热闹，内行看门道，要看懂一本书、一个案例，本身就需要足够的知识和经历作为基础，有老师教和没老师教，那是两个完全不同的结果，这有一个口传心授、操作示范、纠偏纠错的过程。哪怕就是跑业务都要拜师，要么你都不知道怎么跑，如果纯粹靠工作中自己摸索，你会发现自己都不知道要做什么、怎么学。努力得不到反馈，工作也很难找到感觉，不知道自己下一步做什么、怎么做，甚至你抄都不知道抄的是对的还是错的，于是陷入一个困境，有劲不知道怎么使，成效不大，斗志很快就耗没了，人也就渐渐开始混日子。

师傅和老师不同，学校老师教的只是知识，并不指明方向；而师傅是“传帮带”，是你职业上的领路人。他们可以分为两类：一类是专业上能教你东西的，他能为你指明方向，解答疑问，给你手把手的直观示范。更重要的是他能给你训练的方法，给你最具体的即时指导，纠正你的错误，让你少走弯路，这就是捷径。如果没个好师傅教，光是自己闷着做，往往最后做错了都不知道。另一类是业务上的，他不会教你什么，但是你在工作中有些问题是能力解决不了的，此时他能给你他所拥有的资源和人脉。

行业分析报告只能训练你的职业思维方式，而拜师能给你行业内的知识结构，让你最快地了解工作中最新的东西。书上的东西都是一些抽象的理论知识，很多关键的资料都是不公开的，甚至一些专业书中的数据都是有所保留的，而行规中的东西外人更无从得知，这些只有拜师才有可能了解。上司只是你的工作关系，而师傅更带有私人性质，他把你当自己人才会告诉你工作中为人处世的规则和潜规则、他的经验和他保留的资料；并且在很多行业中拜师也是行规，比如说曲艺界，即使两个人不存在一个师承关系，甚至两个人都差不多年纪，自己已经有一定名气，但是也要拜师才能得到圈内的认可，获得渠道与资源，从而有更大的发展空间。

他凭什么收你为徒

职场跟对人很关键，但问题是，怎么跟对人，以及如何做，别人才愿意让你跟。

机会是别人给你的，你要知道你要什么，什么人能给你这些，他为什么给你。每个公司都有狠角色，他愿意不愿意带你这个徒弟，这一是看你对他有没有回报；二是看你有没有潜力能被教出来，让他有成就感。

新人都希望能有人来带，但更多的情况是根本没人管，每个人都有自己的工作，教你并不会多加钱，人家没有义务教你。新人往往不能马上适应职场环境，觉得人际间冷漠，得不到太多的指导和提携，这要从你自身找原因。同行是冤家，教会徒弟饿死师傅，好为人师的人有，但是在没有得到好处和你没有证明潜力的情况下，谁也找不到动机，也缺乏热情和精力教给你他花了心血的吃饭门道，或者只可意会不可言传的潜规则手段。只是，他们总会教一些人，但问题是为什么这个人不是别人，而是你。

世界很现实，除了父母会无偿地给你以外，你想要其他人的东西都需要交换，这不能怪职场冷漠。因为工作关系教你是人情，不教你是本分，千万不要把别人的付出当做理所当然。当你想拜一个师傅时，你一定要先想想，你能为他做什么，他想要什么？你不要想着谁能主动帮你，等你发达了，你再回报他。这个世界很现实，没有免费的午餐，你要想得到，就先要付出。你对工作有价值只是可以教，你对我有价值，才会是愿意教，这是两回事。因此，你需要拜师，进入他的圈子，变成他的自己人。

当别人给你帮助时，即使他没要求，也请想想自己怎么回报他，不要把这当成天经地义的东西，这样他才会更主动地给你下一次帮助，否则你也许就不会有下一次了。如果别人愿意教你以及给你资源，你记住不要分享恩惠，别人给你的也是要占用别人资源的，能给你不代表你能给别人，不要做什么借花献佛的事。还有，在工作中切记你可以请别人指点一下，但是你不可以随便找别人要资料，这是在找别人要资源，这需要你更多的付出，否则就是不懂江湖规矩了。

让别人愿意教你是你自己的责任，而请教出答案则是你的能力。因此，找师傅时你要让他知道你在哪里，你能给他什么，你如何打动他。想拜师，那么刚认识的时候你只需要足够的尊敬，主动地与他沟通，而不是过分地讨好与殷勤。不要让人家有顾虑，而要让人家觉得你对他有价值，你值得信任。先把手上琐碎的事情做好，闲的时候也研究一下资料，别一没事就上网玩。让别人看到你身上的闪光点，看到你的坚持与努力，这样才能留下好印象，才能得到初步的认可；然后做好他交代的工作，你能帮他做事，他才会为了让你做得更好而教你。

弱小和无知不是生存的障碍，傲慢才是。

在学做事之前，第一件事就是要学会与人相处，留给人家好印象，让人家喜欢和信任你。尤其是面对前辈，要学会耐心和谦卑，要有必要的客套与礼节。刚上班，公司会安排老员工带你，有时候他的学历还没你高，但是你要尊重他。通过他你能遇到更好的师傅，而你对他的尊敬，也会让后来的师傅对你放心。

如果别人愿意给你一个具体的、有价值的建议或者回答，那么他就还能给你第二个，不要错过这个机会。你要在第一时间按他说的方式做好，请他指正，主动及时地好好表达谢意；即使没有效果，也找借口谢谢人家，这是对他的尊重，借此机会拉近距离。很多新人在工作中不敢问，其实很多时候领导不是怕你问，而是怕你不问；你不问，别人也就不好跟你说了，只是你提问要注意方式和礼节。

拜师也是要讲缘分的，只是你可以想办法去创造。当你在工作中证明了自己的潜力之后，接下来就要在私人关系上寻找突破。有网友跟我说，他希望上班后能碰到个对脾气的师傅。我问他，他是师傅，还是你是师傅？旧时代拜师都是要端茶倒水做长工的，要想得到比别人多就要比别人做得多。别人主动，你不主动，你说机会会给谁？你不要觉得这是在做一些低声下气的事，其实你付出了别人就会回报你。

现在领导往往是你最直接的师傅，他跟你是工作关系，但你要想办法把这变成私人关系。其实领导都是愿意和下属沟通的，但是他不会来找你，他面对的是所有的下属，他不会也不方便对某一个人过于关心，所以这需要你去主动。就像“不怕领导讲原则，就怕领导没爱好”，人们是靠优点互相赏识，靠缺点彼此靠近，你一定要多花点心思了解他的个性、爱好、习惯，等等，领会他的意图并主动投其所好。

接触才会有了解，了解才会有熟悉，熟悉才会有喜爱，喜爱才会有前途。要多创造机会，比如领导喜欢打球，那么你就可以陪他去打球，这就能与领导多交流。其实花心思比花钱更重要，你要通过过程让他看到你的用心。有一个网友看了我的帖子想跟我学东西，我曾经在帖子里说我想找《漆圣》这本书，他就去旧书网里找到了这本书，买了准备送给我，这就是花心思了，这能让我感觉到他的用心。

如果上司要你帮他做一点不过分的私事，其实是好事，是在给你表现的机会，你要做得比他想象的还要好。比如有人给他领导的房子装修监工，他尽心尽力，甚至自己贴钱进去，这些领导都看得到，最后他也得到了想要的机会。如果你做得不甘心、不用心、不细心，那他以后就不找你做了，其他的事也轮不到你了。

训练是管束与重复的过程

良师很难遇到，一是他要有这个能力，二是他要有这个热情，三是你要能跟得上他的节奏。

你上学面对的是老师，他们是教你系统知识的。工作中面对的是师傅，他不会手把手地教你东西，他只会点拨你，帮你把各个知识点打通，告诉你要学的新东西。

你要主动做事，他只能针对你工作中出现的问题进行指点。遇到问题你先要自己找答案，高手最终都是自学出来的，真正的学习是靠自己的，别人只是帮你纠错和指出方向，没有人会手把手地教你东西的。如果你基础的都不熟悉，没有提前作好准备，再好的师傅说多少次，你听不懂也学不会，他的热情也会很快耗尽。没有人会有足够的耐心愿意来重复教你最初级的东西。

老师教学生是教育，师傅带徒弟是训练。他并不一定能教你多少东西，他对你的传授更多是一个训练的过程，而这个过程就是管束与重复。每个人都愿意改变，但是讨厌被改变。被人逼总是很痛苦的事情，但严师出高徒，良师给你的正是这个管束的过程，这一点常常让年轻人不能接受，反而产生敌意。

很多年轻人会说重要的是结果不是过程，反感被师傅的规矩约束，但他不知道他所看到的结果只是眼前的结果，低层次的结果。刚开始看不出来，到后来这些坏习惯就会成为你向更高阶段发展的障碍。在我们身边经常会听到有人骂上司骂老板变态，其实这是很多新人根本意识不到自己嫩在哪里，觉得对自己的要求是为难、苛刻，不愿意从最基础的入手，觉得没必要，拒绝真正有用的基础技能，其实这样反而会制约他进一步的发展。

我们都想成功，但成功者相对平凡者都是变态的，不变态又怎么突破常态。高手只不过是一个自虐的傻子罢了，他们成长的过程中大都有不同于常人的历练，在常人眼中多少会有一些怪异，就像《穿普拉达的女王》中的米兰达一样，极具专业精神，作风霸道，非常挑剔，总是让身边的人时刻紧张。能成为良师的人，对自己的要求都是高于常人的，而常人难以做到这个高度，所以良师也是择徒而教。

师傅领进门，修行在个人。他跟你没有仇，如果他还愿意严格要求你，那是因为他还没有放弃你，所有的言传身教，所有的求全责备，都是因为这个。所以，在你下定决心之前，也不要随便拜师，免得彼此伤害。

我们过去当惯了孩子，当惯了学生，以为谁都会像父母一样有耐心，像老师一样跟你讲道理。上班后没人会有这个时间和耐心来教你，你也不要有那么多莫名奇妙的自尊，此时你只能忍耐。你要改变自己的态度，不是他错了，而是你以前太幸福了！当你以后真正面临挑战时，你才会知道那比现在更残酷，更没道理可讲。职场就是这么残酷，别人没有义务去同情你、体谅你、帮助你，你的困难和理由，别人没义务听，也没必要听，别人只要求你好好完成工作，才给你工作报酬，就这么简单。

多数人都不是自觉的人，有人逼你还是有效果的，现在你也许会恨那些一直在严厉要求你的人，只是十年后，你内心真正感谢的会是那个曾经愿意骂你、逼你、教你的人。人逼人还来得及，等事逼人就没时间了。所以此时你只要记住六个字——主动、听话、照做！有事做就有机会，多做点事情，别偷懒，做得比他的期望哪怕好一点点，你也会得到更多。

现实生活中，有的新员工到岗位后会埋怨，部门主管工作太忙，难得和自己交流，自己有时感到无事可做，岗位上学不到什么东西。其实，工作中没有人会手把手来教你带你，不要等着别人来教，更多的时候还要自己主动偷师，研究你上司每天的工作内容，多看、多听、多想、多问、多做、照做。特别是要关注工作中的项目，师傅很难像学校一样对你进行系统性传授，但是在项目运作中，你需要学习的东西会系统性地呈现。

你想学什么？日常工作中哪有那么多高深的东西，不就是学习前辈的好习惯！更高深的东西其实是你在融会贯通后自己领悟出来的，而在新人阶段你要学的就是这些小细节。一个人的职业素养就是他工作中的习惯，要想迅速成长，就要先找到高手，然后贴身模仿，仔细观察他的工作习惯。比如看人家如何打电话、用什么话术，他为什么这么考虑，好好记录总结；看他做一遍，你照着做十遍，反思为什么要这么做，怎样才能达到更好的效果。

及时反馈训练效果

老师教你的是标准化的技术和概念化的知识，而师傅教你的是他总结出来的细节、习惯。每个人都有自己的习惯，而且大多不愿意改变。师傅会对你的做法提出一些看法，你会觉得这是他强加观点给你，他不理解你，其实这是你对事物的认识不够，这个时候需要的是你去想办法理解他所说的。师傅教给你他更高效率的方法和习惯，以及他处理问题的思路，也许你会觉得没必要，不想改变，那你拜什么师呢？哪儿有那么多独门秘籍？师傅掌握的其实更多的是训练的方法，知道细节的对错，能给你即时的纠偏反馈。

很多时候我们都想师傅多教一点东西，反而对基础的东西不会沉下心来重复练习。而每个人都希望自己的付出能产生明显的效果，师傅教了你，他就希望看到你马上去练习，十遍二十遍，做到条件反射，尽快用他教你的方法做出来给他看到，他才好教你下一步的东西。如果看不到你行动上的反馈，他觉得你不听话，也会失去热情。而且你不要想学得太快，贪多嚼不烂，等真正练好了再学新的。

工作不像上学，师傅只会说一遍，问多了他会烦。因此，教你的东西要记下来，同样的问题不要问两遍。教你的小窍门、小技巧要随手记下来，否则你现在会了，一转身就会忘记。有用的东西只有反复去琢磨研究练习，将方法和流程转化为习惯和思维，才是真正的消化吸收，而只有熟练掌握，你才会主动去应用，否则一遍过了，时间长了没用到就会忘了。很多师傅强调的东西也许很简单，但肯定是很重要的，你不要不耐烦，听话照做！具体工作中本来就没有什么很高深的东西，只是分工后的重复，需要的是细心、耐心、效率。学校很少有技能的教育，所以我们也缺乏学习技能的能力。因此职业刚开始，重要的不是学习什么，而是学习如何学习，如何安安心心坐下来重复练习。

就像新人跟我学习怎么作策划，我会说你先到网上下个“五笔打字员”软件，把五笔打到每分钟 40 个字，坚持一周下来。你别说自己搜狗已经打得很快了，五笔没用……学习和练习是两码事，中国教育的问题就在于只学过没练过。五笔的学习就是一个练习的过程。别说用这点时间可以学更多有用的东西，这世上有用的东西很多，你浪费的时间已经不少了，不在乎这一个星期。有了这一个星期去学一门基础技能的经历，每天两个小时的机械化重复打字训练，也能让你对掌握一门技能的学习与练习过程有所体会，找到学习的状态；坐住了，长时间内集中注意力，磨心炼性，这个过程大于结果。

注意提问技巧

请教有礼节，提问有技巧。有些网友加了我，什么问候的话都没说，一上来就问，好像我欠了他似的；而他的问题又没准备好，这些都是对人的不尊重，这样他也许就得不到想要的答案。

很多新人觉得没人教，其实这是因为你不去问，你不会问！会哭的孩子有奶吃，你要有这个意识。不会有人来主动教你，哪怕是你被指派了师傅，你不问他也不会教的，这要你自己主动去请教，这个不跟你说，你就去问那个。很多人都不怕遇到新手，只怕遇到闷头做事、不请教、不跟人讲的新手，其实态度诚恳地向别人请教是对对方最好的恭维，一个好的问题能证明被问者的价值，也能融洽彼此的关系，因此向别人请教问题并不会让人为难。

如何提问有技巧，很多时候新人的提问会让老手很头痛，这并不是因为所提问题的难度，而是因为提问的方式。新人不懂得如何提问，结果提问方式越简单，自己得到的回答也越简单，越难以解决自己的困惑。任何问题都是要有前提的，如果你问我“我很迷茫，你说我怎么办”，那我只能说“加油”了。

有效的提问方式包括四个步骤：

第一步：自己明确问题。

作为一个新人，不要什么都不问，也不要什么都问。一些人有了困难想都不愿想就跑来问，这根本不是在提问，而是希望别人帮他明确问题。这样的提问让人很烦，这是在浪费别人的时间和热情，反而会错过一次给你指点的机会，甚至让别人以后也不愿意回答你的问题。

明确问题就是解决问题的第一步，别不懂还不问，但要先花工夫明确问题。你首先要认真地整理一下自己的思路，总结归纳成明确的书面问题。总结问题的过程其实也能帮你找出一些解决问题的方法，同时在这个将想法变为文字的过程中，自己也会有启发，往往这一步本身就可以解决相当数量的问题。

第二步：自己先找可能的答案。

自己不去努力解决的事情和问题，你也不要指望别人会帮你搞定，遇到费脑子的事情，谁都会不耐烦。因此提问题，你不能是告诉人家你不知道，而要告诉人家你不知道这样做对不对，否则别人无法回答你开放性的提问。你的提问要展示你找到的种种可能的解决方案，这样你才能得到更明确的回答。

在得到别人帮助之前，你首先要展示自己为解决问题付出的努力，准确地描述问题和自己曾经尝试过的解决方法、自己下一步的打算，然后提及需要判断性的指点；让对方看到你自己思考的这个过程，这也有助于对方理解你问题的角度与深度，并帮你解决。有些问题师傅也不能确定最终行不行，但是他知道过程，这个过程对不对，他能帮你判断。

对一些基础问题，你问别人还不如自己上网查的更详细具体。比如说你想进公关传播公司，那你就不要问什么是公关、公关和广告有什么区别。要问就问些有深度的，你在找到答案以后，再进一步去请教别人，看你理解的是不是对的，针对眼前的具体工作又有什么不同之处。这样别人更容易回答，你也能得到更准确的答案。

第三步：咨询求证。

上级向下级提问题要开放式，提问答题，而不限制答题者的思路。此时提问方式更像是一种启发，引导被问者思考，让他自己发现问题所在，而不是直接告诉他结论，这才有利于他对正确思路的深刻理解和牢固掌握。而下级向上级提问题要封闭式的，提选择题和判断题，而不是问答题。答题者只是帮你作出判断并补充不足。提出判断题或者选择题，至少证明你认真思考过这个问题了，你只是对答案不肯定，这样提问，别人不感觉麻烦，他不会推辞，并且也好回答。在这之后，你再围绕他的回答中的要点进行追问，提出你想问的问答题。

选择题和判断题都圈定了回答方向，通过你的选项，对方得以了解你所提问题的真实含义、你的思路以及对问题的深入程度，从而有可能展开回答你之后的问答题。否则，他都不知道如何回答你，一是展开面太大；二是真展开了，回答的并不一定是你要的答案，反而让你错过了关键问题。并且因为你先有了寻找答案的过程，这样别人回答时，你才听得懂、记得住。

我们向上级请示工作不要单纯地问“我该怎么做”，而应说“我是这样考虑的，有这样几种方法，你看哪一个更好？否则要怎样才好？”这样上司能更省心，你也更容易以最快的速度得到他的指示，这也更能显示你的主动性和能力。

第四步：迅速应用与及时反馈。

别人的回答只是起点，而不是终点。你问完后再一次把问题明确，马上把重要内容记下来，拿关键词上网查，并尽快形成答案或工作结果，及时向对方进行反馈，并以结果提出下一步问题。甚至很多时候问题本身并不重要，而是通过提问形成良好的工作沟通与人际关系。

好 工 作

是设计出来的

如何进行行业分析

行业分析是职业探索的方法，但怎么作行业分析呢?

职业规划注定是一个更迷茫的开始，这是因为你要把未来将遇到的问题提前摆出来。未来一切都不会像想象的那样简单，而当你知道得越多时，你就会发现自己不知道的更多，这是一个从迷茫到清楚、再到迷茫、再到清楚的过程。

行业分析是一个海量信息的处理过程，如果没有信息的搜集处理技巧，没有相应的写作逻辑训练，你作一周行业分析就会发现陷入了困境，不知道如何下手了。你要想熬过这一关，就需要掌握正确的信息处理技巧与行业分析方法。因此，职业规划不是先从职业探索开始，而是先从基本功训练开始，而这也为你将来的职业成长打下了基础。

第1节　信息处理

信息处理由信息搜集能力、信息分析能力、信息综合能力三部分组成。

信息处理由信息搜集开始。第一，你要观察；第二，你要有好奇心；第三，你要能总结归纳。观察就是从不同角度发现细节的不同，而好奇心就是从本质探索为什么不同。成长是一个发现问题、明确问题、解决问题的过程，通过对信息的记录整理，从我们日常熟视无睹的事物中发现问题，慢慢形成你对事物的敏感度，对熟悉的事物提出问题。在这个过程中，我们逐步找到自己表象行为的内在本质，通过参照外部事物找到自己未来的方向和过程中的坐标，并且把握成长过程的节奏。

未来是由问题导向的，不怕你有问题，就怕你没问题。如果你看到什么有兴趣的东西，觉得这东西好，那就要去网上搜一下，搞清楚你觉得好的东西到底好在哪里，怎样才能做到。如果你觉得一样东西困扰你，那么困扰你的问题同时也会困扰别人，那你就去认真想想怎么解决，只要你深入下去，最后困扰大家的问题反而能转化为你的机遇。只要你留心，工作中没有什么是小事，机会可能来源于你看电视、读报纸、上网，甚至与朋友不着边际的一次聊天。

对于初级工作，没做过的人都会说找不到有价值的信息。其实当你深入找信息时，你发现不是信息太少，而是打开电脑海量信息扑面而来，你感觉无从下手，不知道找什么好，不知道什么信息是有价值的。搜不到有价值的资料，是因为你不知道什么是有价值的，你只有多搜才知道什么有价值。网上不会有现成的给你抄，但是只要你有足够的能力，你就能沙里淘金。

信息分析是从专业角度出发，深入信息背后，看清问题的本质。

细节是魔鬼，观察是要发现细节的差异，细致的观察力可以让你了解到很多其他人忽略的而又非常关键的东西，这能让你在竞争中出奇制胜。而洞察是一种综合能力，是通过分析找出事物或问题的内在规律，并对结果得出预见性的判断。2006 年世界杯德阿点球大战前，德国守门员教练科普克给了守门员莱曼一张字条，写着阿根廷队罚点球球员的罚球特点和惯用方向，正是这个字条帮助他扑出了两个点球，让德国队成功晋级。很多人可能觉得点球是靠运气，但是德国人用自己超乎寻常的勤奋和执著的精神将一件看似没有规律的事情总结出规律来——记录、分析、总结、推论……细节是魔鬼，只要你能做到，你就是可怕的。

事物并非如其表象所示，我们总是很容易把表面相似但其实毫无关系的事物放在一起，只有深入其中，才能透过现象看本质，找到事物内在的联系。就像看 2006 年世界杯球星档案，你会发现很多球星的生日是 1 月到 3 月，甚至英国和德国青年队球星竟然有一半是出生在这三个月的。难道这三个月有利于足球天才出生吗？答案是欧洲青少年联赛的队员报名年龄限制按 12 月 31 日画线，这样教练在选择队员的时候自然会优先选择那些一年中早些时候出生的。

信息综合是从全局出发，将多个信息进行合并，从而发现新的趋势。

创新能力就是把两个不相干的东西联系到一起的能力。比如成龙就是“功夫 + 喜剧”，少林足球就是“功夫 + 足球”，还有电视栏目的“新闻的娱乐化”和“娱乐的新闻化”都是创新。创新其实大多数只是旧元素新组合，成功模式的跨行业运用、跨地区实施，此时你需要的是发现，比的就是谁更善于搜集、更善于总结、更善于整合，谁更能认识需求背后的本质。

很多事情一开始看上去它们之间没有关联而且是随机的，实际上混乱中自有其序，可以有一种规律把各个部分联系起来。《越狱》里史高飞的职业是结构工程师，他有一句台词“结构工程就是寻找结构中所需的每个因素，并让这些因素互相契合，我喜欢将各不相干的东西契合在一起”。他作准备时把搜集的所有信息都钉满一面墙，通过他的专业解读找到其中的系统逻辑关系。就像20世纪60年代，日本仅仅通过中国媒体公开的几张照片和文章就分析出大庆油田的位置和产油量，由此估算出中国对大型炼油设备的需要，提前作出准备，以现货拿下订单。

你要掌握的信息渠道

从网络搜集时效信息

网上的资料搜集更方便，一是更新的资讯；二是书本系统性之外的关联性，更容易从关键词到关联词延伸，这对最初找方向的人来说是至关重要的。

少看日常的、娱乐类的新闻资讯，也少看点电视娱乐节目，那些看多了会浪费时间，真的还会影响智商。你要看那些需要你动脑筋才可以看懂的专业资讯，要找到与你专业、职业有关的网站、论坛、专家博客，加入专业QQ群，在和别人的交流和具体问题的处理中，才会找到灵感与火花。

从专业报刊深入专业资讯

选择几份专业报纸，尤其是本专业的权威核心期刊，其中会有很多与你的专业、行业、职业有关的文章，静下心来好好看，看懂，并将它记录、整理、应用到你的具体工作和思维模式中去。刚开始看的时候会有很多不懂的地方，会有看不动的感觉。此时不用怕，先大量地看，随时记下敏感内容，不懂的东西就去查。最初一定要给自己定一个阅读量，比如说一周看一本书、看几份专业报刊，坚持下来，慢慢地就会从看不懂到看得懂，从看得懂到看得快。看的东西多了，你才能知道哪些是好的，哪些是前沿的热点，有哪些专业的术语，甚至写作怎么选择角度，又有哪些规范。

越高端岗位，就业机会越少，你也会面对越大范围的高端竞争者。因此，如果想有更大的发展，你需要获得一个更全面的知识结构，此时搞清主流人群在想什么很重要。

你不要只限于自己的专业中，要多熟悉社会环境，多关心国家和所在区域的政策，在这个基础上去思考自己的未来。多关注一下经济、市场等方面的资讯，从财经、产经的角度了解你所在专业和行业的发展方向，从产业、行业高度来探索职业方向，看看本专业在其他行业中的应用，这能引导你具备全局的视角。

平时一定要关注专业内、行业内的时事，否则临时看根本看不明白。每周固定地去看完当期的《中国经营报》、《经济观察报》、《21世纪经济报道》、《财经》之类的综合类专业报刊，这能逼着你看到平时不关心、不知道的世界，大致了解各个行业的发展情况，慢慢找到不同行业的交叉点，融会贯通形成你对信息的敏感性，从中发现你的机会。即使这些机会你现在还够不着，但至少能了解资源是如何整合的。

从专业书籍建立理论体系

如果你想迅速提升理解能力，最好的方法就是通过对长篇文章的大量阅读，对概念进行对比，对理论体系进行深入理解。阅读要找准方向，漫无目的地阅读，你的知识点会很零散，你也许收获了一个相对广阔的视野，但是失去了专业上深厚的底蕴。阅读不要只看重易读性和趣味性，那只是打发时间。报纸、网站都是比较浅显的报道，还不够系统与深入，真正有用的还是看系统的专业书籍。它们帮你把你所看到的世界进行深入分析，让你看清事实背后的真相和发生的原因。

工作后的学习更多的还是通过书本自学，如果你都没有耐心看书，那又怎么指望别人有耐心教你呢？而且指望别人来教的人一般既缺乏主动性，又不愿去独立思考，这样的人无论做什么都不会走太远，因此一定要培养自己阅读专业理论书籍的习惯。专业理论书一方面是指导，更多地是让你在工作中查漏补缺。因为分工不同，在你的工作中只会用到一小部分知识，很多系统的东西都会被弱化，此时专业理论书能让你形成理论体系，并帮你找到需要注意和加强的地方。

阅读能扩大知识面，但光看没用。研究需要非常地认真、系统、深入；光是看，只是得到一些零散的观点，这不能帮你形成职业思维模式，也难以帮你看清背后的真相。观点只能帮你解释问题，只有体系才能帮你认清资源、解决问题。如果不能将观点整合成体系，就不能消化为己所用。因此在找到大致的方向后，一定要找该领域的专著，从理论开始潜心研读，好好看懂，系统做笔记，建立理论体系。

你可以通过专业人士或者专业论坛来寻找入门书、工具书、经典书。一步一步来，先不要急着看理论书籍，而是先读与行业背景有关的书，找到感兴趣的地方，从而产生对理论和技能的学习热情，然后再反过来看基础的书和专业技能方面的书。这里有一点要注意的是，越是经典的专业书，在语言上越简练和抽象，而你现有的知识结构难以一下理解，此时你先看完，其次才是看懂，不要卡在某一个地方，看完后面的也能帮助你理解前面的。一本书读十遍胜过十本书读一遍，专业文章和书籍都是需要重复看的，很多思想要读几遍后才能真正明白和领会。

与职业有关的书你要主动去看，比如说职业规划、简历指导、面试指导、职业人士写的工作技巧，特别是一些像《金字塔原理》之类的谈工作方法的书，你一定要认真看，并主动应用，这能引导你尽快地形成职业思维模式。对于专业外的书，你也需要翻翻看，重点是了解观点，建立一定的知识结构。多与不同年龄阶段和不同层次的人交流，多读点经典的文学艺术、经济管理、社会历史、人生智慧的书籍，这是你拓宽思路、拓展人生、明确价值观的关键方式，能让你经历别人几生几世的人生，来过好你这有且只有一次的人生。

第2节 信息记录

记录真实的你，发现真实的你

很多人并不知道自己想要什么，大多数人只知道自己不想要什么、不喜欢什么、讨厌什么。因为不知道想要什么，所以更不知道自己想要的东西如何才能得到。我们难以在最初就了解自己真正喜欢的是什么，如果你也写日记，你也会发现“曾经以为是写给青霞看的日记，没想到曼玉的名字很多”。真实的我们其实都是藏在自己内心深处，但是我们以为媒体吹捧的、大家都崇尚的东西是自己真正梦寐以求的东西。

兴趣是天赋的表象、环境的镜像，你不可能凭空产生兴趣，但是你可以从找到的东西中筛选兴趣。如果你不去找，那你怎么可能有兴趣？当你产生兴趣后，就要分析你感兴趣的这些东西背后的本质，也就是你兴趣背后所擅长的天赋。当某件事情激发了你的兴趣，你就要去找到和自己一样对这个同样感兴趣的人群，融入其中后，你会更容易发现更多更深入的东西。

你对什么职业感兴趣？你为什么感兴趣？你感兴趣的工作它真正又是什么情况？你要如何才能获得这份工作？这些光想是想不清的，你会想得很多、想得很简单或很复杂、想得很乱，最后想出来的一点都不实际。你只能通过记录才能作出分析，你要慢慢地记录自己日常生活中的细节，搜集自己感兴趣的，最后还要更进一步通过行业分析，一步一步进行分类与总结、尝试，然后你就会知道自己有什么，知道自己要什么，知道别人要什么，知道别人能给你什么。

我们脑子里经常会有各种各样的点子，但没记录，没整理，也就没法系统思考，结果就被正在做的工作掩盖了；而当想坐下来进行反思时，又会发现往往想不出什么。其实，职业兴趣的探寻与产生往往是“有意识”中掺杂着“无意识”，“无意识”中又存在着“有意识”。有意识的东西是外界引导的，而无意识的东西往往是由我们内在的天分引导的，就像我们每天会接触大量的信息，但我们的大脑只会不自觉地捕捉一些信息，同时又过滤掉大量的其他信息，而这些被我们无意识捕捉到的信息才是我们所关注的，这才是我们内心对外界的真实反应。

你需要有意识地去记录平时无意识中产生的感觉才能发掘出很多潜在的东西，这个过程你可能要花几个月时间。你先记录，把这段时间的想法、行动、得失记录下来，并回忆近两年时间里做过的最有成就的事，以及发挥了自己特别能力的事，把它们都记下来，进行整理分析，有意识地去找到共同点，从而找到自己的兴趣所在，再融入实践中去反复印证。

用笔总结反思正在经历的变化

知道自己真正要什么很重要，可是怎么知道自己想要什么呢？每个人的世界都不一样，你要从不同角度来发现你的不同。我们都是怪孩子，在你的内心有些东西在呼唤你，你要把它们记下来，从而回应它。当你去记录时，你会发现一些很奇特的想法。比如一个大一学生跟我说，他在记录中发现自己听歌时特别喜欢听鼓的节奏……这就是发掘，这说明他的天分中对节奏很敏感，然后我们才可以一步一步去寻找这种天赋能对应什么能力，这种能力可以应用到什么职业。这就是发现自己的过程，先发现了自己到底想要什么，然后才是发现自己的能力所在。

当你发现世界的不同之处后，你需要有人来为你解释表象背后的本质。因此，你要将它归纳成具体的问题，要找到专业内的前辈，向他详细描述这些事情。它是什么，为什么会让你觉得有成就感，在事件中你的感受如何，它对你而言意味着什么，给了你什么样的满足感，为什么这么认为，它是靠什么外部资源获得的……由此你将一步一步明确你的天分、兴趣、性格、价值观，进而找到你的职业方向和目标。

明确问题、精确地表述问题是解决问题的第一步，而问题的明确需要对信息进行记录、总结、归纳、分析，这些都需要书面化，而不是光在脑子里想。否则你会发现没有文字的记录，想法在你头脑中是没有先后顺序的同时出现和同时消失，你所有的思考都会由原点开始，然后停顿，又回到原点；而且你所获得的信息都只会是看到的表象信息，无法将它们进行联系，也就难以看清背后的东西。而将想法变成具体的文字，不仅方便你慢慢梳理，随后的信息搜集整理、计划安排还能将你对未来的想法进一步具体化，这能强化你的意识，产生动力，最终导向结果。

一个大的想法只有把它写在纸上，你的大脑才可以腾出空间去进行分步的、全面深入的思考。比如说“如何举办一次商业培训班”，要想清楚，先得把这个问题细化成几个小问题，比如课程设计、招生推广、培训场地、定价……而课程设计又要分为教案准备、课件准备……只要问题没有办法一次想明白，就要继续细化，直到细化成一个个便于执行的方案。

因此，我们必须将想法变为具体的文字，将零散的观点整理归纳，形成清晰的思维过程和行动步骤。进一步，概念本身所具备的关联性将引导你一步一步去搜集你经验以外的东西，把你头脑中以前从未意识到的东西发掘出来。一个想法从思考到文字，一定是一个过滤、结晶，甚至再创造的过程。一个东西，好，为什么好？坏，为什么坏？通过分解找到背后的本质，很多东西写着写着就明白了……

没有记录过就没有发生过，没有整理过就没有记录过，没有应用过就没有整理过。

历史证明，没有记录过的事就“没发生过”。如果你没有把记录进行整理与归纳，并在这个基础上进一步深入研究拓展，那么你的记录也就等于没记。信息记录只有在记录、查询、分类、归纳、深入、整理之后才能变为自己的。这一是清楚掌握；二是形成模块，从更全面的角度来看问题；三是融会贯通产生创意。

创造力是基于天赋，但创意是基于长期大视野的积累。生活不缺乏创意，只缺乏发现，有时你看到一个东西会突然感到被触动了，那你就要把这种可能的触动搜集起来，这是因为能触动人的都是有需求的。而且创意是戴着枷锁跳舞，它都是要受到资源限制，所以它不可能是天马行空的突发奇想，只有当你搜集的信息足够多，对资源有了全面的认识，并在整理的过程中形成对某些方面的敏感度；这样当你遇到问题时，创意才会自然而然地灵光乍现，这就叫顿悟。这就是说，即使你天赋不够，但是只要你有足够的积累，你就能达到优秀的水平。

眼过千遍不如手过一遍。光看不想，光想不记，光记不整理，都没用。整理、归纳、分析汇总的过程就是有效地学习和积累的过程。不要只是收集，而要不断整理，只有整理过的资料才能反映出作者的思想，看清其逻辑脉络，这个整理过程同样会启发你的灵感。只有在整理应用的过程中，你才能从已知的东西中发现未知的东西，这就是研究。否则你往往只是知道得很多，但真正懂得并不多，或者看的时候觉得很明白，可一段时间后几乎就全部忘记了。

日常工作其实都是很琐碎的事情，如果你不记录、不整理，那你所做的事就会像猴子掰包谷掰一个丢一个，而通过记录、整理、归纳，就能形成系统性。我常问来应聘的大学生，你做兼职搞活动，你作了详细的工作记录吗？包括人员组织分工、器材物料、活动流程、效果、突发事件，等等，都要作事后的总结，否则就真的只是打打杂、挣点钱、练练胆罢了。

即使打杂，只要你用心记录归纳整理，就能将经历变为经验。在面试中你要用业绩来证明经验，如果你不作记录和总结，你自己都不知道你有什么成果，你简历都没东西写，面试也没东西谈！

信息不是到此为止，而是由此开始。

信息整理是一个搜集、思考、发散、比较、归类、归纳、分解、推论、重组的过程，这个过程是整合而不是罗列，光有归类是不够的，一定要发散和归纳。先把书读厚，再把书读薄。归类只是行为上的，陷于单纯搜集和归类都是对复杂思维工作的逃避；而归纳是思维上的，是一个融会贯通、消化吸收的过程，你要对资料进行书面化总结、概念化归纳、流程化整理、数据化分析。这个过程本身也是一种训练，它能提升你以后处理信息的速度和对信息的敏感度，能让你迅速地从小事中发掘出一些有价值的东西。

这里尤其要强调的一点是平时没事不要漫无目的地去看网页，而应该尽快地去整理你已经搜集的资料，如果是书上、专业报刊上看到的资料也将它录入电脑。如果你不去整理，那你搜集的东西没用，就像你光买书不看书等于没买一样。也就是说，如果你现在不能整理，那你就不用去搜集；否则你搜集的只是在同一层面上的东西，反而东西越多越没有头绪。

记录是工作的一部分

很多新人觉得学不到新的东西，其实工作中的学习首先不在于你能学多少新东西，而在于消化。你只有对现在所做的工作做到了记录、分析、归纳、总结，从重复的工作中找到规律，形成流程与周期，才能找到职业感觉，才能培养你的预见性和周密性，就像《穿普拉达的女王》中安迪比老板提前两步作好必要的准备。

很多人会觉得工作中没什么值得记录和总结，或者觉得很忙没时间去做。这说明你还没有从观念上把工作记录和总结作为一项工作来看待。如果没有什么可以记录的，这说明你没用心。其实工作不只是日常的流程，更在于具体的细节。如果没有归纳整理，也就无从改善，更难以总结为经验，最重要的是会养成思维的惰性和行为的惯性，可能不知不觉就变成温水里的青蛙。

一个新参加工作的大学生，在工作一段时间后，觉得每天总是在做一些琐碎的事情，没成就感，而她认为自己的能力应该做一些更加重要的事情。她的经理问她现在做的最没有意义的、最浪费时间精力的工作是什么。她说是帮经理贴发票，然后报销，去财务部走流程，最后把现金拿回来给经理。

于是，经理给她讲了一个“贴发票报销”的故事。

经理当助理时也是给老总贴发票报销。他认为票据是一种数据记录，它记录了和总经理乃至整个公司营运有关的费用情况。看起来没有意义的一堆数据，其实涉及了公司各方面的经营和运作。于是他建立了一个表格，将老总报销的所有票据按照时间、数额、消费场所、联系人、电话等等记录下来。通过这样的一份数据统计，渐渐的，他发现了上级在商务活动中的一些规律，比如哪一类的商务活动经常在什么样的场所、费用预算大概是多少，总经理的公共关系常规和非常规的处理方式……后来他的上级发现布置工作给他的时候，他会处理得很妥帖，甚至一些没说的事他也能及时准确地处理。渐渐的，上司基于这种良性积累，越来越多地交代更加重要的工作给他。渐渐的，一种信任和默契就此产生……

人都有惰性，谁都愿意用那些用起来顺手的人。当你具备了被人信任的基础，并且在日常的工作中逐渐表现出你的踏实、聪明、细致的时候，越来越多的工作机会就会提供到你面前。原因很简单，沟通也是一种成本，用一句话就能交代清楚并且能被你顺利完成的工作，谁愿意说三句话甚至半小时交代一个什么都不明白的人呢？这样你就有了比别人更多的工作机会去接触那些你没有接触过的工作，你就有了比别人更多的学习机会……

很多年轻人最大的问题是对看似简单、不用动脑子就能完成的工作不能沉下去，没有用心，所以也没有进步。在工作的最初几年里，每个新人做的都只是简单、琐碎的工作罢了，这个时候重要的不是做了什么，而是在工作中养成了怎样良好的工作习惯。这个良好的工作习惯包括认真踏实的工作作风，以及是否学会了如何用最快的时间接受新事物，发现新事物的内在规律，比别人在更短时间内掌握这些规律并且处理好它们，而这些决定了他是否能成长为一个被人信任的人。

先把手头的工作做好，避免常识性错误的发生，然后循序渐进。这个过程为以后职业生涯的发展奠定的基础是至关重要的。很多人不在乎年轻时走弯路，很多人觉得日常的工作人人都能做好，没什么了不起。然而就是这些简单的工作，循序渐进的、隐约的分界成为长远发展的能力问题。

聪明的人，总是不认为自己的能力有问题。时间长了，他会抱怨自己运气不好，抱怨那些看起来资质普通的人总能比自己更走狗屎运；或者抱怨谁外表比自己好，或者谁更会讨领导欢心……慢慢地就影响心态了。所谓的怀才不遇，有时就是这种情况。工作需要一个聪明人，工作其实更需要一个踏实的人。而踏实和先天条件没有太大关系，是人人都能做到的。

让随手记录成为习惯

很多时候我们会突然产生一些想法，但等你坐到电脑前想认真去写时，就什么也想不起来了。或者有些问题让你坐下来认真去写时，你反而写不出来，而你平时又会想出很多东西，这就要求你平时就要有意识地随时记录，更容易让思维发散。

你只能发现你想发现的东西，找到你想找到的东西，所以你要带着想法去看世界。有意识和没意识能导致两种不同的结果，如果你有这个意识，往往就能抓住一些擦身而过的机会；如果你脑子里没想法，那你看到机会也不会有启发。而且无意识地搜集东西，那搜集得就会很杂乱，甚至不会去整理，也就很难发现有价值的东西；而带有一定的目标去搜集资料，就会有一个系统性，这样才能从整理中发现信息之间的关系，从而产生启发，进而联系到自己身边的资源，找到突破点。

思维是跳跃性的，想法是零散的。灵感稍纵即逝，随时随地都会有灵感和启示出现，如不及时捕捉，就会跑得无影无踪。因此，有用的东西想到了马上就要随手记下来，不要等，不要记在脑袋里。只有把它写在纸上，你的大脑才会腾出空间，进行更深入的思考，或者让新的灵感出现。

处处留心皆学问，平时我们要培养信息的敏感性，要养成主动随手记录的习惯，因此记录的前提是方便性。你只有随身携带方便，才能随手记录，因此准备一个手掌大小的便笺本，正面记每天的想法、灵感等，反面记明天要做的事。你可以将生活和工作中随时产生的灵感、感兴趣的事、新闻中的人名、好的资料、有意思的词句、观点，不认识的字、有疑问要上网查的东西、开会的记录甚至听课的笔记等等，都像流水账一样记在这个本上，回去后在电脑上再分类整理。

信息搜集并不是源于观察与好奇心，而是源于记录习惯与整理方法。

刚开始我们会感觉没什么值得去记，可是如果你不带本，又怎么会去记东西？因此只有先养成记录的习惯，你才会有意识地去记录你感兴趣的东西。最开始的时候确实没东西可记，这时就要强迫自己去记，记着记着就有东西记了。

对未知的事物保持好奇，这是创造的原动力，只要多留心，每天都有新发现。比如说，看一部好电影你就能记下很多新的东西，而如果你要与别人进行一次正式谈话，那你也要提前进行认真思考，准备好谈话的要点。如果你不记，今天就会像过去的每一天一样只是重复；而记了，你会留下几页记录的问题或灵感，去查、去整理、去归纳，就能从很多自己或者大家熟视无睹的事情中挖掘出丰富的内涵，你的明天就会和今天不一样。

记住这些需要记录的内容

- 记录你好奇心引出的各种小问题，这是你打开未来的关键词。机会就在身边，只要在生活中处处留心，你随时看到的文字、信息、别人说的话都有可能是上天给你的一个启示。
- 记下你的奇思妙想，当你脑子里有一个具体的问题或者项目时，这些想法会伴随在你日常工作生活中，会不断有灵感或者问题出现。你要记录下来，然后整理归纳，有不清楚的地方就上网查询。随着你记录的越来越多，一些零散的想法就会慢慢地成型，你再一个个去实现。
- 你要去搜集各种提问与回答，总结别人有价值的观点，以及准确阐述观点的话术，文字要随时记录下来。很多老手不经意说的话都有它的含义，听了就要记，就要去查。特别是听别人谈业务，要把过程、话术总结记录，反思人家是怎么谈成的，为什么这么说，这比你临时想到的要好很多。一些影视、小说中也有这样的片段，也要记下来分析总结。平时要多练，形成自己的职业话术，否则你即使记得也说不出应有的语感。
- 记下工作的流程，每个项目做完之后及时总结，特别是外联的事务工作。比如说年审，要记录下流程、经办人、地址、联系方式、费用、遇到的问题、所需的时间、下次可能的时间……

- 创作是源于对自己内心的倾诉，但写作的过程不是始于表达，而是源于记录，始于整理。记录是写作的第一步，写初稿就是把所有你想到、搜集到的都像记流水账一样堆进去，然后再是整理归类、归纳重组、重定义。因此当你看资料、看网页、看电影、听歌时，看到的好的无法独立成篇的观点、对白、歌词、短句、段落，就随手把它们复制进“便笺文件”中。因为如果不记下来，你就只是记住它的意思，但是没记住它的表述方式，而这个表述方式也是需要你学习的。
- 搜集的资料慢慢要变得生动和实用，我以前搜集理论，后来搜集案例，再后来搜集故事和笑话。另一方面，我以前搜集文字，后来搜集图片，再后来搜集视频和声音。在电脑里看电影时，好的场景、好的元素，都需要截屏截下来，甚至有的片段都需要剪辑下来，用在PPT里是很好的演示素材。
- 很多不常用但有用的小技巧，比如说电脑系统设置。如果存为单独的文件，真正等用的时候，又有可能找不到，所以也要存在一个“技巧”标题下面。
- 记录你发送了简历的招聘公司地址、电话、岗位要求，这样便于你应聘前迅速查找准备，千万不要等HR打你电话时，你给他们都想不起来你给他们发过这个简历。

第3节 信息整理

建立便笺文件

信息只有井井有条，才能信手拈来。我一直有搜集资料的习惯，但以前我一直困惑于怎样整理随手记录与摘录的众多资料，如果不录入电脑，要用的时候根本就找不着，也就不会去看，搜集也就白搜集了。在录入电脑后，如果把它们存放在不同的文件和文件夹中，小文件会越来越多，因为打开麻烦，也就越来越懒得去看；如果放在一个文件中，当文件长达数百页时，也很难找到想要的资料。直到有一天，我发现了Word“文件结构图”真正的价值所在，就是以之建立“便笺文件”，这将帮你形成高效、清晰的信息处理流程。

记录之后要及时进行整理、筛选、提炼、分解重组，而只有方便查询才会愿意整理。我们在脑子里往往同时会有几个不同的事需要去思考，也就需要分别去记录和整理，如果把这些零散的信息直接录入电脑里不同的独立文件中会很麻烦，也不方便，因此要在电脑里建立一个“便笺文件”。

我每天把当天所有的记录都先录入“便笺文件”中，然后按不同的事划分标题，再通过标题进行归类归纳，通过“文档结构图”像“资源管理器”的树形结构一样一目了然地看到各级标题，再通过“标题级”的方式进行归纳整理和区分。

资料要放在固定的地方，需要用的时候你才能迅速找到。你需要在电脑里建立一个“工作文件夹”，把每天的常用文件存在这里。你从网上下的还没有分类整理的文件也要建立一个专门的“收藏文件夹”，然后再划分不同的子文件夹。

标题级样式的设置方法

在 Word 中，“样式”和“文档结构图”是很重要的功能，“样式”在对格式进行分类的基础上，更进一步地建立了标题的层级，而“文档结构图”可以让你的资料变得有条理和清晰。你也不用将滚动条拖来拖去，那样不但浪费时间，看久了还会头昏眼花，看半天也看不出什么层次和逻辑。通过这两者，你可以对所搜集的资料进行高效整理与编辑，所以请大家先认真研究“样式”和“文档结构图”的功能，否则看不懂后面的“成长分子信息整理流程”。

在便笺文件中进行资料分类整理，以及在写作长篇文档时，我们都要将“视图”中的“文档结构图”打开。写作中，先要对各层级标题进行分级样式设置，这样可以方便、清晰地从“文档结构图”中看到各级标题之间的层次和逻辑关系，迅速地在各标题之间进行切换；对内容进行整理，以及在“大纲视图”中对标题所辖内容进行整体移动。

当你确定一系列标题后，你就要根据标题之间的层级从属关系，设置相应的标题级样式。比如说，你可以先选择一个一级标题，然后在“格式”工具栏中的“样式”框中选择“标题 1”，然后把它的段落格式改为“段前 0、段后 0、行距最小值 25 磅”，把它的字体格式改为“四号字、宋体加粗”。这样你就设置了你文中一级标题的标题样式，之后再用“格式刷”或者直接通过“样式”框来设置其他的一级标题样式。以此类推，设置其他层级的标题样式。

从商务写作来看，“样式”只是写作工具，而不是排版工具。在正式排版时，各个层次标题与正文都会有各自的缩进、项目自动编号，此时看重层次内各部分的格式统一。还有，要考虑“孤行”的问题，此时要看重页面内各部分的格式统一，而不能使用“样式”来对各级标题与正文进行全文统一。

成长分子信息整理流程

如何迅速准确地处理海量信息是行业分析的基础与关键，那怎么整理便笺文件呢？从头开始，拟定标题，然后一段一段往下看，把它们放到各自的标题中去？错了！如果这段资料很零散又长达几十页，你会发现当你把中间的一段剪切放到前面特定的标题下时，你会花大量的时间找刚刚你剪切段落的地方，所以整理资料要从全文最后开始整理。

1. 新建一个“便笺文件”，然后命名保存。

2. 将文件视图设置为“普通视图”，同时打开“文档结构图”侧栏。

3. 在新建立的便笺文件中用“回车键”先录入六个空行，在倒数第三行设置一个标题“今日记录”，将这一行的样式设为“标题 1”；然后把它的段落格式改为“段前 0、段后 0、行距最小值 25 磅”，把它的字体格式改为“四号字、宋体加粗”。以后当天的新信息都录入这个标题下的正文中，全部录入完后，最后一条一条归类到新设立的相应标题中去。

4. 在便笺文件最后一行空行再录入“结尾”两字，用格式刷将“今日记录”的“标题 1”样式复制到“结尾”标题上，这样你在“文档结构图”侧栏里点击“结尾”就可以迅速到达全文的最末端。

5. 从“今天记录”所记录信息的最后一段开始整理内容，并为这一段内容归纳出一个标题，然后把这一段剪切粘贴移动到文件开头。然后把这个标题的“样式”设为“标题 2”，把它的段落格式改为“段前 0、段后 0、行距最小值 25 磅”，把它的字体格式改为“五号字、宋体加粗”。

6. 然后重复以上的工作，每次都是从“今日记录”最后一段进行整理，整理好以后移动到便笺文件的最前面一行，新的标题只需要直接在“样式框”里选定已设置的新样式“标题 2”就可以了。这样每次只需要点击“文档结构图”的“结尾”标题就可以找到还没有整理的内容。

7. 当你发现有应该归类到已经归纳好的标题中的内容时，你将这一段剪切，然后点击“文档结构图”中的相应标题，就能很快捷地切换到相应标题段落，把这段粘贴到相关内容后面。

8. 当全部内容整理完以后，你会发现有些标题之间也存在一定的逻辑关系。此时把文档切换到“大纲视图”中，然后在“显示级别”中点击“显示到级别 2”；只看标题，然后把光标移动到标题左边的十字符上，拖动标题上下移动就可以让标题带动所辖文字进行移动，清晰直观地把标题进行分类与排列。

9. 标题重新分类排列完成后，将文档切换回“普通”视图，然后在那几个相应的标题前归纳出一个更大的标题，然后把这个标题的“样式”在样式框里选择之前已经设置好的“标题 1”的样式。而几个内容相关的一级标题也要把它们按逻辑排列在一起。

10. 最后，在每一个一级标题内，对内容进行进一步整理归纳。

11. 资料光搜集没用，当你开始无聊时，不要无目的地去上网打发时间。你可以整理记录文件，然后将内容进一步归纳重组为你设想的项目，从而真正消化形成积累，否则你搜集的资料再多也没用处。

12. 当某一个一级标题的内容达到一定规模，资料汇总成为一个独立的项目时，将这个标题从文档中“剪切粘贴”出来，独立成一个新的文件。

便笺文件标题示例

便笺文件是记录的汇总文件，同时也可以作为我们日常的工作计划文件。只需要在文件的最开头设置几个标题，以下是我常用的便笺文件标题：

待查资料

今日工作计划

近期工作备忘

工作项目一

工作项目二

待购物品

关注网帖网址

技巧收藏

待看书籍

待看电影

创意灵感

有趣短句

…………

今日记录

结尾

Word 高效信息处理技巧

强大的选择性粘贴

Word 中“选择性粘贴”是很强大的功能，大家多研究一下。当你从网络复制文字进入文件时，不用“粘贴”而用“选择性粘贴”，并选择“无格式文本”。这样能去除网络所附带的所有格式、手动换行符，并自动套用光标所在位置的格式，而无须再用“格式刷”去调整。

复制带图片和表格的网络内容，你先把网络内容原样复制进文件，然后复制想去除格式的文字部分，在原地“选择性粘贴”，并选择“无格式文本”，就能替换掉原有格式，而图片和表格都能保持不变。

好用的高级替换

在 Word 2003 的“替换”命令窗口中，有一个“高级”按键，点开它，好好研究一下界面中的“格式”和“特殊字符”，能帮你定向替换相关格式、大小空格、空行、手动换行符等各种常规替换命令无法完成的任务，极大地提高你的工作效率。

- 要想去除文中多余的空格，你在“查找框”内用“空格键”录入一个空格，或者在文中复制一个大空格粘贴进来，然后在替换框中什么也不录入，再点“全部替换”，就把空格全删掉了。
- 在 Word 中“^p”是段落标记的内码，你可以用“多个段落标记”替换“一个段落标记”，从而删掉多余的段前空行。
- 在 Word 中“^l”是手动换行符的代码，手动换行符往往是网页文章所特有的标记，如果你的文档中有，读者可能会认为你是从网上抄的，并且没有整理，因此你要用“^p”替换掉“^l”。

高级替换是一个越动脑子越好用的功能，比如它可以帮你处理网上下载的一些文字连在一起的 TXT 文档，自己动脑子研究吧。另外，大家可以去研究一下 Batchdoc（文档批量处理软件），它是一个 Word 2003 的辅助软件，可以对多文件、多内容进行“批处理替换”，我常用它将“繁体字”转化为“简体字”。

其实很简单的宏命令

Word 中“宏”命令很强大，而且没有我们想象的那样难。去查查，好好学学。为了提高网络下载资料的标准格式化效率，我设计了一个宏，大家照着去自己编。

页面设置（调整页边距、页眉页脚）——替换软回车——替换空格——替换英文逗号、冒号、分号——全选——样式框中“清除格式”——宋体——五号——字体颜色：黑色——25 磅行距、0 行段前段后距——首行缩进两格——两个空行变成一个空行

文件夹管理技巧

- 使用“资源管理器”，而不是“我的电脑”，这样更易于在一个窗口中进行文件复制与移动。
- 每天在桌面上建立一个以日期命名的当日收藏文件夹，将搜集到的文章、图片等数据资料放进这里，等回家后再作整理归类。
- 文件命名规范——项目名 + 任务名 + 日期 + 版本号——某客户某活动 100202A

由信息整理建立专业知识结构

我们最初的日常工作往往只是局限于眼前的分工和有限的资源之中，很难看到工作之外的世界。如果仅仅是通过阅读的方式去学习，无法形成积累，效果也很不明显。如果我们动手对所看到的资料进行收集分析处理，这个过程会比阅读麻烦很多，但是只要坚持几个月，你就能为自己建立一个针对特定行业和专业的知识结构，当积累到一定程度，就会由量变产生质变。

1. 找到行业内的专业书籍，提炼归纳重点，形成理论框架；同时建立专业名词、行话、术语字典。

2. 订阅专业报刊，搜集网络相关资料，搜集新的观点，建立案例库和经验数值标准，从应用的角度帮助你对理论的理解。

3. 将收集的资料在电脑里进行归类归纳，将理论框架、案例过程、经验数值以标题加列表的方式层次分明地展现出来。

4. 将标题归纳为不同的主题，结合相关案例，不断调整结构分支和逻辑层次。

5. 针对特定主题，做成PPT或写成文章，用自己的话清楚简洁地表达出来；并想办法与业内专家进行沟通，获取他们的看法，以及更新、更具体的执行建议。

6. 按理论框架形成职业思维模式，有意识地在日常工作中进行实践，对遇到的问题和处理办法定期总结和分析。

7. 不断搜集资料，定期整理，不断重复这个过程。

曾经有一个网络编辑来应聘广告文案，他说自己很热爱广告，看了很多广告书。我说那你跟我举几个例子吧。他说了一个，然后就再也说不下去了。我问他有没有试着自己做一个广告方案，他说没有。光看有什么用呢？这只是对结果感兴趣，都没有仔细钻研过这个行业，只是站在外面觉得做广告很好玩，却不去看过程，不去看资源的限制。你要动笔去做，动笔才会动脑子，看东西只是休闲，而整理资料、自己做一个方案出来才会逼着你不停地动脑子。专业书都要重复看，并动手去做笔记、作总结，将书中的方法应用到具体解决问题中，你才能渐渐由领悟到掌握。哪怕是小说，认真整理内容都能学到东西。但是如果随便翻翻，任何专业书都可以当小说看，只不过是打发时间罢了。

总而言之，你看到的重要资料必须进行文字归类总结与归纳整理，从而形成自己的职业思维模式，并结合案例用自己的语言进行表述，形成自己的话术。这个搜集处理资料、由写到说的过程，能强迫你在头脑中融会贯通，最终形成体系化的职业思维模式和生动化的案例应用模板。这样坚持下来，你就能建立与职业相应的行业资源框架与专业知识体系，处理资料的速度会越来越快，越来越准确地把握问题的核心，找到解决问题的方法。这样几个月的努力就会相当于你以往几年的工作经历，并且让你看清未来的职业发展方向。

第1节　行业资料搜集

行业分析就是根据你对未来大致的想法，根据你关注的行业、专业、岗位、公司去搜集资料，然后将海量信息进行归类、归纳、分解、重组重定义，这是一个由关键词到关联词再到新关键词的过程。在资料搜集的过程中，你会接触到大量原来没有意识到的信息和问题，而在处理信息和解决问题的过程中，你才会知道你真正喜欢的和想要的是什么。

什么是关键词？我们最初感兴趣的点还不是准确的关键词，因为它还只是你的想法，你需要对意图进行归纳，形成概念，找到它在这个专业和行业对应的专用术语，这才是关键词。因为不同人、不同行业，对某个事物的概念定义不同，所以你可以从不同角度来选择关键词。有一次我想看是哪家广告公司代理了某品牌的策划，怎么搜都搜不到，后来搜"比稿"，结果找到了。因此，我们确定关键词不要仅仅局限在结果上，还可以通过过程去找结果，而不只是通过结果去找结果。

当围绕关键词深入地搜索下去时，你会发现是"牵一发而动全身"，通过各元素之间的因果逻辑关系找到相关联的东西，你会发现一些新的名词、专业术语、行业用语，这些就是关联词，由此你又会发现新的关键词。关联词往往是同一专业的另一行业应用，或者同一行业的不同专业需求。找关联词的过程就是顺藤摸瓜，比如说看新闻，然后下面会有相关新闻；点开，又会看到新的相关的人，然后又会有相关新闻。当你去解决一个问题时，你自然会发现更多的问题。在信息分析的过程中，你会发现一些你没见过的词、不同的观点、不同的角度，此时你原有的知识结构就被打破了，新旧观点的碰撞会产生火花，启发新的灵感。你现在知道的东西其实你并不一定就真正了解，有时你知道你自己不知道，更多的时候是你不知道自己不知道。行业分析会一步一步帮你打开一扇门之后的另一扇门，最后也许会导向一个你最初完全不知道的方向，为你打开一个全新的世界。

行业分析可以节省你找到方向的时间，但并不会省略寻找方向的过程。

你想迅速获得信息处理与运用的能力，只能从海量的信息分析处理实践中得到。行业分析刚开始时，面对海量信息你会感觉到更大的迷茫，此时只能是坚持下来，不断地归类归纳，由关键词到关联词……只有当搜集处理的信息达到一定的数量，你才可以发现一些规律性的东西，找到资源之间的关系。

网络上充斥的往往只是初步的信息，甚至是片面的信息，但是你可以从这些信息中找到最终信息的线索、大概的结构，通过分解与重组找到正确的方向，然后再钻研下去，最终找到你需要的解决方法。这里要强调的一点是：刚开始分析时不得要领是正常的，对信息的筛选、对概念的理解与归纳需要亲身去领悟，你搜集到的任何资料都不能只是看看，而必须自己动手去整理、去归类，去建立新的结构。

搜集资料、整理、再变成自己的东西，看似简单，但这需要投入大量的时间进行海量资料分析，这是一个从量变到质变的过程。刚开始感觉很慢，无聊至极，每天重复劳动，这也是一个磨心炼性的过程。在最初的训练阶段，做什么不重要，重要的是坚持下来，用心地做，以提升你的定力与注意力。这个过程需要维持两至三个月的时间。刚开始你会觉得没变化、没感觉；做了一段时间，你会感觉做不下去了；再坚持一段时间，你又会感觉你崩溃了；再做，再崩溃，这样崩溃个两三次，每一次崩溃都是把你的极限变成你的底限，做着做着，你会惊喜地感觉到自己的变化。

总之，行业分析重要的是过程，万事开头难，但开了头就不难。第一次做的时候，提纲都不重要，重要的是马上开始动手去整理、归纳，写着写着就有感觉了。而且搜集资料也要有一个期限，资料搜集到一定程度也就够了，开始沉下心来分析、归类、归纳、整理、排序，否则无序地收集资料反而是一种拖延。

第2节 行业分析过程

行业分析的作用

资源对接于人，而职业思维模式对接于案例。你要搜集分析相关案例，通过不同案例的分析，找到其中的理论基础和运作模式。切记这个过程是用案例来理解理论，用理论来解释案例。如果不作案例分析，你甚至都不知道职业所需的专业知识该从哪儿入手学习。

你所看到的世界只是你眼中的世界，如果你用现有知识结构来解释外部世界，那你最终只是按自己的标准来证明自己潜意识里的选择倾向。就好像我们写论文，资料搜集应从专业期刊入手而不是选读本，因为选编的过程存在预设的意义，以此为资源只能得出现成的观点。

你不能用专业去解释职业，而必须反过来用职业去解释专业。行业分析要从行业资料入手，你要的不是名词解释，不是为论点找论据，不是用你头脑中现有的概念去归类信息，而是由所得信息归纳概念，从而形成职业思维模式。就像要想学好英语必须采用“英语思维”，从一开始就自觉地要求自己；听、说、读、写都像英语母语者一样，对任何单词和概念全部用英语来解释，这样才能摆脱汉语的束缚。

在作案例分析的同时，必须深入理论，否则你光看案例，反而看不懂现象背后的本质，甚至出现错误的归纳。只有通过行业分析对多专业进行整合，建立理论框架，才能真正找到感觉，最终根据对行业资源的深入认识形成思维模式。

通过案例整合形成整体结构

创新就是排列组合，但是排列组合并不就是创新。狗是被人类改变得最多的生物品种，现在已有近 400 种被确认的狗品种，每一种都有其独一无二的特征。但是杂交不等于混血，虽然也受运气的影响；但遗传学都有其定律，这决定了公狗和母狗的特征会以怎样的方式遗传给它们的后代，而是否掌握这样的知识，是狗专家和狗贩子的根本区别。

在自然界，有序是困难的，无序是容易的；我们需要从无序中建立有序，从有序中找到规律。这样你才能根据已知的东西，根据事物的规律，推出未知的或者没有明示的东西。在生活中，真正的智慧存在于权衡对立信息的能力之中，从看似矛盾的琐事和无用的信息中发现玄机。在我们的生活中，经常面对的是孤立的信息甚至是人为割裂的信息，这需要我们自己去找到其中的关系。就像警察常通过串并案来破案，就是对一系列不同的案件，通过对作案手段、痕迹、物证等分析，发现它们之间存在联系，而将这些案件放在一起侦破。

案例整合就是先分解再组合，在这个过程中找到感觉，这才能看明白，才能由分解找到过程，由组合形成模式。作行业分析就像做一个大拼图，拼图上的信息其实都已经存在，但我们能搜集到的资料往往只是局部的、零散的东西，有的案例这方面突出，有的案例那方面突出。

你要将多个案例进行分析，找到它们之间的关系，将这些零散的资料拼合起来形成系统，从而获得一个全局印象，形成完整的理论框架和工作流程。就像“二战”即将开始之前，一个德国记者出了一本书，把德军的布防、各军区军事将领的名字写得清清楚楚。希特勒暴跳如雷，认为内部有人泄密，把那个记者抓来审问。结果那个记者所有的信息来源都是德国 20 年来的公开信息，只不过是那个记者的职业素养帮他进行了整合和分析，甚至通过当地一家报纸上登载的一场婚礼出席人名单得出了当地驻军将领的名字……

通过深入一个项目去了解各个相关专业

搜集所有与你职业有关的资料，包括上下游环节的信息，了解其背后的资源，才会对现在的工作和行业有全面的认识，这样反而有可能发现你真正喜欢的岗位与行业。

如果你是学旅游专业，你就组织一次去某个景点的一日游旅游团。40 名年轻游客，你必须设计出行程安排、路线、景点、解说、餐饮以及意外处理，包括天气、健康、堵车……如果换了老年团，又应该怎样……只要你做了，不管做没做好，就是一次体验。问题出得越多，你的收获会越大。你在制订旅游计划的过程中，在网络搜索的过程中，你会发现旅游行业和互联网的交叉形成旅游网站，旅行与商务活动的交叉形成商旅度假产品；你也许会发现你要做的不是导游，而是旅游信息的管理，从而你才会开始进行这方面研究。

行业分析步骤

第一阶段：搜集观点，拟订提纲。

1. 第一阶段的搜索不用太多资料，重点是找到大方向和建立基本提纲。否则资料搜集得越多，你越无法下手，而后有可能会陷于细节中无法自拔。

2. 首先从专业或兴趣出发，找到一两个词，上网搜索，对所搜集到的信息进行归类，进而归纳。找到它们的专业术语和内在关系，从而找到与之对应的专业与行业所定义的关键词。

3. 通过关键词搜索资料，在这个过程中，你会搜索到新的原来你并没有意识到的观点和资料，从中找到关联词。将资料按“便笺整理流程”进行汇总，合并同类项，归纳观点，总结出小标题。

4. 对小标题进行概念归纳、概念分解，最后通过概念重组拟定出大标题。

5. 根据你所感兴趣的方向调整大标题的逻辑，得出全文结构提纲。

第二阶段：补充资料，重组提纲。

1. 按提纲对资料进行整理归纳，随着对资料的深入了解，你对专业、行业、理论的认识会更深入，你又会发现很多关键词。此时开始第二次搜索，一步一步将文章各关键词之间的空当连上，形成完整严密的逻辑体系。

2. 在这个阶段，你会重复以上归纳、分解、重组的过程。此时要注意，调整提纲逻辑的重点在于拟定和修改标题，否则只改内容中的字句，改来改去还是混乱的。

第三阶段：文章分析整理。

1. 对全文进行编辑，从头改到尾。最大限度突出重点，舍弃多余的内容，使文章的主题更突出，逻辑更清晰；同时最大限度精练文字，修改修辞手法，校对错别字及标点……

2. 在提纲完全划分清楚之前不要进行正文字句修改，否则会让你陷入细节。先改结构再改字句，否则你先改完的句子有可能在改结构时被删掉。在字句、小段落的修改时，有可能会遇到特别纠结的地方，长时间写不下去，此时将纠结待定的内容改为红色，换一个不纠结的章节写。不要卡在一个地方，写着写着，这里写完了，那里也许就理顺了。因此，职业写作不存在写到哪里了，只存在写了多少遍了。你整理的遍数越多，文章也就越好。

3. 改文章调结构时，一定要保留不同版本的阶段文件，因为随着认识的深入，你可以从删掉的内容中找出有价值的资料。

4. 在写作时，你要保证你思维的连贯性，此时你还要打开“便笺文件”。在写作编辑过程中，你会产生与当前内容无关的想法、灵感，会遇到不太相关或者模棱两可的内容。此时，不要想着该把它们记录或者移到哪个相应的段落中去，而是记录或者移动到“便笺文件”中，在每天工作完成后再集中来处理，否则在考虑它们要加入正文哪个地方的时候，会打断你现有的写作思路。

5. 每次收工时，先看看下一步工作内容是什么，在休息时头脑里也就会继续想想，这样下一次工作时就能迅速进入状态。

第四阶段：主题化形式，故事化情节。

当全文正文部分修改完成后，如果你想再上一层楼，就根据核心思想寻找形象化的主题形式，再对文章进行修改。比如说《谁动了我的奶酪》，一个自发主动面对变化的道理通过迷宫中的几只小老鼠来表现……会讲故事是本事。

行业分析训练步骤

第一步：排版训练。

职业写作是一个通过内容逻辑对观点进行强调的过程，而格式上的形式逻辑在写作过程中也会引导内容的逻辑。Word 软件中的“标题样式设置与层次层级缩进”能帮你在写作过程中形成清晰的逻辑结构。因此，职业写作训练将从排版开始，我将一步一步说明由形式整理到信息归类归纳、再到内容分析的步骤，而大家也将经历一个由形式模仿到逻辑认知的训练过程。

行业分析是一个信息资料的文字处理过程，熟练、高效的 Word 技巧能帮你提高工作效率，减轻工作压力。行业分析的第一步是要从格式上掌握快速整理信息的技巧。面对大量混杂的资料，你很容易丧失对全文的逻辑把握，此时采用“便笺文件整理流程”就可以迅速将大量资料进行归类，通过标题的分级样式设置，你在“文档结构图”中会很清晰地看到各个标题在全文中的逻辑关系，此时你很容易在“大纲视图”中对标题进行逻辑整理。

成长分子排版流程

很多人都说自己会用 Word，事实上是他们只会用 Word 打字。本流程是按 Word 2003 的菜单设置的，按以下步骤，你能以最快的方式对全文进行流程化排版。这个流程学会只要一个小时，但是想融会贯通就需要大量的“刻意练习”。看完以后，请把一篇商务文件按照这个步骤做十遍！二十遍！一步一步按流程来纠正你的习惯，减少错误动作，把流程步骤变成你自己的习惯。

1. 电脑界面设置

A. 文件写作要在“普通视图”中操作，它所形成的连续版面更方便写作。但在排版时必须切换到“页面视图”中操作，才能保证“所见即所得”。

▶ 点击屏幕左下角的视图按钮，或者在菜单“视图”栏中选择。

B. 在“常用”工具栏中，将显示比例设置为 100%。

C. 在“视图”菜单中选择“标尺”，让“标尺”出现在页面上端，从而直观地显示段落的缩进格式。

2. 页面设置

A. 点击“标尺”两次，显示“页面设置”菜单。设置页边距，并将纸张设置设定为A4尺寸。

B. 页边距：

▶ 上边距：2.5 厘米（如果有页眉，上边距设为 3 厘米） 下边距：2 厘米

▶ 左边距：2.5 厘米 右边距：2 厘米

B. 页眉页脚：

▶ 页眉：1.5 厘米 页脚：1.4 厘米

3. 设置页眉页脚

A. 页眉页脚：“视图”菜单栏中的“页眉页脚”命令。

▶ 点击工具栏上的“样式”框，点击“清除格式”，取消页眉的下划线。

▶ 如果有公司 logo，放在页面左侧，调整左侧 logo 尺寸，将 logo 高度设置在1.5 厘米以下。

▶ 调整右侧文字大小，黑体，小五号字。

▶ 在页眉下加一个空行，拉开页眉与正文的距离。

B. 页码：“插入”菜单栏中的“页码”命令。

▶ 选择“页码”，将字号改为六号。

▶ 将“页码”向右侧移到边框符号处，使它远离正文部分。

▶ 如果页脚有两三行（如公司名称、地址、电话），选择这三行，调整字号为六号，行距为“固定值：8～10 磅”。

4. 全文字体格式统一

A. 按“Ctrl+A”，选择正文所有内容。

B. 在“格式”工具栏设置字体为宋体，字号为五号，颜色为黑色，如果文中有表格黑底反白，那么记得将表格中的字体定为白色。

C. 在“格式—字体—字符间距”页面中，将字间距设置为正常。

5. 全文行距统一

A. 紧接上一步，在正文“全选”的状态下，选择“格式”菜单栏中的“段落”。

B. 在“缩进与间距”中，选择：

- 行距：最小值　设置值：25 磅
- 将“在相同样式的段落间不添加空格”“如果定义了文档网格，则与网格对齐”前的“复选框”中的小钩去掉。否则，有可能你所设置的行距不能应用。

C. 全部设置好后，在页面上随便点一下，取消全选状态。

6. 调整全文内容结构

A. 将全文通读一遍，了解全文意思。

B. 将全文各层级标题单独成行。

7. 高级替换

A. 将文中多余“空格”去掉，注意不要删掉文中英文句子的空格。

B. 将“英文标点”替换为“中文标点”。

C. 将“软回车”替换为“硬回车”。

8. 层级排版

A. 说明：

- 在初步整理完文字后，排版不是从头到尾一段一段排下来，而是排完一个层级再排下一个层级。先排“标题 1”，再排“标题 2”……
- 定好每一个层级的第一个层级格式后，使用“格式刷”连续调整全文这个层级的所有内容。

B. 正文标题设置

- 字号：二号或小二号字
- 字体：粗宋简体或粗黑简体，如果电脑上没这个字体，就设为黑体加粗。
- 格式：使用“格式”工具栏中的“居中”命令将正文标题页面居中，居中前确保标题前没有空格或缩进。
- 如果还有“副标题”，则字号设置为小四号，字体设置为黑体加粗。拖动首行缩进至正文标题右侧。

C. 段落标题设置

- 字号字体：
- 章节标题为小三号、粗黑体
- 正文一级标题编号“一”为小四号、黑体加粗
- 其他标题与正文相同为五号、宋体加粗。
- 段落标题的编号，不要手工输入，而是使用“格式”中的“项目编号与符号”设置。
- 段落标题前的首行缩进要依标题的层次，依次使用标尺上的滑块向右悬挂缩进至与上一层标题的编号后的文字起首位置对准，而正文文字、表格、图片也随其标题有不同缩进。
- 去掉标尺上的制表位，调整缩进滑块，调整编号和文字间距至合适距离。

9. 设置标题间距

A. 段落之间一般不设额外的间距，除非你是使用“首行不缩进”的段落格式。但各个标题之前通常设置间距。

- 标题间距一般是指本标题与上一段正文之间的距离，通过标题之间的间距形成各观点之间的视觉间隔。
- 同级标题所设置的间距是一样的，而随着标题级别降低，其间距也相应减小。

B. 一级标题代表了主要观点（层次），它们通常使用空行来间隔。

C. 二级以下各标题之间的间距通过“格式”菜单栏中的“段落”命令来设置。

- ▶ 一般设置段前距以形成与其他层次的区分，设置段前0.5行，不要设段后距，以形成标题与所属正文的从属关系。
- ▶ 即使标题层级很多，标题间距也不用太多，建议都用0.5行，如果所属层级的内容不多，小层级的标题之前不需要设置段前距。

D. 所有的设置都只需设置最初的一个标题，其他的平级标题就用“格式刷”来完成。

10. 用“格式刷”统一全文格式

A. 职业文档格式优美的重要因素是保持全文格式统一。在对文字与段落进行了初步设置后，使用“格式刷”对各级文字与标题进行格式处理。

B. “格式刷”位于“格式”工具栏上，它能将光标所处文字、段落的所有格式全部“复制”到所“刷”到的内容上。

- ▶ 将光标移到已有格式的内容上，点击“格式刷”将把光标所在位置的格式“复制”下来，包括字体、字号、加粗、下划线、缩进、项目编号，等等。
- ▶ 连点“格式刷”按钮两次设置成不限次数状态，然后用光标选择希望被复制格式的词组或句子，依次对本层级进行格式复制排版。
- ▶ 如果遇到“编号”就右击，然后点击“重新开始编号”。

11. 调整每页行距

以上内容全部设置完成后，我们需要对全文行距按页进行调整，消除孤行。

12. 预览检查

排版完毕后，再次预览，在单页视图中最后检查有什么问题。

第二步：写作技巧。

行业分析第二步是要掌握内容的逻辑化处理技巧。职业写作和我们原来的记叙文、应用文的写作都有所不同，因此请认真学习以下几本书：

■ 《金字塔原理》——思考、表达和解决问题的逻辑，我很遗憾在年轻时没人告诉我这本书，结果我花了三年时间才改掉自己原来的写作习惯，总结出金字塔原理的写作模式。

- 《有效商务写作》、《商务与管理沟通》——写作的角度与技巧，这两本书很详细地说清了各种商务文件的写作技巧，并给出范例。
- 《整合营销传播（21世纪企业决胜关键）》——资源的整合与分解、形式与内容的互为影响，这是一本改变了我的思维模式，让我在2000年发生巨大改变的书。

刚开始接触职业写作的新人开始看这几本书可能会感觉一下难以理解，所以建议先快速看完一遍，看了后面的内容就能帮助你理解前面的。

在最初的行业分析中，你可以先在网上找一些本行业的报告作为范本，先根据内容理解其中的行业术语，看清理论框架，然后再结合自己的业务目的和资源搜集资料，调整逻辑结构，并从过程中发现新的问题和新的资源。

第三步：搜集模仿。

写作是从模仿好作品开始，它包括“词汇、句型、文章”的模仿。看到好的词汇、句子要随时记下来，看到好的文章一定要收集起来。我们不但要学习他的观点，同时还要模仿他对观点的表述过程，学习如何通过句子和段落归纳思想，通过概念定义观点，通过角度与逻辑达成沟通，以及通过主题引发共鸣。

职业写作要求清晰地传达信息，因此要求措辞必须概念准确、简单，便于读者理解，不使用过于生僻的词语。看书看报，你会看到很多认识但从来不用的词，它们的表达更生动、概念更准确，记下来，在自己写作时尝试使用。在阅读的过程中要掌握作者对关键词的归纳方式，并用自己的方式进行阐释，学会提炼关键词，体会作者写作的逻辑结构，而不仅仅是领会观点。尤其要多掌握你工作中的专业术语、缩写名词、行业词汇、书面语，扩大词汇量，这代表你写作的专业程度。

同样的意思会有很多种表达方法，没有经历过，你就找不到那样的语境语感，组织不出那样的逻辑与修辞审美。这时，我们可以上网查一下同类的文章，你会发现职业写作中有些常用的固定句型，别人已经写出了很好的语句，它很精炼地归纳了思想，表达了特定的意义，甚至是一些很专业的表格中都带有特别的信息逻辑结构，这些都是他们在工作中用时间一点一点磨出来的。因此平时你要多看多记录多写，借鉴他们的结构、逻辑、措辞、语气，慢慢养成职业语感。

你要去网上搜集相应的方案、行业报告、政府公告，认真看懂，不要只看观点，还要看观点的论证过程；分析它的逻辑结构、标题归纳、段落层次、修辞手法，看他们使用了哪些更准确的词汇，有哪些好的句型，文章结构是怎样起承转合的；然后从词汇到修辞进行整理归纳，对照它们进行模仿写作，学习它们对事物的描写、对过程的描述、对概念的归纳与重组重定义。

在整理归纳的过程中，要多看作者如何总结、概括、归纳所要表述的问题，要掌握作者对观点、标题、主题句的归纳方式。同一个观点，不同的作者会从不同的角度用不同的细节来描述，即使是同一个角度也会看到不同的逻辑结构与词汇运用，从中也能学习到对信息的分析处理技巧。

第四步：资料处理训练。

资料归类与标题归纳

行业分析和方案写作不同，不是先列提纲，而是先搜集资料。先把资料搜集齐，再由资料归类归纳出一系列标题，然后对标题进行逻辑整理。

首先是资料归类。先按“便笺文件整理流程”对搜集到的资料内容合并同类项，划分段落层次，归纳出相应的观点，再通过“样式”设置为标题。

其次是标题归纳。归纳是在对观点深入理解之后的消化重组，你不能只是将别人的观点进行简单罗列，而要先将标题归类，在这个过程中会对观点有进一步的深入理解，再根据论述角度在标题与标题之间进行分解与重组。通过重组标题形成文章的结构，将各篇文章的叙事部分、数据部分、概念部分融会贯通。最后才是对文字措辞进行修饰精简，只留下观点、说明观点的数据、过程等内容，形成明确的概念定义。

标题归纳是最混乱与纠结的阶段

商务写作中调整逻辑结构其实是围绕标题进行，这是一个资料的归类和观点的归纳、分解、重新定义后的重组过程。修改措辞只能减少一点字数，而修改结构就能大量地压缩篇幅，这是一个由归类到归纳的过程。

标题起到提纲挈领的作用，逻辑的错误除去强词夺理以外，还有就是标题放错了位置，或是内容归纳错了标题。因此，逻辑结构的调整是一个“看山是山，看山不是山，看山还是山”的过程，光看光想是找不到感觉的，只有自己亲自动手，多归纳、分解、重组标题，才能慢慢领悟。

资料归纳中最头痛的地方是零散观点无法汇总和大段文章无法分解。

当你逻辑混乱的时候，往往是因为太多的东西出现在你的头脑里，此时你不但受到逻辑的影响，而且受到文字内容的影响。你必须先对其中的小段进行标题的归纳与总结，此时你头脑中就不是大量的文字了，而是几个标题，这样你就能很清晰地对标题进行逻辑整理。

写作中还有让你头痛的问题是有用的东西太多，经常我们会搜集到几篇相关的资料或者段落，但是当我们试图将它们汇总到一起的时候，会发现它们自身都已经形成了严密的逻辑结构，甚至很多资料是互为因果关系的，它们会同时出现在几个不同的标题下或者段落中。我们既想保留原有资料中出色的逻辑结构和概念措辞，又想将它们归纳合并，结果却无从下手，无法将它们简单地合并同类项。

那么你先抛开资料，根据写作目的明确自己要论证的论点，写一个大概的提纲；然后根据读者的需要，明确你所针对的问题和目标范围，在这个基础上进行资料取舍，对原来文章里的观点和资料进行归类与归纳。最终的文章结构还是要保持一条主线下来，否则贪大求全反而分支太多，给人以支离破碎之感。

资料整理训练：整理热点话题

当出现热点问题时，特别是与专业有关的热点问题，你一定要上网大量搜集各方面的不同看法，看他们各自从什么角度来看待这个问题。由于每个人所处的立场和知识结构不同，因此你可以看到不同人如何说同一件事。通过整理、汇总、归纳、分析他们阐述各自观点的过程，你可以学习到不同角度的观点、思路、表达方式及词汇，学会从多层次、多角度来认识问题。这能从专业角度提升对理论的认识深度，从资源角度提升对行业的认识广度，最终透过表象看实质，培养你独立思考的能力，并形成你的职业思维模式。

天涯论坛有很多技术帖，有楼主的精彩观点，也有网友的精彩提问和不同角度的激烈争论，往往长达几十页。如果只是看看，那没什么用。你需要把它下到Word里，好好整理，才不会错过细节。眼过千遍不如手过一遍，光看看只是休闲，你可以看一整天，而只有动手整理才会逼着你去动脑子思考。倘若你每天能再练习三个小时就更好了，这就是刻意练习。整理几个二三十页的大帖，你查找资料的能力、概念的理解能力、归纳能力、词汇量、表达能力、电脑使用效率都会有大的提高。

整理技术帖不要只是把有用部分一段一段地复制粘贴下来，而要先全部复制到Word文件里，使用选择性粘贴、宏命令把文字格式处理干净。然后按“便笺文件整理流程”，从最后开始整理。先把一些灌水的跟帖删掉，然后把各方发言中的重点进行归纳总结，形成标题、层次，这样你才能从全局的角度得到有效的信息，此时你甚至已经形成了对一个论点的全文论述，这就是写作的过程。同时，这个过程其实比你开着网页从头看到尾，边看边整理重点还快一些。像我整理一个30页的天涯大帖只需要半天时间，而有的网友半天还没看完，看得头昏脑涨，只找到一点混乱的感觉，错过了很多重要的细节，更找不到这些细节之间的关系。

第五步：写作训练。

学习写作，首先要“写长、写专业”，然后要“写短、写通俗”。

很多新手在写作时觉得无从下手，没东西可写；文章写不长，拿出来没分量。这是因为思路不开阔，不知道怎样去搜集整理资料；只知道直接写出观点，而不知道如何用过程推导出结果，用资料证明观点。当他开始用资料证明观点时，细节往往又和观点混在一起，让读者无法迅速掌握重点。

短篇是通过字字推敲训练你的文采、角度、文字细节；但是若没有长篇的基础，短篇的概念定义根本达不到足够的准确程度。长篇是通过对资料的搜集与分析、横向的比较，训练你的全局眼界、结构逻辑、思维发散、归纳整理能力，因此写长篇比写短篇对思维的训练更有效。

切记，刚一开始就要写长篇，你可以文字不优美，可以词汇不丰富，但是你一定要写长篇。想尽一切办法，发散你的思维，搜集相关的资料，排列组合，把方案写到几万字以上。

最初你可以从整理信息开始，比如说网上你感兴趣的、你想从事的专业和职业，甚至可以是牛人的求职技巧热帖，归类归纳楼主的观点、网友的观点，这个过程就是消化的过程，并由关键词引出关联词。

只要能说清楚，越短的文章越是好文章。

当你可以轻松地写到一万字以上的方案时，你开始尽全力把一万字的方案压缩到两三千字。事实上写短比写长要难得多，此时需要对文字进行概念归纳、重组重定义，思考如何调整角度，取舍资料，压缩细节，把一件事用最简单的方式说清楚。

这个从“写长”到“写短”的过程，也是一个由“写专业”到“写通俗”的过程。职业文件首先是“专业文件”，刚开始写文件时，新手要学会用专业的格式、专业的词汇、专业的语法来写作。随着对写作的深入认识，在“写短”的同时，要开始学会如何使用更简洁、更易懂的方式来写作。

大量写、重复写。

写作能力不是教出来的，而是练出来的，光看书很难领悟。逻辑只能靠自己在大量的写作中慢慢领悟，而行文措辞完全要靠自己在字斟句酌中磨出来的感觉。大量地写，每天认认真真坚持写一千字的文章，写一小时，写着写着你就会写了，越写越快，也越容易。

迅速提升写作能力的窍门在于“写长”和“重写”，写一千字比不上写几万字，写十篇不同的短篇文章比不上同一篇文章写十遍。同一篇文章重复修改是一个深入的过程，而每天写不同的，你就总是在最初的阶段做低层次的重复。所以在长篇写完后，好好写一个两千字左右的短篇，重复写十遍，别偷懒，别打折扣，这个重复的过程就是逻辑调整、概念归纳、推敲字词的过程。每写一遍就给身边人看一遍，请他们说说有什么问题，改完错别字改句子逻辑，改完逻辑改文章结构，改完结构再改论证角度。只要你能坚持下来，最后你会发现对每一个细微的格式、标点符号、概念定义、句型你都会很敏感，达到了职业化的标准。

刚开始写，如果没人指导，你会感觉一是不知如何下笔，二是即使写了也不知道是好是坏。所以，你要先找学习案例，找到以前别人做的文件，以及到网上去找好的文章，好好研究，把关键点记下来再写，其实人跟人的水平一般就差在这几句话里。当然，这个过程最好是有一个师傅给你指点，或者找一个同伴，两个人改同样的文件，然后互相批改，那你的进步就会快很多，否则自己的问题自己真看不到。

对好文章的重写就是一个全面的复盘过程。你试试找到一篇好文章认真看懂，记住观点和思路，然后自己按照印象中的内容来写，将思想重新归纳到文字上。写完后一对比，你就会发现原文的逻辑结构、很多的措辞与句式都被你用你习以为常的方式改变了，此时你才知道你在内容概括、逻辑处理、行文措辞上的不足。

另外，在平时我们也要训练自己复盘的能力。谈完的话、做过的工作、看过的电影，把整个过程、细节认真地在脑海里重复一遍，把情节、词汇量、人名、关键细节、重要道具都复盘一次。特别是对那些好的发言，要快速记录，然后复述，训练自己迅速总结别人发言和意图的能力。

编写改写训练

试试清晰简单地说明一件事

说简单：把复杂信息高度地概括和系统化，将大量的信息高度简洁化。

说清楚：把事实或观点用很具体的语言精准完整地表达出来。

说动人：能从对方的角度来说，让他内心被触动，产生行动的欲望。

商务写作与传统文章写作的重要区别表现在“标题的划分”与“层次层级的应用”。商务写作的第一步是概念归纳，也就是按金字塔原理对内容进行归类与归纳，划分出不同层次的标题，准确地说明“它是什么”，还要简练地说清“它包括什么”。第二步是基于概念的逻辑表达，在各个标题之间进行分解与重组，按你的角度建立新的逻辑结构，将你的思想过程表达清楚，形成一篇方案。

我们平常看到的商务营销文章往往是传统的叙述方式，把一个方案从执行的过程一步一步推论出最后的结果，以适应普通读者的阅读习惯。我们同样可以反过来，按金字塔原理，由“因果逻辑”的记叙文章改为给客户的“果因逻辑”的营销策划方案，以各级标题的形式开门见山地先提出结论，再通过正文论证标题，并尽量精简文字。通过这个训练，我们可以训练逻辑与概括能力，也能加深对相关原理与概念的理解。

这个缩写的访求也是案例分析的方法，将内容归纳出不同的标题，将资料进行整理与消化，由此归纳、分解、重组，最终提炼出理论框架、工作流程、创新细节，这也能帮你更快地形成职业思维模式。

我给新人作商务写作培训就是先找一篇不错的营销文章，然后给学员一个商务方案的范文，要他照着范文样式进行缩写和改写。这是一个重复的过程，一个沉闷、枯燥的过程。很多人改几遍就觉得够好了，而有的人坚持下来了，差不多改了一个月，每天都拿来给我看一下，不懂的概念就自己去网上查一下。最后整个文件字数从原来的将近5000字改为最后的2000字左右，由叙述文体因果逻辑结构完全改成了后来的层级标题果因逻辑结构。先点题，再说明，各级标题形成了全文的骨架，逻辑清晰，简单明了。改完后，他知道自己完全掌握了策划方案的写作技巧，而他用一个月所达到的程度是我曾经用三年才达到的程度。

整合整理写作训练

在日常生活中，我们常常会接触到合同。在交易中，除非是强势方的一对多格式合同，其他的合同都是双方谈出来的，但是谁草拟合同，谁就会占据主动权。而合同的拟定包括了商务行文格式、概念确定、措辞等方方面面要考虑的因素，因此是一个非常有价值的训练。

我们先选择一个合同类型，比如说劳务合同、租房合同、装修合同，从网上下载几个合同范本，然后进行归纳总结，了解每个条款的含义、全文的结构、规范的措辞、专业和行业的规则，拟出一份公平的合同。然后再从自己的角度对合同进行修改，去除或减弱对己方限制的条款，拟出一份基于己方的草案合同，待和对方谈判时再作利益的商议。通过文字的字斟句酌、定义的明确、责权利的划分，你会看到模式化标准语言字面下的含义、公平与欺诈……

如果你应聘销售岗位，你就要研究相关产品的简介写法；如果你应聘行政岗位，那你就要去研究一下企业简介的写法；如果你做技术，你也要研究一下工艺流程书的写法。搜集几个好的，然后进行重复的整合整理写作，这既提升你的写作能力，同时也有助于你对工作的熟悉。

好 工 作

是设计出来的

如何在三个月获得三年工作经验？

在这个世界里，我们就像一只蚂蚁。

现实对于我们来说简单而粗暴，但是蚂蚁也会有父母爱人孩子，也会老，也要承担我们在这个世界上与生俱来的责任。我们也想有体面的工作，在青春过去之后，我们还要有尊严地活下去。

你不要看媒体上的繁花似锦、烈火烹油，你看看身边，更多和你父母一样平凡的普通人，是谁在做那些平淡无奇，甚至是了无生趣的工作？他们为什么在做这些事？为什么是他们在做？这些职业是他们当初的选择吗？肯定不是，只是这些事总要有人来做，总会有人来做，最终会不会轮到我们呢？

我们大多数人都只有普通的天赋，也只有大量普通的工作在等着我们。好的位置只有那么多，有人要挤进去，就有人被挤出来，有的人甚至被挤出社会结构之外；没有工作、没有社保、没有地位，不仅经济边缘化，甚至道德边缘化，恶性循环……我们的时间是那么有限，能不能控制好这个过程，这就决定了我们的人生是一个“洗具”，还是一个“杯具”，谁也不想自己的人生只是打打酱油而已。

自由和梦想从来都是很奢侈的东西。在争取自由和实现梦想的过程中，你会遇到各种困难和诱惑，但这些挡你路的东西，也会挡住大多数人的路。其实，大多数人都是被别人规划的，只有少数人可以规划自己，而只要你能做到，你就能让别人来帮你实现你的梦想。

你现在回想过去的一年中，你感觉自己有多大变化？

如果你能感觉到变化，那是幸福的。如果没有，你随后的一年也就是如此而已。随着时间的流逝，我们每个人多少都会积累一些事务性工作的经验和为人处世的圆滑，但这不是你所想要的成长。很多时候，限于惰性，限于环境，我们会发现过去的一个月、一年，只是日复一日的重复，我们必须作出改变，让今天和昨天不同，这样才能让将来和过去不同。

现实的工作大多是一年熟练N年重复，很容易让人麻木，陷入一种低质重复的工作状态中无法自拔，看不到任何前途，不知道下一步路怎么走。此时，你通过行业分析，可以对自己过去几年的工作进行文字化反思和总结，从行业的全局来看清自己所处的位置，并用新的信息来校正未来的方向。

有人说，无论多详细的行业分析，最多只能得到一些二手的理论知识。但我说，很多人如果不这么做，连二手的理论知识都没有。三年时间一眨眼就过去了，我们会经历很多事，但是如果不去总结、反思，很多事都只是打杂；而如果有意识地去总结，那么打杂也可以获得经验。

只有总结，才能提高，研究就是在已经发现了的东西中去发现新的东西。行业分析对于职场新人来说非常有效，它教给大家的是一种如何迅速总结经验与提升能力的方法。

很多人工作了三年，但他们有的只是经历，不是经验；而行业分析对关键任务、经验数值、细节进行文字化总结，可以把自己和别人的经历转化为明确的经验。而且只有文字化总结才能真正提升你的理解能力与逻辑能力，帮你将你所学的知识与所从事的职业融会贯通，在这个基础上才能让你由关键词发现关联词，从而打开一个全新的世界。如果你用三个月时间用心去做，你会发现这将是你过去三年的沉淀和未来三年的开始。

如何在三个月获得三年工作经验？

第一步：编写行业分析报告——着重对行业全面性的把握。

1. 通过上网查询和购买行业报刊，搜集不少于 30 万字行业内的、重点企业的有效资料。

2. 在电脑中进行资料分析、归类归纳、汇总，按主题形成理论框架。整理案例重点，并以标题加列表的方式展现出来，根据信息之间的关系，确定文章结构和逻辑方向。

3. 将 30 万字资料归纳成 5 万字，写成一份符合金字塔逻辑结构与商务行文格式的行业报告。

第二步：职业分析——通过外部参照物找到自己未来的方向。

1. 通过行业分析报告，分析自己的天赋所在，确定职业兴趣；分析行业和岗位的竞争激烈程度和发展空间大小；根据自身的资源寻找相对优势，确定自己进入的职业与行业。

2. 通过岗位要求，分析所需的职业技能，作好充分准备。

第三步：编写讲座报告——着重对专业系统性的把握。

1. 针对就业岗位，从报告中选择一到两个重点，将报告压缩成一万字的一小时讲稿。

2. 将演讲稿归纳成主题标题和关键文字，配以生动图片，制作成 PPT。

3. 学习演讲技巧，与同伴进行互动练习，反复修改 PPT 和话稿，直到完全脱稿演讲。

举例：市场策划训练内容

- 职业技能：学好学精 Word、Excel、PPT 办公软件。
- 专业理论：系统学习市场营销、项目管理、销售技巧，进行书面写作与公众表达能力训练。
- 行业分析：在行业中选择一个产品方向，搜集重点品牌的资料，包括行业动态及发展、企业情况、产品线、市场份额、广告主题、促销活动、区域市场情况，将其分析汇总成一份特定细分行业的专业报告。
- 案例分析：针对产品制订销售及活动方案，将其编写成演讲稿和 PPT。

不自虐的人生是不完整的，高手只不过是一些自虐的傻子罢了

“基本功 + 行业分析”到底有没有效？这不是“伟哥”，肯定不能立竿见影。

行业分析一是需要方法，二是需要量变。有人跟我说，他在网上搜了一下某个行业的分析报告，看了看，觉得有初步印象了；也有人跟我说，两天后给我一个行业分析报告，要我帮他看看。其实这不是行业分析，如果达不到量，分析了也没有用，甚至片面的资料会导致错误的方向。

职业生涯的探索需要较长的时间去搜集资料以及亲身实践，才能最终定下来，只有足够多的资料才能给你更有保证的、可信的未来。此时一点巧都没有，就是大量地搜资料，由你感兴趣的“关键词”到你所不知道的“关联词”，打开你面前那扇门后的另一扇门，众里剩一，那才是你的未来。

基本功和行业分析难不难？简单做不难，但是简单做没效果。

看清真相需要足够的阅历，如果你仅凭时间去积累，那你的青春也就这样流逝了。你愿意用一年的时间来练基本功、作行业分析来找路，还是愿意用人生中最宝贵的几年时间跳槽撞墙来找路？

行业分析难不难？有网友说我的方法做起来需要很大的毅力，需要变态的努力，是不能普及的。我说，其实天天早上要起床，省吃俭用过日子，60 岁以后还要做事，那更需要毅力。

大多数人做不到是很正常的，成功者本来就是少数人。正因为难才有价值，挡你路的东西也会挡住大多数人的路。如果谁都能做到，那么那些重复无趣没钱的事谁来做呢？如果你做不到，那就只能接受现实。而这个再难，也不用去求别人。在这个世界，没有比求人更难的吧？只要熬过这一段时间，你就会发现你的人生完全不同了。这不只在于你对未来的了解，同时也在于你对自己的了解和控制自己的能力，否则你会用最宝贵的两三年青春来慢慢沉淀出这些两三个月就能掌握的东西，而这也许将错过你的下一个三年。

很多人问我怎么选择未来的路，我一再说选择需要选择的能力，所以先去苦练三个月的基本功，作三个月的基本功训练和行业分析。混三年还不如拼命三个月，这个世界无非是谁对谁狠一点罢了。

如果你对自己狠一点，在三个月内系统地去练习一些基本的东西，坚持下去，你会看到自己的变化。找出路总是很难的事情，刚开始肯定会觉得没方向、没变化、没感觉、很累、坚持不下去，这个时候就只能熬了，做着做着慢慢找到感觉，然后就越来越快了。在这个过程中，你的全局观、工作技巧、工作效率都会得到全面提升，这个过程你不是在走捷径，而是在走夜路，日夜兼程，龟兔赛跑。

再说一遍，这是为与不为的问题，不是能与不能的问题！很多时候，我们不是缺乏方向，而是缺乏行动。成长是一个痛苦的过程，一定要有量变才会有质变，偷不得一点懒。如果你现在感觉不到变化，那是因为你对自己还不够狠。能力提升的感受不是量变的，而是质变的。你可能练了很久，也突破不了瓶颈，忽然有一天，你会在某件事上发现自己的能力增长了一大截。只要做到量了，自然会扩大接触面，找到兴趣点，进而找到关联点，从而找到真正的未来。

对于成长有两样东西，一个是棒子，一个是胡萝卜。

其实对大多数人来说，棒子更有效，但总有人跟我们说梦想有多伟大，他不知道人最会逃避，最不愿意面对的人其实是自己。

对普通人而言，梦想并不会产生动力，真正能让你马上行动的是外在压力，而内在的愿望只会让你随意拖延。事实上，人很容易满足和适应，会对刺激一步一步地麻木，穷日子过久了都会慢慢习惯。谁都能找到借口，很快对自己妥协，然后对别人妥协。可怜之人自有可恨之处，我们都是自己淘汰自己，我们总是一点点妥协的，慢慢接受自己的体重，接受自己的低效，接受自己随意的穿着、无聊的工作，就这样慢慢妥协，最后对现状就习惯了，对梦想也死心了。有人说这叫做“混吃等死”，可是最后连混口饭吃也许都会觉得不容易。

人生，第一是要活下去，第二是要活得精彩。你想风光地活十年，还是自卑地活二十年？人生是一个蜕变的过程，如果你觉得你投胎没投好，那有种你就咬咬牙，看自己能不能吐了丝、结了茧、十月怀胎，自己把自己又生一次？改变自己只是辛苦，被别人改变才是痛苦。你害怕什么……我害怕给我一段材料就让我上台去讲个十几分钟，我觉得自己头脑一片空白……你害怕什么就去做什么，不要逃避，能力都是这样一点点被逼出来的，没什么特别的捷径或者方法。你会发现，你最痛苦的时候也是成长最快的时候。

三个月之后，我会变成什么样子？

时间是人生最重要的资源，我们都是和时间赛跑的人。

我们常常对眼前的事情不尽力，是因为认为以后总还有很多机会，但没想过我们有且只有一次人生，而且时间过得飞快。我们回不到过去，也常常看不清未来，那么就只有控制住现在，放任自己的惰性是对自己生命的不负责任，不够好的自己就只能原谅这个不够好的世界。

你要么接受现实，要么改变现实。这个世界上总有那么一群人强大到足以战胜自己的基因，他们对自己的身体占有绝对的控制权。我们做不到，但总有一些事情能将我们的人生分为之前和之后；我们总可以在一些关键的时间里战胜自己的惰性，战胜自己的欲望，而只需要那么一两次，全力以赴，也许我们就可以改变自己的人生。

我记得自己成长最快的那个阶段，我发现原来晚上 10 点以后还可以开始一份新的专业工作。

我曾经最佩服的一个普通人说过的一句话，醒来就起来。

试试看，定个闹钟，从明天开始每天看到初升的太阳……

每天 6 点半，每天 5000 米……

很苦？习惯了就不苦了。不习惯？苦一个月就习惯了。

坚持下来，我们就会变成我们想要的样子。我们一点点来做到，并逐步保持它，最终成为习惯。当我一天一天由 1000 米跑到 6000 米时，我感觉 6000 米一点也不苦了，反正到时候就跑 15 圈就是了……给自己找点难点的事情，让你感觉到至少你还活着。

现在是最重要的，而现在最重要的是马上就去做，去跑 15 圈吧，没你想象的那么难。

行动，让改变发生，而不是等待，让自己被别人改变！

明天我会遇见你

失去的当做礼物，眼前的就是幸福。

现在得不到我想要的，因为上天会给我更好的，

所以，我先做好我该做的。

前方是绝路，希望在转角，转角遇见爱。

明天，我会遇见一个重要的人，要做一件重要的事。

所以从今晚开始，我就准备。

晚上10点，我会再想一遍明天要做的每一件事，以及重要的细节。

手机充好电，准备好明天早上要穿的衣服，将资料和物品整理放入包包……

做一遍热身，少喝水，洗漱干净，早早入睡，皮肤好好，没有眼袋。

早上6点半起床，洗漱、喝开水、开始作运动。活动每一个关节，把全身舒展开，出门跑步半小时。回来洗完澡，把衣服穿好，把自己打扮得精精神神，拿好包包，在预计好的时间出门。

每天都这样，因为，明天我会遇见你，遇见改变我一生的机会，遇见爱。

希望明天遇见你……

从今天开始，过好我这有且只有一次的人生……